忘記我

「中國的辛德勒」錢秀玲

徐風——著

開明書店

「忘記我」——歷史何堪忘卻？

暮鼓晨鐘，猶在耳邊。

「中國的辛德勒」錢秀玲

目　錄

楔子　時間深處的一個越洋電話 ……………………………… 1

一　傑羅姆想聽聽奶奶老家的故事 ……………………………… 3

二　一座古橋的宿命 …………………………………………… 8

三　錢家祠堂的烏托邦 ………………………………………… 13

四　黃浦江，唯君懂我心事 …………………………………… 23

五　失憶的莫瑞斯，幸好還有巴斯塔護士 …………………… 35

六　魯汶大學：錢秀玲在一間教室裏等我 …………………… 45

七　快，叫輛馬車 ……………………………………………… 64

八　夢裏關山 …………………………………………………… 71

九　留他一條命，便是天大造化 ……………………………… 76

十　亂雲飛渡，何堪從容 ……………………………………… 86

十一　上帝派來的使者 ………………………………………… 99

十二　人質大街：莫瑞斯把回憶的接力棒交給了雷蒙 ⋯⋯⋯⋯ 128

十三　那條路 ⋯⋯⋯⋯⋯⋯⋯⋯⋯⋯⋯⋯⋯⋯⋯⋯⋯⋯⋯⋯⋯ 148

十四　天堂的門是窄的 ⋯⋯⋯⋯⋯⋯⋯⋯⋯⋯⋯⋯⋯⋯⋯⋯⋯⋯ 158

十五　人生就是，不該來的來了，不該走的走了 ⋯⋯⋯⋯⋯ 192

十六　尋找掛過張大千山水畫的那面牆 ⋯⋯⋯⋯⋯⋯⋯⋯⋯ 213

十七　海水豈可斗量 ⋯⋯⋯⋯⋯⋯⋯⋯⋯⋯⋯⋯⋯⋯⋯⋯⋯⋯ 227

十八　塵歸塵，土歸土 ⋯⋯⋯⋯⋯⋯⋯⋯⋯⋯⋯⋯⋯⋯⋯⋯⋯ 244

十九　無法補償的虧欠 ⋯⋯⋯⋯⋯⋯⋯⋯⋯⋯⋯⋯⋯⋯⋯⋯⋯ 256

二十　我奶奶是英雄嗎 ⋯⋯⋯⋯⋯⋯⋯⋯⋯⋯⋯⋯⋯⋯⋯⋯⋯ 273

尾聲　傑羅姆踏上了奶奶的土地 ⋯⋯⋯⋯⋯⋯⋯⋯⋯⋯⋯⋯ 289

後記　忘記，何曾容易 ⋯⋯⋯⋯⋯⋯⋯⋯⋯⋯⋯⋯⋯⋯⋯⋯⋯ 292

楔子

時間深處的一個越洋電話

二〇〇二年深秋。北京時間下午四點，布魯塞爾時間上午十點。

電話鈴如期響起，話筒裏傳來一個蒼老而溫潤的聲音，是一口不走樣的江南宜興話：

「您好！我是錢秀玲。」

「錢奶奶您好，我是家鄉電視台的某某，前些天託您的親屬與您聯繫，想請您通過電話，對家鄉的父老鄉親說幾句話。」

「父老鄉親……」

「是的，錢奶奶，您想說什麼，就說什麼，大家就是想念您，想聽聽您的聲音。」

「呵，我一生漂泊在外，最怕聽到的，就是父老鄉親這幾個字。我……還是不說了吧。」

「那，您還有什麼話，帶給大家嗎？」

「想念家鄉。想回來。但我年紀大了，走不動了，回不來了。祝大家一切都好。」

「好的，錢奶奶，保重！我們會有機會，去比利時看您。」

「好啊，你們真的能來嗎？」
「能，一定能！」
「好的，我在布魯塞爾等你們。」

接着是老人一陣爽朗的笑聲。
但是，我們爽約了，種種原因，去不了，直到老人去世。
一個未了的心願，延宕了十六年。

一

傑羅姆想聽聽奶奶老家的故事

一個故事的被打開，會有多種方式。我喜歡這樣的說法：如果機會巧合，就會有你所希望的事情呈現。

但事實上，起先我真的不敢抱有奢求。我是說，前年初秋那個與傑羅姆見面的日子。因為之前我收到過很多善意的提醒：若是祈求你指望的那些人施以援手，或許在冥冥之中才有可能。

鴻溝，是這句話裏包含的關鍵詞。有句老話説，河兩岸的人，心事是不一樣的。或許，只有老天知道，它們是怎樣形成的。

然而，傑羅姆帶來了一把鑰匙。雖然一開始他並沒有把它交給我，但至少讓我向前跨了一步。讓我看見了我想打開的第一道門。

想來，人與人之間的緣分都有命定。假若不是黃河之濱的一座古城，在一個恰當的時候邀請傑羅姆以國際知名攝影家的身份前往拍攝景物，那麼，我和傑羅姆的見面就會被推遲得遙遙無期。深藏於心的一個念頭也無從破土發芽。而傑羅姆是一個行事獨立的人。每次他來上海，從來不會用微信短信這樣一些約定俗成的方式與親戚知會。事實上他根本不用手機。偶爾發個郵件，也與刷存在感無關。比如，「我來了，有空就見見」，至於收件

作者在錢秀玲故居前採訪其孫子傑羅姆

人是否能虔誠地守在電腦前接收他天馬行空般的招呼，他不太在乎。這樣的人，心智應該比較強悍，他總是隨緣。他或許相信，機緣是一隻魔手，只要它願意，就會把原先互不相關的兩個人從茫茫人海中拽出來，讓他們坐到一起並成為讓一件事情峰迴路轉的樞紐。

傑羅姆是誰？他是錢秀玲的長孫。錢秀玲是誰？上百度吧，那裏會有一千條以上的記載與闡釋。

卻說那日的相見，定在鬧市南京路附近的海倫賓館。傑羅姆夫婦如約而至。我原來想，作為錢秀玲的長孫，他應該有一半以上的中國血統，但坐在我面前的，分明就是一個完全歐洲人模樣

的中年人。你似乎很難從他的臉上看到一條清晰的來路，那倒不是逶迤的千山萬水，而是血濃於水的基因鏈接。由此，我想像，路的首端應該團坐着一個名叫錢秀玲的銀髮老人，傑羅姆的奶奶。一個世紀前她是一位明眸皓齒的豆蔻少女，某天清晨她從家鄉江蘇宜興一個名叫王婆橋的橋畔的錢墅村出發，在人山人海的上海碼頭擠上去往歐洲的「獅身人面號」郵輪。她原本的故事平淡無奇，即便是二十二歲就獲得化學、物理雙博士學位，也未必會驚動她生活圈以外的世界。差不多七十年後，她的老家人突然獲得一個仿佛從天而降的消息，說她在非常年輕的時候，居然在萬里之外的比利時拯救了一百多個人質，從而成為那個遙遠國度的「國家英雄」。

這個光環有點大，老家人在它面前一時睜不開眼睛。他們寧願叫她「細伯伯」（江南人習慣把姑母與伯父混稱），他們一直以為，多年失去音訊的細伯伯，早就是像居里夫人那樣的科學家了。因為，年輕的時候，她一直是這麼說的。

但是，傑羅姆在談到奶奶的身份的時候說，或許連奶奶自己也不會想到，通常不按人們意志出牌的俗世生活，在一個需要神助的時刻，給她佈置了一些障礙，硬生生地把她從通往居里夫人工作室的科學家道路上拽了回來，精通化學、物理的女博士，最終成為前後三家中餐館的老闆娘。

傑羅姆無數次到過中國。可能因為他是中國奶奶最喜歡的長孫。他的第一架萊卡相機是奶奶送的，她希望他去中國拍攝那裏的風土人情。有時她會在孫子拍回的照片面前朗聲大笑，有時卻一頭躲到廚房裏以淚洗面。爺爺格里高利·佩令吉是個醫生，他

不怎麼管事，奶奶說他是個「甩手掌櫃」，但爺爺的俄羅斯兼希臘血統基因非常強大。一種無所不包的東西，是以無法改變的生活習慣和食物飲品乃至語言表達、衣着打扮來體現的。沒有人把這說成是文化。無論在餐桌還是客廳乃至廚房，奶奶的中國元素地盤非常之小。沒有人愛吃奶奶的中國春捲和小餛飩。華夫餅和曲奇，漢堡和烤魚排、牛排才是當地人食物鏈中的最愛。奶奶的一口中國話也沒有語言環境。她法語和荷蘭語講得很好，但她夢境裏卻講一口中國話，而且帶着很濃的鄉音。在這個家裏奶奶一言九鼎。她管教小孩的方法肯定是中國式的。如果只能用兩個字來表達，那就是嚴厲。傑羅姆小時候經常聽奶奶講中國故事，關於女媧補天、嫦娥奔月，關於掩耳盜鈴、刻舟求劍，還有坐井觀天、東山再起，等等。奶奶的講述仿佛帶着翅膀，傑羅姆童年的心老是被拽着飛上藍天，越過重洋，來到奶奶成語故事發生的地方。說傑羅姆從小就被中國化了，也許有點嚴重。但是，當他第一次到中國上海時，做的第一件事就是買一份上海地圖，奶奶告訴他，這是奶奶少女時代就讀的城市，她非常喜歡它迷人的氣質。她希望傑羅姆徒步走完它的每一條街道，而不是坐車。傑羅姆每走完一條街道，就把它塗成紅色。然後，三個月過去，他帶着一份皺皺巴巴全部被塗成紅色的地圖和一千張以上的照片，回到了奶奶的身邊。

「可惜，你沒有去我出生的那個家鄉，我的太湖邊的小村子。」奶奶的讚許裏顯然留有毫不掩飾的遺憾。「不過，暫時不去也好，也許見到那些照片的場景，我會睡不着覺。」

奶奶當年的這些話，像脆薄的底片，一直定格在傑羅姆的心底。有一天他突然想到，奶奶的家鄉，特別是她出生的那個太湖邊的小村子，也是奶奶的一部分。他對奶奶的認知裏，有相當一部分是被歷史屏蔽的，特別是她的童年和少女時代。現在他又一次來到中國了，有關奶奶老家的故事，他非常想聽。於是，在我們的講述裏，他專注的神態仿佛向我們表明，他聽到了奶奶的小村子旁邊太湖的波濤聲。他確認一個巨大的聲波正在從容打開各個不同的聲部，他甚至聽到了岸邊孩童玩耍的嬉笑，他不能否認那裏面有奶奶童年時代的聲音在。

　　於是，老家這兩個字，就變成了那晚餐桌上的一道菜。不。不是一道菜，而是重新擺上的另一桌菜。

二

一座古橋的宿命

　　遠遠地看那座夕陽下的古橋，就像一副恐龍的骨架。也有人說，那就是王婆的駝背。這裏説的王婆當然是一個老太太，但不是《金瓶梅》裏的那個媒婆。中國的民間智慧人物裏，有不少這樣的老太太。她們邁動着三寸金蓮，在河岸兩側的田塍或菜畦裏忙碌。基本上她們的故事乏善可陳，無非是相夫教子、家長里短之類。但她們一旦發力，並且無意中觸動了農耕社會的某一根筋骨，她們也會突然走紅，成為信息匱乏時代家喻戶曉的人物。

　　據説這裏的王婆是個賢良女子，她本名叫楊氏，針線活兒特別好，也有叫她楊娘娘的。她男人去世早，她當然得守寡，一邊撫養孩子。後來據説她的孩子掉到河裏淹死了，她差點哭瞎了眼睛。再後來，她決定傾其所有，給上城路旁的一條河上架一座橋。可能是因為，她經常到河邊去，老是看到那些上學孩子在河岸邊擺渡的情景。她恍惚覺得，她的孩子就在他們中間，或者，她擔心他們像她的孩子那樣，會被洶湧的河水捲走。擺渡這件事，很多時刻總會讓人比較焦心，或是颱風下雨，或是船工生病或者船體漏水。孩子們的漫長等待，總是一個讓太多人糾結的話

題。人們看到王婆的一雙伶俐的小腳在田塍上飛快地走過去，迅速在天際線邊消失。她去了哪裏，當然沒有人知道。有時她會消失很長一段時間，然後，她會在一個悄然到來的黃昏，背囊沉重地躑躅在晦暗的村道上。有人看到她風餐露宿地在鄰鄉討飯，她反對這樣的說法。其實，她只是沿着一條她並不熟悉的鄉路，去給一些她原本不認識的人，講述一個關於她的孩子突然被河水吞噬的故事。顯然，在不斷的講述中，這個故事在不斷加長，在故事的結尾，她會呼喚一座橋的誕生，這個時候她會擦乾淚痕，以一副信心滿滿的樣子宣佈，這座橋必須由她來出資建造。

　　沒有人知道她外出討飯到底積攢了多少銀子。但是真的沒過

二〇〇二年，作者（左一）與《與魔鬼博弈》作者張雅文（左二）在錢秀玲宜興舊居前

幾年，一座青石鋪成的拱橋，在遍栽桑樹、開滿油菜花的河岸上弓起了它的脊樑。模糊的舊志沒有留下對王婆捐資造橋的任何細節，但廣袤的原野上到處流傳着王婆造橋的傳奇故事。幾乎每朝每代，封閉而寂寞的鄉村需要一些勵志的故事來激勵並撫慰它的子孫。王朝在迅疾更迭，歲月的流逝是如此飛快，但王婆並沒有走進時間的深處，她被風雨無阻地鐫刻在橋頭的首端。在古老的中國，口碑是這樣的一種東西，它無影無蹤，但無時不在。百姓的口，你能管得住嗎？他們可以吃不飽飯，但你限制不了他們傳播故事的權利。

以王婆名字命名的橋樑不僅是一個故事的主角，而且成了一個地域的氣場。

有後人質疑，偏偏是楊氏的善舉，怎麼落到了王婆的頭上。於是考證學家出來解釋，太平天國年間，長毛造反，官軍追殺東王楊秀清。殺到最後，見到姓楊的就咔嚓一刀。所以楊婆只能改成了王婆。

又據說，王婆並沒有見到這座橋的誕生。她可能就在橋樑合成的前夜離去。當地人甚至沒有找到她的遺體，只是在她破敗茅屋的牀前發現一攤發暗的鮮血，而她的被窩還尚有餘溫。一種附會的說法是，她在河岸上留下了一雙破舊的布鞋，恍然間大家明白，她去找她的兒子去了。

百餘年過去，王婆的三寸金蓮在故事裏依然步履矯健。但王婆橋卻因為風雨剝蝕而頹敗得搖搖欲墜。連綿的戰亂讓富庶的江南春荒連接着秋荒，飢腸轆轆的人們不可能指望王婆從故事裏走出來再去修橋。

且說原先王婆居住的村上有一戶錢姓人家，主人叫錢生祥，縣學生，怎麼也算個秀才。據說他在一篇應試的文章裏寫到了王婆造橋的善舉，並說他一旦成家立業，第一件事就是要從每年的收入裏拿出不小的一筆，用於修繕和保障王婆橋的穩固與安全。縣學生錢生祥每天進城必經此橋，這也是他寒窗歲月的一個見證。奇怪的是他沒有像他的同窗們那樣，受命於朝廷去做官，而是回到了幼時「耕讀傳家」的生活軌道，繼承錢家祖上留下的大片土地和家業。他喜歡泥土以及鄉間的風物，也懂得稼穡艱難和百姓困苦。耕，自然是立命之本；讀，則是修身之道。在讀過的太多的古書裏他知道了官場的潛在規則，他對那個巨大深邃的醬缸心生厭惡，陶淵明的詩集成為他案頭牀邊的必備之書。

　　如果要追溯錢家的祖先，那是非常大的來頭。在錢家的祠堂裏，供奉着老祖宗錢鏐的畫像與牌位。五代十國的時候，他在杭州臨安創業，是吳越國的創建者。早先，錢鏐在唐末之時，跟隨董昌保護鄉里，抵禦亂軍，累遷至鎮海軍節度使，後因董昌叛唐稱帝，他受詔討平董昌，再加鎮東軍節度使。後來逐漸佔據以杭州為首的兩浙十三州，先後被中原王朝（唐朝、後梁、後唐）封為越王、吳王、吳越王、吳越國王。其在位四十一年，廟號太祖，謚號武肅王，葬於錢王陵。

　　好大一棵樹，枝蔓何其多。至於錢生祥這一脈何時遷徙到江南古陽羨定居，那又是一個漫長而曲折的故事。家譜擺在祠堂的案頭，修訂是一代接着一代的事。老祖宗的輝煌，從來被錢生祥們在約定俗成的家規裏予以遮蔽，三緘其口的原因，除了不顯擺，還有自剪羽翼、免遭嫉妒而橫生災禍的意味。

選擇在一個風和日麗的黃道吉日，錢生祥點燃了開工修建王婆橋的第一枚鞭炮。這裏的鄉間有一項約定俗成的規矩，但凡誰行了善舉，他的名字必將與那件善事捆綁在一起，名揚四方。有人提議將王婆橋改為生祥橋，被錢生祥一口否決。他甚至不願意在橋前立一塊重修王婆橋的石碑，他並非那麼討厭雁過留名，而是覺得這般張揚是對那位在他心中至高無上的王婆長輩的褻瀆。

與別人不同的地方，在錢生祥身上還有很多。比如，他並不像別的有錢人那樣三妻四妾；他也不抽大煙和酗酒。遺憾的是，這樣的潔身自愛並沒有讓他延年益壽。四十三歲。這是一個壯年漢子正當大展宏圖的年齡。原野一隅的錢氏墓群新添的一座土墳向眾人表明，貢生錢生祥的過早離去與積德行善添福添壽並沒有必然的關係。

錢熙勳是錢生祥的次子。在錢氏家族的成員裏，他好學、敏銳，行事果決而廣結善緣，秉持了乃父勤儉持家的風格。與父親不同的是，他更看重文化對一個人的教化作用。他與妻子生了三子二女。十指固連心，但他卻獨獨喜歡一個叫秀玲的次女。這個女孩不單是伶俐，而且有一種過目不忘的天資。三歲即能背誦唐詩，一筆書法也稚拙可愛。在桃花汛期到來的春夏，錢熙勳經常牽着她的小手，穿過青青阡陌，徜徉在激流洶湧的王婆橋畔。想必他要給可愛的女兒設定一種美妙的語境。着迷的秀玲常常會在父親的講述中提出諸多疑問，為什麼王婆要去外鄉討飯？村上那麼多人為什麼不幫助她？為此她竟然不肯吃飯，因為她夢見了王婆還在討飯的背影。然後她指着家裏高高的滿滿的米屯，說，為什麼不把它們分給王婆！

三

錢家祠堂的烏托邦

　　為什麼不把米分給王婆和像王婆一樣的窮人，這確實是一個問題。

　　在中國的鄉村，無論北方還是南方，一個富人身邊，至少會有幾百個窮人。持續的飢餓會讓人的臉色發青，眼睛發綠。約定俗成的概念裏，窮人是給富人幹活的，富人是被窮人喂肥的。後來我們被告知那叫剝削和被剝削的關係。但事實上富人和窮人之間的關係，並不像概念那麼冰冷。尤其在江南地域，從南宋至近代一直延續的「永佃制」，讓佃戶有權「永久」性地耕種地主的土地。這樣一個特定的語境，對鄉村的人們如何相處劃定了一條底線。說白了，佃戶只要耕種了地主的田地，地主便不能趕他走。若是佃戶交不起租，本鄉本土的地主也不會把他怎麼樣。因為，在鄉村這樣一個人情世界，一個地主受到的各種牽制太多，更何況有些佃戶還是地主的長輩或親戚，逢年過節地主還要給他們磕頭或送禮，在平時你根本看不出他們之間有什麼尊卑。如果一定要尋找他們之間的差異，那就是識字和不識字。假若你執意走進他們的生活，你會發現，富人的生活大體並不奢侈，而窮人

的日子也並非想像的那麼缺乏溫飽而沒有尊嚴。

因為錢生祥修建王婆橋的名氣太大，作為兒子的錢熙勳在鄉間的業績幾乎乏善可陳。與父親相比，他每天在書本上流連的時間還要多些。類似書生意氣的秉性，在這平淡無奇的鄉間顯得尤為突兀。他經常進城參加一些讓鄉下人講不清楚的活動，也結交了一些滿腦子新鮮詞語的朋友。如果我們設置一張年表，並把他放到一九一九年以後的民國背景下去考量，那麼他從城裏載回鄉村的，就不僅僅是一些時尚的詞彙，還有五四新文化運動的理念。錢熙勳清瘦的身影在田塍上被夕陽拉得很長，有時來回是快船，如果是秋深，他喜歡站在船頭看高闊的蒼穹下漸次蕭索的兩岸景致。而船的艄頭總是堆放着一綑書。沒有人知道，那些書和種田、居家過日子有什麼關係。

錢秀玲童年

錢熙勳還有一個民間組織的頭銜：當地「惜字會」的會長。顧名思義，這是一個愛惜文字的同人組織。它的宗旨之一是，大凡有文字的紙張和器物，均不可隨便扔棄。就錢墅村一帶的「規矩」而言，無論是一張過期的舊報紙，抑或是一張寫過字的便條，也要妥善保留，由村上的專人挨家挨戶收撿，送到土地廟統一焚化。

　　即便是目不識丁的文盲，對文字也有一種敬畏。一種潛在的價值觀，在這塊數百年來相對平靜的江南平原上影響着人們的日常生活。

　　人近中年的時候，錢熙勳居然決意要在村上辦一所學校，當然是免費的。他發誓，凡是村上的孩童，無論富貴貧窮，都要讀書識字。他的這個近乎烏托邦式的理念在落地開花的過程中，遇到的困難並不是來自家族，而是那些目不識丁的鄉親。很多人以為那太奢侈而不敢接受。雖然大家知道，錢家幾代人積德行善，但讀書這件事在鄉間，等於是上天的雲梯。也有人怕唸不進書而遭人取笑，這樣反而耽誤了田地的農活。有一個細節是這樣的，錢熙勳找到他家的一戶老佃農，問家中十一歲的小孫子為什麼不來唸書？老佃農説，十一歲了，不能白吃飯了，下地幹活頂半頭牛呢。熙勳大怒，勒令其所欠多年田租一次交清，除非將孩子送來讀書。

　　最初的學堂設在錢家祠堂裏，平素這裏大門緊閉，只有逢年過節祭祀祖宗或遇上重大事件的時候，錢家人才會在這裏聚首。如今它的大門訇然洞開，並不寬敞的門廳裏，挨挨擠擠地端坐着來自錢墅村平時窮富不搭的二十多個孩子。這一刻錢熙勳頗有成

就感，家裏人發現，即便是在豐收年景的麥場上，他臉上的紅暈也未必有今天這麼充足。

教書的高先生是錢熙勳以每個月六斗米的價格從城裏請來的。高先生個子比較矮，但語音鏗鏘，給人一種頂天立地的感覺。他朗讀課本的洪亮聲線，足以穿越錢家祠堂厚厚的牆壁，在廣袤田野的上空打旋。錢熙勳欣賞高先生，是因為他善於在同一個時間裏教授文化程度不同的學生。也就是說，在同一個屋頂下，他可以根據孩子的年齡與接受能力的差異，給出不同的教學方式和內容。古老的屋簷下演繹着的，是一場有江南鄉村特點的非填鴨的複式教育，高先生聞雞起舞，敬業到幾乎咳血，當然是因為錢熙勳要求太高。不過，私下裏，錢熙勳額外給的紅包還是很厚的。在孩子們瑯瑯的書聲裏，錢熙勳的身影幾乎無處不在。

如果我們對授課中的錢家祠堂進行某種俯瞰，我們會發現坐在前排的一個女孩，她就是錢熙勳的愛女秀玲。她在課堂上時而安靜，時而活躍。高先生起先對她有一點點成見，她比較好動，不是那種特別安靜靦腆的女孩，但很快便對她刮目相看，因為這個女孩特別聰明，她可以毫不吃力地站起來回答高先生提出的各種問題。如果說高先生的複式教學就像爬樓梯，那麼在秀玲這裏，她幾乎是以撐竿跳的方式，躍過了高先生設置的所有欄杆。

這讓高先生頗為驚奇，他哪裏知道，錢熙勳從城裏帶回的那些書刊，比他教給秀玲的知識要艱深得多，而秀玲偷偷地閱讀父親案頭枕邊的書籍，在錢家並不是什麼祕密。錢熙勳管束孩子很嚴，唯獨讀書這件事，他從不加以阻攔。當然，他會把《金瓶梅》、《石頭記》和《西廂記》之類的書，悄悄地藏到孩子們夠

不着的地方。

　　現在我試圖描述一下錢秀玲童年和少年時代的鄉村讀書生活。她健壯、敏感、誠實、愉快，特別聰明，而且願意幫助別人。毫無疑問，錢家祠堂的複式教學於她日後的讀書生涯是一種不可忽略的背景。但事實上錢家祠堂那狹小的門廳已經安放不下她那汲取知識的心靈。很快她對高先生的教學便不感興趣，雖然她不會打瞌睡，也不會擾亂課堂秩序，但高先生多次發現，正當他慷慨激昂地教授一篇新課文的時候，錢秀玲卻在偷偷地看一部時髦的小說。有一次高先生讓她站起來背誦諸葛亮的《前出師表》，錢秀玲一口氣背完，沒有落下一個字，然後怯生生地問：「先生，《後出師表》要背嗎？」高先生一愣，說：「這篇課文還沒有教，你能背嗎？」話音剛落，錢秀玲朗聲背道：

　　先帝深慮漢、賊不兩立，王業不偏安，故託臣以討賊也。以先帝之明，量臣之才，固知臣伐賊，才弱敵強也。然不伐賊，王業亦亡。惟坐而待亡，孰與伐之？是故託臣而弗疑也。臣受命之日，寢不安席，食不甘味。思惟北征。宜先入南。故五月渡瀘，深入不毛，並日而食；臣非不自惜也，顧王業不可得偏安於蜀都，故冒危難，以奉先帝之遺意也，而議者謂為非計。今賊適疲於西，又務於東，兵法乘勞，此進趨之時也。謹陳其事如左：

　　高帝明並日月，謀臣淵深，然涉險被創，危然後安。今陛下未及高帝，謀臣不如良、平，而欲以長策取勝，坐定天下，此臣之未解一也……

高先生驚愕的表情定格在二十世紀二十年代中期的一個清朗早晨。他以一個鄉村塾師的莊重口吻向錢熙勳建議，如果還想讓女公子有更大的出息，應該儘快讓她走出錢家祠堂，去城裏，當然不是宜興這樣的小城，至少是蘇州，對，就是蘇州，去深造，給她一個未可限量的前程。

　　此時有一個人物必須出場了，他就是錢熙勳在古城裏的至交吳子政先生。吳家是古城裏的第一望族，吳子政也是清末的一位秀才。他與錢熙勳氣味相投、過從甚密，已經不是一年兩年的事了。吳家當時經營着古城白果巷裏超過一半以上的商鋪，郊外還有上千畝的田產。他非常欣賞錢熙勳身上那種乾淨的鄉土氣和絕不迂腐的書生氣。他有個兒子吳崇毅，與熙勳的愛女秀玲年紀相仿，一次酒酣，兩人約定要結親家之好。至於從未見面的兒女雙方以後長大是否願意，則全然不論。因為，父母之命，媒妁之言，自古就是兒女婚姻的全部。小女秀玲在讀書上綻露的靈氣，成為錢熙勳與吳子政一段時間裏經常討論的話題。以吳子政的觀點，秀玲年齡尚小，還是要先到縣城的女子中學來讀書，然後再去蘇州不遲。子政此時隱約流露的私心其實已經讓錢熙勳有所覺察，他知道吳子政對這個未來的兒媳非常在乎，在縣城讀書，等於到了他的家門口。在吳子政看來，女孩子讀點書，明事理，也蓄養優雅之氣，終是好事一椿，但是，如果去蘇州唸書，那就不是家門口了，萬一節外生枝，事情就難以掌控。對此錢熙勳頗有同感，平心而論，他也不希望秀玲飛得太遠。女孩畢竟是女孩。雖然他和吳家的情誼不是單靠兒女親家來維繫的，但是，君子一諾千金，他不希望這件百年好合的美事出現半點差池。

吳子政是縣城女中的校董。按規矩，校董有權推薦限定數額的學生免試入學。但錢熙勳執意讓秀玲參加競爭頗為激烈的入學考試，結果，他的寶貝女兒以總分第一名的成績輕鬆入校。

我們現在無法獲得錢秀玲在縣城女中讀書的任何資料。我們從錢家記載不全的家譜上找到一些信息，以證明這段時期對她可能產生影響的人物有哪些。這其中，最重要的人就是她的堂兄錢卓倫。他比秀玲大二十三歲，雖然是同輩，但年歲上的差異，讓秀玲有一種若父若兄的感覺，卓倫哥哥當然沒有父親那樣的威嚴，而是處處呵護他最偏愛的這位小妹。其時錢卓倫的家已然從世居的王婆橋錢墅村，搬到縣城北門的書院巷。寄宿女中的錢秀玲，常常在周末去哥哥家打打牙祭，然後她喜歡聽正在陸軍大學唸書的卓倫哥哥講軍校裏的奇聞軼事。這個時期錢秀玲心頭的偶像已經不是傳說中造橋的王婆，而是一位遠在天涯的女科學家居里夫人，而她的卓倫堂兄，早年最崇拜的人是古代除三害的周處，這個時候他正迷戀一個叫拿破崙的法國將軍。苛嚴的軍校生活讓他並不能經常回家，但只要有一點可能，他總是要跟家裏人度過非常難得的聚會。其樂融融的屋頂下，少不了秀玲唧唧呱呱的清脆聲音。比如，抓鬮背唐詩，獲勝者可以獲得第一枚在圍爐裏剛烤熟的山芋或者一把白果。秀玲總是得意地嚷嚷，我吃撐了。她還有個嫡親哥哥卓儒，人稱機靈活寶，其時正在縣城高中就讀，每次聚會，他都會獻上一個自編的節目，多半是男扮女裝，讓大家笑斷肚腸。

有一次，卓倫在金陵古城的一家書店裏買到了一本刊有居里夫人內容的畫報，他把它當作一份生日禮物送給了秀玲妹妹。他

當然不會想到，這本畫報不但讓秀玲妹妹非常着迷，而且還改變了她日後的生活軌跡。有一天，她突然嚴肅地跟卓倫商量一件事：她想去蘇州就讀。傳說中的江蘇省立蘇州女子中學，坐落在姑蘇古城的新橋巷內，古色古香的學校建築，完全是那種姑蘇氣派。據說，那裏的氣象很新，校服也很漂亮；而且學校的師資，據說聘請的都是全國頂級的先生。卓倫對秀玲的想法非常支持。不過，他盯着秀玲稚氣的眼睛說了一句：據說那裏的校規特別嚴，有「十不准」呢，就跟軍校差不多，你受得了嗎？

秀玲毫不猶豫地回答，不怕！

卓倫笑了。這才是錢家人的秉性。他甚至答應自己出面去熙勳叔叔那裏為秀玲游說。一個他特別喜歡做的動作是，用手指一指自己的舌頭。卓倫小時候，舌頭上生過瘡，按鄉下郎中的認知，要把舌頭割掉。有人歎息，此人絕頂聰明，唯爛舌三寸將斷其前途。未料，老天爺特別眷顧這個原本巧舌如簧的少年，上海一家教會醫院的洋醫生，保下了他的舌頭。病癒後的卓倫，發音清晰，口齒伶俐。有一次他跟弟弟妹妹一起時，曾開玩笑說，我這輩子最不能辜負的，就是我的這根舌頭。

真不知道卓倫是怎麼說動熙勳叔叔的，也就那麼一次，錢熙勳就同意了。秀玲的意外在於，父親突然變得特別開通。他只是責怪她，為什麼不自己來跟爹爹說。想來，讀書人錢熙勳的一根神經被血氣方剛的卓倫姪子觸動了，還有一個孩子們不知道的原因是，吳家的公子也出去唸書了。錢熙勳不願意自己的女兒比人家低。

後來秀玲在父親的案頭看到一對卓倫哥哥剛寫下的條幅：

幾百年人家無非積善
第一等好事只是讀書

父親對卓倫姪子的書法長進頗多讚賞。他雖然進入行伍，卻文心依舊，每日臨池，從不間斷。骨子裏，還是個讀書人。其書法頗有王右軍風範，且帶有一分與年齡不相稱的老到，又不失其清新面貌。

不過父親在答應秀玲的同時，還附帶着一個條件。他希望女兒跟他去一個地方 —— 城裏白果巷的吳家 —— 當然只是去做一回客。説白了，他要讓秀玲知道，她早晚都是吳家的人。但是被秀玲果決地婉拒。她的理由是，既然男女授受不親，那麼，我還沒到出嫁的年齡呢，憑什麼讓我去那戶人家？

去蘇州之前，錢秀玲回了一趟錢墅村。出了古城的東門，走過一座小木橋，穿過一個名叫三里墩的湖邊漁村，然後是五里廟，再往東步行數里，就到了那座顫顫巍巍的王婆橋。我們不知道她站在橋上看着河水緩緩向東流去的時候想到了什麼，她或許對未來有一些不甚明朗的期待，而古老的錢墅村作為她此時的背景，顯得過於寧靜，此刻，她並不認為自己將來會徹底離開這裏，所有隱約的不切實際的幻想，還只是在她的夢境裏出現。匆忙的腳步讓她甚至來不及發一些少女的懷想。她的基調是歡快的，雖然偶爾會有一點點莫名的憂鬱。

她去拜見了一直給她鼓勵的高先生。她突然有些傷感。高先生瘦了很多，持續的咳嗽讓他高聳的顴骨泛着一種讓人擔心的紅暈。説話的時候，額頭上冒着虛汗。錢家祠堂的複式教育，在免

費的前提下，憑父親的一己之力，高先生還在艱難地支撐着。而父親不似以往的沉默裏，秀玲感到，除了不捨，其實還有一份隱憂。這一步跨出去，後面還連接着什麼，又有誰能知道？秀玲與吳家公子的婚約，是他平生承諾的一件大事。而秀玲獨立的個性，此時已經露出頭角。善良膽小的媽媽，在這個大家庭裏很少發出自己的聲音，她頗像一條春蠶，只知道無盡地吐絲。私下裏，媽媽告訴她，父親已經幾夜睡不着覺了。一種莫名的直覺告訴他，這個女娃的翅膀非比常人，她要飛，誰也攔不住。

「玲，你真的要飛嗎？」媽媽摟着她，淚光一閃一閃。

「媽媽，我會回來，孝敬您和爹爹。」

可是，幾十年後回憶往事的時候，她這樣說道：

離開宜興女中時，我在最後一篇作文裏這樣寫道，讓我像一隻小鳥一樣高高地飛吧。等我將來回來的時候，但願世道和我都已經改變。

四

黃浦江，唯君懂我心事

　　這張老照片，在傑羅姆妹妹塔吉亞娜的紀錄片裏一閃而過：

　　是民國十八年六月，大同大學女子籃球隊的合影。一群豆蔻年華的女生，穿着民國味兒很濃的運動裝，排成整齊的一排，她們定格的鮮嫩容顏穿過大半個世紀，在泛黃的相片裏笑得一點也不打折。左邊第三個，圓臉，笑不露齒的那個，就是錢秀玲。

　　她不是去蘇州了嗎，怎麼又在上海？

　　從時間上推算，民國十八年即一九二九年，錢秀玲應該有十七歲。之前她已經在姑蘇城裏的那所省立女子中學，用兩年的時間讀完了三年的課程。跳級，在錢秀玲這裏並不是什麼新鮮的事，說她屬於天生會讀書的那種孩子，其實是對她異常勤奮的一種忽視。

　　月白色的大袖衫，深藍色短裙，齊耳短髮，白力士鞋，胸前一枚藍底白字的校徽，這是五四以後女學生的時尚標配。修身的裙裾裹住她苗條挺拔的身子，但攏不住她一顆飛翔的心。錢秀玲後來給孫女塔吉亞娜留下的相冊裏，與蘇州有關的照片只有一張，背景是一根高高的大煙囪，以及配套的廠房，她站在以廠房

錢秀玲在江蘇省立蘇州女子中學

錢秀玲與錢卓儒一起去比利時留學時合影

為背景的河岸上，河水是清的。這是工業文明在姑蘇古城的一次
矗立與逆襲，具體是什麼工廠不詳。在錢秀玲這樣的五四新女性
看來，如此高大上的煙囪，等於是科學與文明的一次聯袂落地，
比起虎丘塔或者拙政園、天平山之類的古跡名勝，更具有時代特
徵。畫面上的她神態自若，髮飾時髦，齊眉的劉海是燙過的，上
身是一件敞開的黑色皮夾克，穿一條斜紋隱顯的裙子，腳蹬一雙
擦得閃亮的高跟鞋。如果把這張照片與她少年時代在江南小城照
相館的留影相比較，原本的鄉土氣基本蕩然無存，文藝氣息駕馭
着時尚新潮，在她渾身上下非常協調地流淌。

　　這張照片有力地支撐着她往後的故事。她品學兼優，數理化
成績特別出眾。省蘇州女中的學生成績排行榜上，錢秀玲每一次
都領跑在前。關鍵是，上海離蘇州太近了，這個東方國際大都
市，每天釋放着種種可能與機會，是一切有理想的人值得冒險的
樂園。

　　此時，錢秀玲的哥哥錢卓儒，已在上海交通大學礦冶專業讀
書。哥哥前行的背影，一直牽動着好學且好強的妹妹的心。而
且，秀玲還知道哥哥下一步的計劃，報考在歐洲排名前十的比利
時魯汶大學。

　　遙遠的歐洲。此時，在錢秀玲心裏，原先那個模糊的偶像已
然變得清晰。那就是居里夫人。從卓倫哥哥送給她那本載有居里
夫人事跡的畫報開始，她就從報端上追蹤她的足跡，但凡有她的
報道和消息，她都會用剪刀剪下來，專門裝訂成冊。她甚至知道
這幾年居里夫人發表了哪些論文，又有了什麼成果。她暗暗希望
自己，儘量離那個偶像近一點，再近一點。

錢熙勳一下子要供養兩個孩子在上海讀書，經濟上頗有壓力。上世紀二十年代末，江浙之間軍閥混戰，天災加上人禍，鄉村連年歉收，各種凋敝顯而易見。但是，錢熙勳讓有讀書稟賦的孩子繼續深造的決心沒有動搖。他的好友、未來的親家吳子政，一家出了三個大學生，而且都在國外深造。他是親眼看見吳子政賣掉城外的多畝良田，供他的小弟吳大羽、姪子吳崇任去法國留學的。而他的兒子吳弘毅，也就是秀玲的「娃娃親」，已經考上了比利時的魯汶大學。在當時的江南古城宜興，一戶人家出了三個留學生，實屬稀罕。

秀玲想跟哥哥卓儒一起去比利時魯汶大學讀書，最早是卓儒在父親面前提起的。

這兄妹倆，平時喜歡吵嘴，一遇到大事，卻有一份天然的默契。

錢熙勳一時難以做出決定。首先是費用，僅僅讀魯汶大學的預科，一個學生一年的費用就是一千塊大洋。這真的很貴。在古城宜興，一個警察的月薪也就幾塊大洋，可以養一大家子。錢熙勳支持兒子卓儒出國深造，分明受了吳子政的影響，但是，對秀玲的願景，他心下還是持有保留，女孩子就是父母的小棉襖，跑那麼遠幹嗎，在國內不一樣深造嗎？況且，秀玲最終是吳家的人。既有心疼，也有隱憂，錢熙勳只能把此事按下不表。

秀玲這邊呢，就像輕輕越過欄杆，她毫不費力地考上了大同大學的預科。這是一所頗有名的私立大學，在學界有「北南開、南大同」之盛譽。在黃浦江邊眺望那噴吐着濃煙的遠洋客輪徐徐靠岸，看着不同膚色的人們走出船艙，她恍惚覺得，那從甲板迎面走來的一位清癯老婦，銀髮，額頭開闊，淡眉下的目光清和，

嘴脣的線條特別堅毅，就是她心目中描摹過無數次的居里夫人。

突然感覺，自己離居里夫人近了好多。

常常在江邊眺望，安靜地梳理自己的內心，而不是流連於那些時尚的店舖，是錢秀玲彼時的一項愛好。她覺得，唯有黃浦江細碎的波紋能聽懂她的心事，並與之對話。

她一直關注的居里夫人，這一年已經六十二歲。是年秋天，有一位幸運的中國大學生——清華大學物理系第一屆畢業生施士元，被居里夫人接受，進入她的實驗室研究錒系元素釙的放射化學性質。錢秀玲從報紙上讀到這個消息，心撲通撲通亂跳，感覺那位施學長真的好幸運，同時，她還突發奇想，謝謝您施學長，就算是您替學妹我在夫人那裏打了前站吧，我一定會緊隨其後的。

這一年，還有一位名叫鄭大章的中國學者，直接受到居里夫人的指導。而居里夫人的女兒艾芙·居里來中國訪問，寫了一篇《戰時訪問記》，她寫到了蔣桂戰爭爆發，提到了張學良以武力接管中東鐵路，然後，西北軍將領宋哲元、孫良誠二十七人通電反蔣，開始了蔣介石與馮部西北軍之戰。她也寫到了中國社會因戰亂而發生的動盪等等。

文章最後，艾芙·居里談到居里夫人很尊重並關切中國學生。

雖然只有短短的幾句話，卻被秀玲畫了幾道紅杠。

她的視野裏只要有居里夫人的一點點信息，都不會放過。

比如，一位在巴黎大學聽過居里夫人講課的中國翻譯家王維克回國以後，曾經這樣評價過她：

她講課的聲音像河水一樣平靜，有一種遠處飄來的管風琴般的樂感。她的表述是那麼嚴謹而不拘泥，明快而不板滯。觀點權威而不強加於人，她能把枯燥的物理化學公式，帶入一種奇妙的近乎童話的境界。

在錢秀玲「居里夫人珍藏」的剪貼本裏，這些內容的增加，與她對遠在歐洲的居里夫人的嚮往構成了絕對的正比。一個有夢想有目標的女孩，她的每一天，都在為自己能夠圓夢而努力。

與中學時期相比，她的性格熱烈而奔放，喜歡運動，打籃球是首選。儘管她個子不是很高，但奔跑的速度飛快，彈跳力也很厲害，被大家稱為「索菲婭前衛」。凡是帶有競賽性的項目她都樂意參與，心理素質特別穩定，數理化成績非常突出，英語的書寫和口語也都很棒，老師和同學都對她刮目相看。

有一天秀玲收到父親的一封家書，囑她在這個週末一定回家一次。她把信給卓儒哥哥看了，卓儒扮個鬼臉說，多半是想讓你見一個人，你應該知道那個人是誰。秀玲想了想，神情有些發窘，說，我知道了。可是，時代不一樣了，自己的命運難道不能自己做主嗎？

這話由她不假思索地說出來，把卓儒嚇了一跳。

錢秀玲沒有按照父親的要求在週末回到她在王婆橋的老家，但她還是婉轉地給父親寫了一封回信，在信中她只是表明學校最近要期末考試，學業重，實在走不開。同時，她第一次在信中告訴父親，她的理想是做居里夫人那樣的科學家，她想跟卓儒哥哥一起去比利時讀魯汶大學。

沒有在那個既定的週末等到寶貝女兒回家的錢熙勳有一種不意外的失望。這個平常的週末，吳子政帶着公子吳弘毅到王婆橋的錢家來做客，本來應該有戲。已經成為比利時魯汶大學學生的吳弘毅，是在寒假期間回來探親的。錢熙勳眼中的吳公子，雖然容貌不是特別英俊，但還是有一種溫文爾雅、知書達理的氣質。他看上去性格有點內向，話不多，甚至有點口拙，一看就是那種一心讀書鑽研學問的人。

　　錢熙勳只見過吳家公子小時候的樣子。他對這位未來的女婿還是滿意的，人很忠厚，禮貌周全，似乎少了一點乃父的機鋒。

　　席間，錢熙勳談到卓儒和秀玲都想去比利時魯汶大學讀書，吳子政聽了大加讚賞。他尤其支持秀玲的想法，如果真能考上魯汶大學，弘毅就可以跟她天天在一起了，彼此也好有個照顧。藉着濃重的酒意，他甚至提出，錢秀玲出國留學的費用，可以由吳家來出。「這樣我們吳家一門就是四個留學生了！」

　　錢熙勳當然婉拒了。

　　子政兄自然流露出的某種強勢並無惡意。但一個鄉村書生的獨立人格，讓錢熙勳絕不會接受別人 ── 哪怕是好朋友的半點施捨。雖然在約定俗成的意義上秀玲是吳家未來的兒媳，但目前還是錢家未出閣的閨女。你殷實的吳家都在變賣田產供孩子讀書，我錢某人為什麼不能效而仿之？

　　有一點他非常清楚，要促成秀玲跟吳家公子的這份婚約，當下最好的辦法就是同意秀玲去比利時讀書。

　　過去所有不同意的念頭都必須打消。任何影響秀玲出國唸書的理由，都會成為讓兩個孩子發展感情的障礙。吳子政到時會

說，你既不肯出錢讓女兒跟我兒子待在一個學校培養感情，又不願意讓我出資來玉成此事，你到底是何居心啊？

親家變冤家，這樣的事情不要太多。

賣地。他決定了。

按理，守住祖宗留下的每一寸土地，是任何一個賢良子孫必須恪守的本分，唯獨為了讀書，哪怕拆屋賣地，亦當在所不惜，任何一個朝代的主流社會都不會指責這樣的舉動，相反它會成為一種勵志的民間案例而被廣為流傳。錢熙勳堅信，即便是冥冥之中威嚴且神聖的列祖列宗，也一定會默然讚許。

由此，他態度明朗。不但同意，甚至鼓勵秀玲去那個遙遠的國度，而且一定要報考魯汶大學 —— 在錢熙勳致女兒的家書中，他還用一種漫不經心的曲筆，「無意」提到了吳家公子也在魯汶大學讀書的事，他稱讚那個男孩讀書非常聰明，並要求秀玲以後要向他多請教，云云。

這封信錢秀玲仔細研讀了好幾遍。終於讀出了一點意思。「吳家公子」這個詞，近些年來在父親口中提到的次數越來越多，其實就是在提醒她，別忘了那是她未來的夫君。對於接受新式教育的錢秀玲來說，她一直把那件事當成一個傳說。而且，隨着年齡的增長，那個傳說越來越模糊。她甚至沒有去描摹過，那是一個什麼樣的男子，個子有多高，人長得好看嗎？是的，即便是到了懷春年齡的女子，她假想中的如意郎君，一定是與她的認知和審美達到高度和諧的那個「人」，而不是父親指定的「轉世靈童」。

她當然不知道，吳子政和父親錢熙勳在鄉下老家用自釀的

「缸面清」米酒碰杯時，對她和吳家公子未來在魯汶大學舉案齊眉，卿卿我我，然後洞房花燭，生兒育女的美好願景，是多麼地陶醉。很久以來，衣食不愁和埋頭讀書的單純生活限制了她對父親的想像，那一顆日益老去但依然波瀾萬丈的慈父之心，到底在想些什麼，她都無從知道。

秀玲的上海求學生涯並不很長。因為她打定主意要報考比利時魯汶大學，英語和法語是她這段時間裏用力最多的功課。雖然她還在課餘打籃球，還在學校劇社排演的莎劇《第十二夜》裏客串了一個小角色，但她腦子裏鋪天蓋地的還是那些英語和法語的單詞。

有一件事不可忽略，那就是堂兄錢卓倫來上海公幹，抽空請她和卓儒在城隍廟附近一家不起眼的小酒館吃了一頓飯。

全家人都沒想到，卓倫哥哥發達會那麼快。這位陸軍大學畢業的優等生，從排長連長營長幹起，一路升遷，頗得上峰器重。在北伐戰爭中身經百戰屢建戰功，年紀輕輕就被選拔到陸海空總司令部，擔任參謀處副處長，扛上了少將肩章。據說他很受統帥器重，是最高司令部的得力幕僚之一。其參謀作業尤其出色，被「總司令」稱為「活字典」。

錢卓倫來上海公幹，接待方當然非常重視，場面不小的接風，都在遊戲規則以內；下榻在上海最豪華的酒店，也是年輕少將應有的待遇。不過，有一天他婉謝一切活動，換上便衣，坐黃包車，悄沒聲息地消失在豫園的一條橫馬路上。那是一家紹興酒店，噴香的黃酒，黴乾菜紅燒肉肥而不膩，還有煎得很透卻依然鮮嫩的大黃魚，以及最後上來的雞湯小餛飩，都是秀玲和卓儒最

愛吃的菜肴。看着堂弟堂妹狼吞虎咽，卓倫大哥笑得很開心。他和卓儒、秀玲在一起時，內心有一種真正的放鬆。他喜歡聽他們高談闊論，自己則說話不多，從來不曾炫耀，或者居高臨下地給他們灌輸大道理。心情放鬆的時候他愛喝點酒，那種微醺，於他是最美妙的境界。在這個美好的夜晚他們之間熱烈討論了一些什麼，幾十年後他們都不記得了，但臨別的時候，卓倫分別給秀玲和卓儒送了一張自己用毛筆簽名的戎裝照片，照片一直陪伴着他們之後的海外生涯。卓倫大哥在照片上展現着一個與年齡不相稱的淡定笑容，細細品味，還有一種不怒自威的氣度。分別的時候他特意關照秀玲，任何時候，遇到任何困難，都要記得有卓倫大哥在。

這一年的十一月，秋霧瀰漫的一日，錢秀玲和哥哥錢卓儒登上了開往法國馬賽的「獅身人面號」郵輪。法國離比利時非常近，他們選擇的是一條當時最佳的航行路線。

郵輪離岸的時候，錢秀玲並無傷感。她知道自己生命新的一頁已經打開，所有的感覺都是嶄新的。一群掠過水面的江鷗聒噪着突然凌空，周旋的弧線漸漸消失在薄霧瀰漫的秋空。她流淚了。心靈的手指，觸摸到了一個終生無法忘懷的場景。

那是離家的前夜，一個陌生人突然造訪她家。父親對於客人的到來似乎並不奇怪，但他們的談話並沒有在平時待客的客堂，而是安排在父親輕易不讓外人進去的小書房。秀玲的閨房就在隔壁，出於一種莫名的好奇，她走到了虛掩着的書房門口。燈影搖曳，有一種恍惚的感覺。她在那裏站了一會兒，就什麼都明白了。

父親賣了一百畝地。

是家裏緊靠太湖邊最肥的夜潮地。所謂夜潮地，就是夜裏太湖漲潮的時候，水汽瀰漫上來，把田地伺候得濕濕潤潤、鬆鬆軟軟，白天太陽一曬，地就又乾了，如此日夜輪迴，把那土地滋潤得妥妥帖帖的，這種地裏長的蘿蔔，又甜又脆；若是種百合，更是又糯又軟，各式蔬菜那也是翠得油旺，又肥又美。

那塊地是父親的心頭肉，常常在他嘴邊掛着。

父親的一句話像重槌一樣擊打着她的心。「若不是為了孩子要出國唸書，殺我的頭也不會賣那塊地。」

父親跟客人似乎一直在為了價格問題而小聲地爭執。末了，那個客人撂了一句話：「地，其實不是鄙人買的。在下也是受人之託。這個價格已是底線，如果錢公實在不想出手，在下只好告辭了。」

秀玲發現父親的臉抽搐了一下。光線昏暗，父親的臉龐在那一刻顯得晦暗而模糊。

眼淚，無論如何也止不住地往下淌。這天晚上她失眠了。她親愛的爹娘為了支持她唸書，竟是這樣地付出。

第二天，她到父親的書房裏請安。說，爹爹，將來我會孝順您的。

父親笑了。寬容，慈愛。陽光從古銅色雕花木窗裏照射進來，溫暖的光色把這個笑容定格如綢緞般光亮而柔軟，足以讓她記住一輩子。

本來她以為，這樣的時刻父親一定會提起「吳家公子」，甚至會以這門既定的親事作為她去比利時讀書的條件。

但是，父親居然隻字未提。不過，這並沒有讓她一顆懸着的

心放下來。她知道父親把「信用」看得比生命還重，那個「娃娃親」，始終是父親的一塊心病。

果然，後來卓儒哥哥告訴她，臨行前父親是這樣叮囑他的，要創造機會，讓秀玲和吳家公子多接觸，讓他們早日花好月圓。

離家的那一日，父親故意進城辦事去了。他甚至連一句叮囑的話也沒有說。或許他太清楚，他的孩子什麼都明白，無須他嘮叨什麼。當然，最重要的是，他不願意讓孩子看到他內心的脆弱 —— 一個堅硬其外、柔軟其內的父親，如果真的讓他看着自己的一對兒女從眼皮底下走向遙遠的天涯，他不能保證自己在那一刻不會涕淚橫流。

母親的哭聲是紡車一樣的嚶嚶嗡嗡。她摝給秀玲的一句話是：「你要真孝敬你爹娘，就跟吳家公子好。」

她內心受到的震動之大，連她自己都不敢相信。她終於知道，父母這一輩人，是把信用和承諾托舉在生命之上的。

她答應母親，去了比利時再說，那個人連一面都未見，怎麼談終身大事？她還答應自己會盡力而為，好像她承諾的是去幫別人做一件難辦的事。她當然也聽到了自己內心的聲音：我總不能對着一張白紙許諾吧，親愛的爹娘。

時光如同潮水，波浪滔天的那一瞬間，再大的峰谷也終將化為水汽彌散而去。

甲板上站滿了人。旅客們還在對着遠去的岸揮手。有人在抹淚，也有人在歡呼雀躍。視線裏漸漸模糊而遠去的外灘鐘樓，成為她向着遠洋而去的深刻背景。

五

失憶的莫瑞斯，幸好還有巴斯塔護士

請告知祖母家鄉的那位徐先生，我給他找到了祖母當年拯救
人質的唯一倖存者，他已經一百零三歲。徐先生應該儘快來，願
上帝保佑他！

這是傑羅姆和太太回到比利時後的第三天，發給他在上海的親
戚的一封電子郵件。

海倫賓館的那次餐敍，讓傑羅姆對我建立了初步的信任。原
計劃他和太太應該回到美國芝加哥，謝天謝地的是，他在上海期
間獲得了其家族成員發來的訊息，作為錢秀玲的長孫，有一些家族
遺產問題急需他的意見，他必須馬上返回比利時。機會的成全，有
時需要一些看起來完全不搭的事情的呼應。一個從天而降的好消
息無可阻擋地來到我的面前，我得用全身的力氣攫住它。用「欣
喜若狂」來形容我當時的心情，其實是不夠確切的。伴之而來的，
竟然是無邊無際的焦慮，因為得到信息的頭天晚上，我竟然夢見
那個一百零三歲的倖存者突然因故去世。醒來的時候，心還怦
怦亂跳，耳邊好像還迴蕩着某個教堂為老莫先生做禱告的聲音。

錢秀玲的孫子傑羅姆與一百零三歲的莫
瑞斯老人合影

　　老莫先生，請允許我暫先這樣稱呼您。您一定要等我。必須
等！是的，某一刻我突然信心十足。我分明聽到了一個蒼老聲音
的隔空承諾。並且我感知到冥冥之中有一位老人在不動聲色地操
持此事。她讓孫子傑羅姆趕緊去尋找那個唯一倖存者老莫，要他
耐心地等候。她知道有那麼一位家鄉的後輩，一心虔虔要來比利
時尋訪。

　　二〇一八年十月十一日，晴天。一對中國夫婦悄悄走進離比
利時首都布魯塞爾不到七十公里的艾克興小城——我和我的太
太扛着兩台攝像機，為的是記錄更多的珍貴資料。穿過寂靜的街

道，我們來到艾克興火車站，按照與傑羅姆的約定，我們將在這裏見面。上午九點，傑羅姆搭乘的火車進站。站在我們旁邊的一位身材高大的老人，銀髮，臉色紅潤。他的目光緊盯着前方下車的人群。當扛着沉重的攝像器材的傑羅姆走下車廂時，他快步上前，臉上綻出一個優雅而興高采烈的笑容，伸出雙手與傑羅姆擁抱。

很多歷史瞬間的呈現是沒有預兆的。這位儀態優雅的老人名叫雷蒙·穆克，在傑羅姆的介紹下，他友好地向我們點頭致意，然後開車把我們帶到一個市郊的養老院。一路上傑羅姆告訴我，雷蒙先生的女兒是他中學時代的同學，彼此一直保持着聯繫。有一次在網上聊天，他向她說起關於當年奶奶錢秀玲拯救人質的事，那位女同學隨口説道，好像她父親説過，在艾克興的一家養老院裏，有一個當年被錢奶奶拯救的人質還活着。第一時間裏傑羅姆簡直不敢相信。於是那位女同學回去向她父親求證，然後馬上給傑羅姆發了一個郵件：確確實實，還有一位當年被拯救人質活着，今年已經一百零三歲。上帝似乎特別青睞他。

可以想像，傑羅姆在消息被證實的第一時間是何等激動。他告訴我，作為一名攝影家，他恨不得連夜趕到艾克興，立刻把那位一百零三歲的倖存者拍攝下來。

好奇的是，雷蒙先生怎麼會知道有一位一百零三歲的當年被拯救的人質還活着的呢？

傑羅姆説，因為他在當地是從事墓葬生意的，大凡艾克興小城裏的老人去世，有關殯葬方面的事情，包括在教堂主持葬禮，以及墓地的選擇、下葬時的相關程序禮儀等等，大都是由雷蒙先

生來操辦。

「所以，他總是會熟悉養老院的人。」

傑羅姆說這句話的時候，笑得很憨厚，那眼神裏有一種突然非常熟悉的意蘊，那是接通他奶奶的一種神采，是的，在錢秀玲照片裏，那種洋溢在眉宇之間的親善，與之非常相像，讓我倍感親切。

其實，雷蒙先生還有一個更重要的身份，但是傑羅姆沒有講。

走進養老院的那一瞬間，我的心有些狂跳。這是一個非常安靜的處所，安靜到空氣幾乎凝固。一些老人散坐在椅子上，他們之間的輕聲交談，幾乎不構成聲線的流動。偶爾有穿白大褂的護士走過，那種軟底鞋仿佛踩在雲端裏，沒有一點聲音。有的老人端坐在輪椅上，很長時間一動不動，看上去像一尊冷峻的雕塑，直到我走近他時，他突然揚起一隻手跟我友好地招呼，把我嚇了一跳。

二樓深處的一間狹小而乾淨的居室，一位看上去有着健康膚色的眼神挺亮的禿頂老人，坐在一張簡易的沙發裏，漠然地看着我們向他走來。

雷蒙先生顯然是這裏的常客。他俯下身子，以一種輕鬆的口吻向老人問安。傑羅姆正在快速打開他的攝影設備。一位身材發胖的中年女護士走了進來，她叫巴斯塔，說話的聲音脆響，一副快人快語的樣子。通過翻譯，我從雷蒙與她的交談中得知，沙發上這位一百零三歲的老人名叫莫瑞斯，在艾克興市當過近二十年市長。據說他當市長時從來不坐汽車，甚至去布魯塞爾開會，也是堅持步行，簡直不可思議。這大約就是他長壽的原因之一吧。

在一份錢秀玲當年拯救人質的名單上，他或許是並不起眼的一個，但他頑強而奇跡般地活到了今天，成為那份長長的名單上唯一的倖存者。

這是一個值得記敍的歷史時刻。傑羅姆的鏡頭蓋已經打開。巴斯塔護士機關槍一樣的語速讓我感到，她對從萬里以外趕來的中國客人的造訪，有一種好奇的興奮。然後她俯在莫瑞斯老人耳邊大聲說着錢秀玲的名字，而莫瑞斯老人臉上卻沒有我們期待的那種驚訝或激動的表情，他只是友善地朝我們微笑，平靜地接受我贈送的紫砂壺禮品，還順從地穿上西裝，坐在傑羅姆臨時搭起的燈光罩前，讓他反覆地拍照。但是，跟他說起錢秀玲的名字，他的表情沒有太大反應。他的嘴角似乎在輕微地嚅動，但發出的聲音極小。巴斯塔有點着急，反覆跟他大聲耳語。然後，莫瑞斯好像在竭力回憶什麼，或許往事像一隻飛得太高的風箏，莫瑞斯老人沒有足夠的力量把它從天上拽回人間。顯然這於他是一個力不從心的時刻，一種近似重創般的遺憾，在難耐的沉默中化為不祥的預感。時間在分分秒秒過去，空氣似乎有些凝固。莫瑞斯抱歉地向我們搖頭，並垂下了他碩大的頭顱。

巴斯塔護士熟練地給他量了血壓，安慰了他幾句，然後對我們說，今天他狀態不太好，顯然他是把那些往事給遺忘了。他這把年紀，遺忘是經常的，但他生命力非常頑強，說不定明天又能想起那些事情來。

短短的幾分鐘我的額頭一直在冒汗。明眼人一瞥就會洞穿我那看似波瀾不驚，實際卻如潮汐般大起大落的內心。一個彬彬有禮的僵局出現了。莫瑞斯老人看上去有些疲倦，一個確定的結論

是，他暫時無法回答有關錢秀玲的任何一個問題。

或許，一個反覆在他耳邊響起的名字，讓他想到了一個熟悉的陌生人，他似乎知道她是誰，但看不清她的面龐，就像他試圖打開一個上了鎖的匣子，那把生了太多鏽的鐵鎖，他怎麼也無法打開。生命是個太長的旅程，有些崩塌的驛站早已面目全非。一輛老掉牙的挖掘機在記憶的廢墟上拚命地挖掘，飛揚的塵土卻在告訴他所有的努力都是徒勞。此刻他需要安靜和休息。記憶的幻影和嘯叫如同天邊的滾雷，把他帶入一種疲憊的泥沼。

「他累了，讓他安靜一會兒。」

雖然巴斯塔護士面帶笑容的話語裏，還給我們留有一線希望，那就是，但願莫瑞斯在他狀態好的時候，能夠打通並激活那些太遙遠的往事。但是，誰也說不準奇跡會在何時降臨。

一股涼意，從脊背上升起。好運氣這麼快就突然消失，有點始料不及。

不過傑羅姆還是沉得住氣的。他說他有一種直覺，莫瑞斯老人已經站在記憶之門的門檻上了，他相信，冥冥之中的一種力量，一定會讓他跨過它，並且開口說話。

雷蒙先生關切地問我，還有什麼需要他的幫助。

我趕緊從衣兜裏拿出一張照片，問，如何才能找到這位讓·杜特里約先生？

雷蒙先生接過照片一看，遺憾地歎口氣，用手在胸口比畫了一下，然後伸出三個手指：

「三年前他就患心臟病去世了。」

我的心一沉。

這位讓・杜特里約先生，是艾克興市的老市長。他父親，也是當年被錢秀玲拯救的人質之一。二〇〇一年的時候，他曾經專門到訪中國宜興，在錢秀玲的家鄉結識了很多朋友。宜興人印象裏的讓・杜特里約先生，善飲而豪放，且幽默達觀。

　　只要提起錢秀玲，有一句話他是必講無漏的：

　　沒有錢媽媽，就沒有我的今天。

　　此公情商極高。在他的建議下，艾克興還和宜興結為友好城市。當時宜興也派出一個政府代表團到訪艾克興，他和太太還設家宴招待宜興客人。

　　臨行前，我的朋友儲先生，當年他曾作為宜興市政府祕書，隨代表團在讓・杜特里約先生家做客。他叮囑我，一定要找到這位熱心的老人。

　　出師不利。緊接着是四顧茫然的感覺。

　　這天晚上，與傑羅姆一起吃飯。席間傑羅姆很興奮地說，在他的攝影生涯裏，能為一位他奶奶所拯救的一百零三歲的倖存者攝影，比他獲得一個國際大獎還高興。他還說，有時創作的靈感需要一個不經意的由頭。一對中國夫婦的突然出現，其實是生活給他的一個暗示。他接住它的時候，一扇門就向他打開了，這個意義遠遠大於一次圓滿收官的攝影創作。他感慨地說，人的生活多半是只朝前看的，很少有人回過頭來。攝影的魅力就是留住人生不能忘懷的瞬間。然後，他問我，作家的文字是不是也一樣呢？

我非常贊同。傑羅姆有理由得意。作為一個攝影家，他拍到了滿意的圖像。適當的光影幫助他詮釋並營造了一種歷史氛圍，莫瑞斯碩大的頭影、佈滿滄桑感的臉龐、略帶茫然的眼神，都在訴說着一位活得太久的世紀老人的心態；人們無限的想像，可以由此展開。而文學的表達方式則需要莫瑞斯開口，需要他用聲音傳遞心情。哪怕他嘮嘮叨叨，詞不達意，那也比沉默強很多。雖然歷史早就確定他是被錢秀玲拯救的人質，但那只是他的一個身份，作為一個文學形象，最好他能用話語帶領我們重返歷史現場。

　　健談的傑羅姆敏銳地發現了我正在竭力掩飾着一份莫大的沮喪，便安慰我說，要相信上帝的力量，他不會讓一個心懷虔誠的人失望的。

　　席間傑羅姆接了一個電話，是雷蒙打來的。傑羅姆放下電話後歎了一口氣，並在胸前畫了一個十字。說，就在今天下午，養老院又有一位九十五歲的老人去世了。

　　這個電話傳遞給我的，是一份深深的憂慮。

　　傑羅姆給出的建議是，與其在艾克興無謂地坐等，不如先去其他地方看看，比如魯汶大學，那是他奶奶一生中非常重要的一個地方。

　　那裏有您的熟人嗎？我問。

　　他聳聳肩，然後笑着搖頭。說，上帝會幫助你。

　　這頓晚餐，我們選了一家中國餐館。為了表示對傑羅姆的感謝，我們點了一桌子菜，傑羅姆並沒有客氣。但他吃得不多，一

直在為我們夾菜。似乎，這並不是外國人表達友好的方式。中途他悄悄地出去了一趟，我們以為他是上洗手間，未料，他竟然很「中國」地埋單了。

或許，這在西方社會的社交中是很少見的。因為說好了是我們請客。這可不是錢的問題。傑羅姆很「中國爺們」的做法，顯然深受其奶奶的影響。這一點他並不迴避，且引以為豪。他說，他五歲就會使用中國筷子，小學四年級就帶同學去奶奶的餐館吃飯，奶奶教他的，都是中國人的禮儀和規矩。

這頓晚餐的重要意義在於，傑羅姆給我們重新設計了一條路徑，那就是去魯汶大學試試運氣。艾克興這邊，由於讓·杜特里約先生的去世，原先寄託在他身上的希望全部落空。而耗在這裏消極等待莫瑞斯老人開口，也變得不太現實。去魯汶大學尋覓錢秀玲的蹤跡，或許能找到新的可能。翻譯蓬飛先生是中國瀋陽人，他理解我們的苦衷。顯然他對魯汶大學很熟悉，他提了一個很實際的問題把我給蒙住了，魯汶大學本身，就涵蓋着一座古城，它的三十多個學院分佈在城市的每一個區域。

「一點線索都沒有，您怎麼去尋找錢秀玲的蹤跡呢？」

如此魯莽地前往魯汶大學城，或許將成為我們比利時之行的又一敗筆？但是，我堅信路是人走出來的，只有你去過了，才知道那裏到底是怎麼回事。即便是嘗試失敗的滋味，總比什麼滋味都沒有強。

與傑羅姆道別的時候到了。他將很快返回美國芝加哥。他告訴我，雷蒙那邊，會跟護士巴斯塔保持着聯繫，一旦莫瑞斯記憶的閘門被打開，她會第一時間通知雷蒙的。然後，細心的傑羅姆

跟翻譯蓬飛要了一個電話號碼，不用手機的他，將及時用郵件的方式把電話號碼發給雷蒙。

也就是説，如果有一天蓬飛的手機上突然出現雷蒙的電話號碼，那麼奇跡就發生了。

不能不欽佩傑羅姆的辦事妥帖。臨別時，他伸出雙手與我擁抱，並且問我還需要他做些什麼。

看着他離去的背影，我有一種陷入孤單的感覺。

六

魯汶大學：錢秀玲在一間教室裏等我

聖彼得大教堂的鐘聲渾厚且悠長，側耳聆聽，內心便會泛起寧靜的哲思般的漣漪。從路邊法桐上飄然落下的樹葉，悄無聲息地搖曳，當是與它搭配默契的餘韻吧。仿古版的馬車在乾淨的巷子裏緩緩而行，清脆的馬蹄在包漿畢現的鵝卵石道路上敲打着細碎綿密的節點，讓人想起中世紀日落時分的某個場景。一群肥碩的灰鴿子從紅瓦尖頂的樓群上凌空飛起，在深邃的天際劃過落寞的弧線。這是典型的比利時秋冬的一個悠閒下午。沿街邊的小桌鱗次櫛比地排開，熱氣騰騰的下午茶或咖啡正讓享受它的人們綻放出舒適的容顏。那些茶客們額頭上的光澤，與鵝卵石地面的包漿居然很搭。即便不給我一個俯瞰古城全貌的機會，我也可以在一條曲裏拐彎的街巷裏，感知它的優雅而悠長的脈息。

但是，在魯汶古城的大街小巷裏快走，一份盲目的自信便會漸漸被陌生的茫然的感覺稀釋。每一條街巷的每一座高房子，都是魯汶大學的所在。古老的巷子裏冷不丁冒出一群剛下課的大學生，自行車在他們的胯下仿佛變成了釋放激情的利器，這些幸運的天之驕子成群結隊潮水般洶湧而來，撲面的青春氣流蕩滌着因

古老而顯得滄桑的建築，留下一路濃烈的荷爾蒙氣息。拐進一條安靜的馬路，不經意地又與一座灰撲撲的莊嚴巍峨的學院相遇，高高的牆上沒有什麼裝飾，只有一行不大卻非常清晰的阿拉伯數字映入眼簾：1425。這應該是六百年前某位藝匠的手筆。仰望它，便會感受到一種拙樸幽深的年輪味道。它的中文名字很長：荷語魯汶天主教大學。一四二五年是教會禧年，羅馬教皇馬丁五世於十二月九日詔令建立魯汶天主教大學。它初創時期的教授大都來自巴黎大學、科隆大學和維也納大學。十六世紀的大人文學者伊拉斯謨在魯汶大學執教，並於一五一七年創建了三語言學院研究希伯來文、拉丁文與希臘文，使魯汶大學成為當時歐洲人文

作者在錢秀玲就讀的魯汶大學化學系教室外留影

主義研究的中心。

在中國人的理念裏，氣場永遠是第一位的。什麼人在這裏講過課，建立過什麼學說，他的氣場就留下來了。他使用過的筆，觸摸過的講台，甚至喝過的水杯，都會散發特定的意味。氣場的續接，當然要靠他衣缽的傳承者們。用古老的鵝毛筆，在羊皮紙上書寫的魯汶大學歷史，自然會帶有被時光浸潤的質感。知道嗎，富有創新精神的艾德里安也曾是這裏的教授；哲學家利普修斯曾經在此執教多年；魯汶大學的科學傳統源於數學家弗里西斯，他在這裏培養了很多科學家，如地圖學者墨卡托，他所創建的繪製地圖的方法，今天的人們仍在使用；植物學家多多恩斯和現代解剖學之父維薩留斯，也曾在這裏學習或執教。今天的人們對於他們當年留下的故事已然語焉不詳，被傳承的理念和公式也不帶常溫，時間的魔法師喜歡給溫暖的人間留下一些冷冰冰的雕塑，底座上貌似莊重的文字，無非在刻板地記錄着逝者的生平與成就。唯有在他們被歲月剝蝕的額頭和嘴角，我們還能展開有限的想像，去揣度一個藏在歷史深處的謎語。

錢秀玲女士，她當年在哪一所學院裏就讀呢？資料僅僅表明她當年考取的是這裏的化學系。那麼，當年的化學系又在哪裏？在偌大的魯汶大學城裏走了一圈，越來越茫然的感覺就像壞天氣一樣影響人的心情。我們真的不知道去哪裏尋找錢秀玲的足跡。一次次貿然走進那些神祕而安靜的學院，那種清朗寧靜的氛圍裏，分明有着排斥陌生人的氣息。翻譯蓬飛先生出了一個主意，去魯汶大學的總部碰碰運氣。

其實我們連魯汶大學的總部在哪裏也不知道。翻譯蓬飛的額頭在冒汗，他在不斷朝路人打聽；然後帶我們徒步穿越幾個街區，來到一處看上去並不巍峨的古老建築面前。

「這裏沒有傳統意義上的學校圍牆。有門的地方您可以隨意進去，不會遭到任何人的盤查。在這裏，自由的概念如同新鮮空氣一樣真實。但是，不能拍照、攝影。」這些冷冰冰的規矩，從學校問詢處一位有點發福的年輕女子帶笑的嘴裏說出來，讓扛着攝像器材的我們，有一種束手被擒的感覺。

長長的走廊兩邊，是一扇扇緊閉的門。偶爾有人從門裏走出來，幾乎沒有走路的聲音，然後，門在身後輕輕地關上，依然沒有聲音。走廊的盡頭，是華麗的鑲嵌着暗金圖案的轉盤樓梯，上到二樓，是一個類似禮堂的空曠所在，暗紅色的座椅從眼前蕩漾開去，如同一個被切開的石榴所化開的湖泊。講台的陳設莊嚴肅穆，一排真皮大背椅前面，矗立着一張鶴立雞群的包漿幽亮的演講桌，它的四周鏤雕着精美的花邊，有一種舒展雍容的雅緻。

這一切，跟錢秀玲有關係嗎？

此時此刻，我只能用冥想來完成對眼前景物的歷史演繹。根據資料顯示，少女錢秀玲的開學典禮是在這個禮堂裏進行的。那一天，她會穿一身藍底白玉蘭花的旗袍、絳紅色的開衫，帶着一本厚厚的筆記本，坐在她的同學們當中。作為魯汶大學一名預科學生，她以一口流利的法語，順利通過了最初的口試與筆試。熟悉她的人都知道，這個平時不太聲張但活躍起來誰也招架不住的東方少女，在讀書考試上有着天性般的優勢。只要你跟她在一個教室上課，你就無法忽略她的存在。她從來不是那種等待老師提

問的學生，而是總是伺機向老師發問的學生，也不是她刻意當眾顯擺，而是她的思路快，緊隨着老師的腳步，有時甚至跑得比老師還快。靠窗坐的她，小臉紅紅的，一堂課下來，她的鼻尖還冒汗，仿佛剛剛跑完了五千米。

人們看到的是一張老是笑盈盈的東方女性的圓臉，如果您仔細打量，您還能觀察到她的兩個嘴角上邊，有兩個小小的梨窩。她似乎總是快樂的，好像從來不曾有煩惱的事情來找她。其實並非如此，人們不太注意到她的課外時間，她的難言之隱在這樣的時刻會被放大，其實也沒什麼，就是一個她不喜歡的中國男孩——不說您也知道——她的「娃娃親」，大名吳弘毅先生。不喜歡本身，就像一味苦藥，即便它是有益的，也下不了口，何況要終身服用，那還不如讓人去死。在這裏，不演繹一下錢秀玲跟吳弘毅第一次見面的場景是說不過去的。她跟卓儒哥哥到達法國馬賽的那天，吳弘毅就已經在碼頭迎接他們了，也不知道他是怎麼獲得他們的輪船班次信息的。由於他們的輪船在中途遇到了颱風，所以在太平洋上顛簸的時間比往常多了兩天。她走下甲板，在擁擠的人群裏差點跟哥哥走散，不過，她很快就看到哥哥被一個黑黑的高個子拽住了，那個人手裏高高舉着一塊小木牌，上面用加粗的中文寫着：迎候錢秀玲小姐、錢卓儒先生。錢秀玲第一眼看到那塊木牌，心裏升起一陣溫暖。那可比他鄉遇故知的分量要重很多。不過，她的視線落到了舉着木牌的黑黑的年輕男子臉上，心裏突然劃過一道淡淡的然而卻是銳利的口子。她知道他是誰。因為原本就不存在希望，所以也不存在失望，但是，當她再看他第二眼的時候，一種本能的拒絕感流向了她的全身。也

就是這一瞬間，一切都決定了。

黑黑的長臉，説話的時候，露出一口大而白的牙齒，顯得有點憨，不太像個靈活的江南男孩。人是極誠懇，厚厚的嘴唇老是在嚅動，有點詞不達意的樣子，也許是緊張的因素吧，一雙有點發呆的眼睛，一直不敢看她。

她以暈船為由，謝絕了吳弘毅的接風。她也知道，吳先生為了接她和哥哥，在輪船碼頭度過了兩天一夜。無論如何他是摯誠的，在一起吃一頓飯又能怎樣呢，她努力説服着自己，但是，話到了嘴裏，説出來依然是婉拒。她看到了對方眼睛裏迅速掠過的失望，這正是她所期待的。卓儒哥哥顯然是看不過去，他把她拉到一邊，小聲而堅決地提醒她：怎麼能這樣啊，這不是我們錢家人的風格，今天你必須聽我的。

她勉勉強強地跟着他們上了一輛馬車。馬車的斗篷古老，有着厚厚的金絲絨的質感，扶手上的包銅，有着極亮的光澤。馬蹄踏在街石上發出的清脆聲響，讓她想起艾米莉·勃朗特小説《呼嘯山莊》裏的某個情節。

上車的時候，卓儒哥哥故意磨磨蹭蹭，他是想讓秀玲能跟吳弘毅坐在一起，而他自己則另坐一輛緊隨其後。出於禮貌，錢秀玲默然聽從。當吳弘毅拘束地坐到她身邊來的時候，她聞到了一股淡淡的男子香水的味道，這讓她很不自在。也不知道是牽動了她的哪一根神經，胃裏突然一陣翻江倒海，那種欲吐不能的感覺讓她非常難受。而一旁的吳弘毅有點束手無策，他茫然無助的神態讓錢秀玲覺得有點滑稽。是個好人，但不是一個合適我的人。這個無可更改的結論，在錢秀玲剛踏上異國土地的第一時間裏，

便是板上釘釘的了。

　　馬車的馭手是一位翹着花白的八角鬍子、戴黑色禮帽的長者，他甩起鞭子的時候，嘴裏一直朝她獻着殷勤，他的法語裏夾雜着荷蘭語，聽得費勁的錢秀玲便把目光移向一旁的吳弘毅。一直在發愣的他，終於有了一個為錢秀玲翻譯的機會，他和馭手交談的時候，一口流利的法語發音準確，只是聲音有點發乾，他偷看她的時候，目光始終是拘謹的。馬車帶他們穿過高大古老的市政廳廣場，走過大教堂，來到一條熙熙攘攘的啤酒街。她聞到的是一股發酵過度的小麥味道。這讓她回想起王婆橋畔那一望無垠的金色田野，那風中的麥香以無可抵擋的魅力，醉倒着每一個在田野上耕作的農人。她想到了爹媽在萬里以外的家中無時無刻的掛念，以及一份在他們看起來屬於天經地義的指望。可是，可是。她不想再想下去。因為在她看來，她什麼都可以違背，唯獨不能違背自己的內心以及最真切的感覺。

　　那一頓接風的晚餐顯然是乏善可陳的。儘管很豐盛，儘管吳弘毅很賣力，但錢秀玲後來回想起它的時候，腦子裏幾乎一片空白。吳弘毅是學經濟學的，他是一位刻苦的學生，但他不善言辭的個性一點也沒有在他和錢秀玲的關係上加分。同時他也是一個聽話的孩子，父母之命當然是懸在頭頂的一柄寶劍，平心而論，他第一眼見到錢秀玲，內心是喜歡的。她的氣質優雅而柔曼，有江南人明快嫵媚的底子，一份恰到好處的時尚，襯托着她如花般的年華而令人愛慕。但她有點高冷，幾乎不怎麼說話，如同懸在天際的一輪冷月。他在給父親的信中如實地稟告了自己的感受。父親告誡他，錢秀玲早就是他沒有過門的妻子，

生米終要煮成熟飯。他不應該有任何的畏縮，而應該處處拿出大丈夫的氣概來。

可事實遠非如此。吃過第一頓飯之後他就再也約不到錢秀玲了。他跟她不但不在一個學院，也不在一個街區。他也知道，這個理由很蒼白。據說她很忙，即便偶爾撞見，也只是像熟人之間那樣點點頭。他感覺她似乎總在迴避他。除了教室、宿舍，她就泡在圖書館。他去找過她的哥哥錢卓儒，希望他能幫着創造一點增加彼此接觸的機會。他也寫過約她見面的紙條，託錢卓儒轉交給她。但最後還是錢卓儒匆匆趕來向他表示抱歉，然後解釋一堆她失約的理由。如果錢卓儒認真地跟他講一聲，我妹妹不喜歡你，倒也罷了。可是錢卓儒始終希望他不屈不撓地堅持並努力，這讓他陷入苦惱並無所適從。

此時錢秀玲腦子裏日思夜想的，是如何通過一次又一次的考試，正式成為魯汶大學的一名學生。不過，她無法迴避一個非常現實的問題，這就是她跟那位「娃娃親」的關係。父親在一封家書裏直截了當地問她，到底想怎麼樣？這樣帶有嚴重情緒的口氣，估計跟吳弘毅那邊的反饋有關，她思考再三，覺得茲事體大，不能欺騙父親，就直接稟明自己的態度：不合適，沒感覺。她希望父親能夠替她解除這個婚約。

這封信發出後她隱隱擔心，父親收到這封信一定會氣昏的。但是長痛不如短痛，拖下去更不是個辦法。

她沒有跟卓儒哥哥商量，因為他老是在她和父親之間蕩着鞦韆。這也難怪他。她自己的事，必須自己來了斷。

這裏不能不提一下錢秀玲讀書的費用問題。所謂很貴，只是

一個籠統的概念。一年預科的費用，總共是一萬四千比郎，合民國大洋一千元。卓儒哥哥已經是魯汶大學的正式學生，他學的是礦山冶金專業，費用要更大些。每到月底的時候，錢家兄妹就指望着郵局的匯款單，有時郵路耽擱，兄妹倆的生活就會捉襟見肘。其實中國留學生的生活大都這樣。有一次，兄妹倆的生活費全部花光了，匯款單還沒有來，錢卓儒就去跟吳弘毅借了一百比郎。錢秀玲知道了，有點責怪哥哥。卓儒說他本來就是我們自家人。秀玲當真地惱怒了：你要這樣說，從今天起我就絕食！

比匯款單先到的，是父親的信。錢秀玲在拆開這封過於單薄的信札的時候，有一種不祥的預感。之前父親的每封信總是寫得很長，各種叮囑、各種道理，總是翻來覆去。但這一次竟然只有一頁紙。然後，她一目十行地看完，信上的每一個字都充滿着極度失望和憤慨。她分明見到了暴跳如雷卻又孤獨無助的父親是如何地欲哭無淚。

最後一段話竟然是這樣的：

如此荒謬決定，實屬大逆不道。汝罔顧父囑，一意孤行，即便讀破萬卷，又有何益？若尚認愚父之骨肉、錢家之臉面，或幡然回頭，於事尚可彌補；或停棄學業，即日返國。否則一切費用為父不再承擔。

因為憤怒，手肯定在顫抖。父親最後的幾行字寫得歪歪扭扭，秀玲可以想像到父親的嘴角在抽搐。

緊接着，卓儒收到一封發自江南古城的電報：

父中風病重。

在同一時間裏，錢卓儒和錢秀玲都覺得天塌下來了。

這對單純的兄妹一時不知如何是好。那幾天秀玲一直在以淚洗面。如果她的決定要用父親的性命做代價，她還不如去死。但死是一件太容易也太愚蠢的事，她的人生才剛剛打開。寬厚的卓儒哥哥到這個時候終於理解妹妹了，他知道，其實妹妹做出這個決定非常困難。在他和妹妹的價值觀裏，違心，是一件最難也是最不應該的事。人應該忠於並堅守自己的情感。況且在自由戀愛的歐洲，來談論一椿由父母之命所導致的「娃娃親」，説出去會被笑掉大牙的。既然秀玲已經走出了這一步，他沒有理由不支持她。

最後他們的決定是，由卓儒請假回國看望父親。

本來她也想跟卓儒一起走，有些話，如果讓她當面跟父親講，效果肯定是不一樣的。但後來她想清楚了，如果她踏上返程，一扇已經打開的門就將永遠向她關閉。最壞的結局無非是父親信上説的那樣，中斷她的學習生活費用。秀玲性格中的倔強部分，此時突然見漲。導致她義無反顧的強大因素之一，當然還是那位既遙遠又貼近的居里夫人。

一個月後，卓儒回來了。他帶回的消息比她想像的還要壞。父親真的已經一病不起，他的非常糟糕的狀況一半來自吳家的壓力。説白了，吳家和錢家已經翻臉，一對曾經的摯友，在兒女聯姻破裂這件事上，已經走到恩斷義絕的地步，錢熙勳把秀玲的信給吳子政看了，後者一改平時的儒雅之風，勃然大怒，稱如此奇恥大辱，何以讓他面對親戚好友乃至四鄰八舍？其實，錢熙勳面

臨的壓力一點也不比吳子政小，他不但教子無方，也背信棄義；他與吳子政都在當地扮演着舉足輕重的社會角色，一大半都是活給別人看。

有一個細節，卓儒沒敢告訴秀玲。父親的中風，是因為他去了城裏吳家，雙方言語衝突，父親氣得拂袖而去。從吳家大門的石階往下走的時候，竟然一腳踩空，人撞倒在門口的石獅上，頓時就暈倒了。

不過，導致兩家關係走向決裂，還有一個關鍵事件，那就是早先錢熙勳賣掉的那一百畝心愛的土地。

這塊土地真正的買主，竟然是吳子政。他原本的打算是，等到他兒子吳弘毅迎娶錢秀玲的那一天，他會把這一百畝地的契約，當作吳家討兒媳的聘禮送給錢熙勳。他希望這個佳話能夠在當地流傳。然而，當這一切終將成為泡影的時候，吳子政突然守不住他的底線了，一怒之下他把這件事說了出去，並說，那塊地已經一文不值，誰要誰來拿去便是，他可以喋血賤價出售。這樣他把自己放在一個悲壯的道德制高點上，其實也是為難自己，等於把下台階的梯子都抽掉了。而土地的原主人，或許會被輿論的唾沫淹死。但推他下水的人，大家看得清清楚楚，難道不是他吳子政嗎？故事的流傳因了一塊原本炙手可熱的土地突然賤賣而在當地生出多個版本。老天作證，吳子政實在是因為咽不下這口氣。在他看來，錢家的女兒悔婚，一定是受到了錢熙勳的默許，這麼多年來，錢家閨女竟然沒有跟他兒子見過一面，每一次錢某人總是以各種理由搪塞。其人之心，晦暗如長夜，他卻一直渾然不覺。而錢熙勳氣惱的是，他女兒只是不同意跟吳家公子好，她

又沒有另外嫁人，雖然她人在萬里之外，但事情並非沒有轉圜，他還可以再勸導她。那一百畝地的所謂真相，確實給了他太重的一擊。他沒有想到吳子政如此工於心計，無論做不做親家，他都要佔據輿論的上風。前前後後一想，心都涼透了。

父親的境遇讓錢秀玲在第一時間裏有着泣血般的歉疚，甚至有一種百身莫贖的犯罪感。但冷靜下來，卻又無論如何做不到像父親要求的那樣。縱然赴死，她也不會與一個不喜歡的人在一起。同學們發現，那幾天她的一雙原本總是笑眯眯的眼睛有些紅腫，一張白淨開朗的圓臉上，從天而降的黯淡神情仿佛烏雲壓城般地揮之不去。她的故事沒有讀者，所有的創痛與戰栗都只在內心翻轉。

不過她很快振作起來。放在人們面前的兩個最基本的事實是，一、她沒有屈服於吳家和父親的壓力；二、她毅然申請了「庚子賠款」的獎學金並且獲得成功。

所謂的「庚子賠款」，是指一九〇〇年那場由「八國聯軍」血洗中國的戰爭引起的賠款項目。衰敗的清政府在一年後被迫與入侵國家簽訂了《辛丑條約》。僅賠款一項，就達 4.5 億兩白銀。在入侵列強國家中，居然還有比利時這樣一個彈丸小國。當時只派了一個班——十餘名士兵參與戰爭，但分贓的份額卻頗不少，一共得到白銀 8484345 兩。

說到底這筆錢有點髒。它讓很多將其灌進口袋的國家總覺得不那麼理直氣壯。有些事情就是這樣，空間需要用時間來換取。一九二五年前後，美國、俄國、法國、英國、比利時、意大利等

國家，決定向中國退還這筆說不過去的賠款，其間，有些國家為了臉面上好看，就以招募中國留學生來進行退賠——以他們的價值觀來影響中國的年輕一代，這也未嘗不是一件意義深遠的事。

比利時政府也做出了一項很體面的承諾。把從中國「賠償」來的錢，在一個名叫安特衛普的城市建造了一座全世界當時最豪華的火車站，然後，把餘下的錢設立了一項專門針對中國留學生的獎學金——當然需要進行嚴格的考試。考上了就是官費生，免去學費，還提供基本的生活保障。突如其來的變故把錢秀玲逼到了這條路上，莫非也是冥冥之中的一種暗示？她喜歡考試，從錢家祠堂開始，到縣城，到蘇州、上海，一路考來，考試是她最好的朋友。她付出的努力，考試從來不曾辜負她。

她真的考上了。她所在的預科班，她是唯一考上「官費生」的人。後來她告訴別人，這是她遇到的最艱難的一次考試，也是她經歷的所有試場裏最為酣暢的一次體驗，整整兩個小時答題，考卷有一條圍巾那麼長，手寫得發酸發抖。她知道，她是在邁過人生的一個溝坎，底下是洶湧的激流。走出考場的時候她有一種特別的放鬆。仰望藍天，她突然聽到了一個最熟悉的聲音，仿佛從天邊而來，蹣跚而執拗地走到她的跟前，貼着她的耳朵說，丫頭，好樣的！她的淚水突然奪眶而出，那是她親愛的父親的聲音，她確信父親跟她之間，雖然已經「鬧翻」，但是，父親是愛她的，如同她也深愛着父親一樣。這一點，任何時候都不會改變。否則，在最緊要的時刻，她怎能聽到父親的聲音呢？她絕不相信，剛才那一瞬間，只是她的一種幻覺。

她能想像此時父親錢熙勳正在經歷着他人生的一次最大煎

熬。但是，以她單純的經歷，尚不能理解父親和吳子政這對相交幾十年的朋友，何至於為了一門親事，就會落到連朋友也沒得做的地步？卓儒哥哥告訴她，望族人家的臉面，並不是當家人一個人的，它關係到一個龐大家族的榮辱。吳家的長輩無論如何不會接受一個悔婚的事實落到江南古城裏最體面的人家頭上。所有的輿論都在支持吳子政向錢家討要說法。而沒有退路的錢熙勳最後攤開雙手等於求饒的做法，則被吳家人視作是「賴皮」。吳子政是個急性子，他在一個氣氛緊張的時刻拋出的那張一百畝良田的地契，原意並不是以此來羞辱錢熙勳，而是向其表明，為了促成這門婚事，他吳某人是如何竭盡所能而且肝腦塗地。但是，他的這個舉動深深地刺傷了錢熙勳，仿佛是一包炸藥的引線被點燃。衝天的爆炸聲中，血性僨發的錢熙勳終於訇然倒下。最好的朋友捅上的一刀，讓他猝不及防。王婆橋畔的坊間傳說裏，錢某人的身體已經徹底完蛋，他連站起來走路的能力都受到了嚴重挑戰。那些日子，古城裏最有名的郭郎中坐一艘扯篷的快船，頻繁地穿過王婆橋，從錢家進進出出。雖然他沒有給任何人留下什麼口風，但人們依然可以從他緊鎖的眉頭裏解讀錢熙勳每況愈下的身體狀況。冬天來臨的時候，錢家祠堂的複式課堂因為高先生的病逝而宣佈暫時關閉。人們大抵知道，錢熙勳怕也是支撐不下去了，雖然用油乾燈盡來形容他還為時過早，但一病不起的事實仿佛抽去了錢墅村的肝膽。百姓們私下裏的惋惜伴隨着冬天常見的冷霧淡陽，給古老的錢墅村罩下了冷清蕭索的色調。

行走在魯汶大學縱橫交錯的教室走廊裏，漸漸就有一種進入

迷宮的感覺。感謝我的忠實陪伴的妻子，她無意間走到教室的走廊盡頭，拐彎進入一個庭院的空間裏，靠在一棵古老的大樹旁歇息。當她抬起頭來的時候，一種類似幻覺的景象出現了，透過旁邊教室的窗玻璃，她突然看到牆上掛着一幅熟悉得讓人發呆的黑白照片。她驚喜地叫出聲來，哇，錢秀玲！

對，就是那幅青年錢秀玲的招牌照片。她髮式優雅，略帶捲燙，淡掃蛾眉，面露微笑，微微上翹的嘴角傳遞出一種善解人意的氣息，眉宇之間洋溢着一種東方女性的溫婉與知性。她穿着一件合體的中式夾襖，明快舒朗的團花圖案，生出一種很中國的惠風和暢的感覺。

此刻她在牆上朝我們招呼。仿佛在告訴我們，哇，你們終於來啦，太高興老家終於來人了！

在她的旁邊，還有幾幅照片並排在一起，那應該都是與魯汶大學有關的傑出校友吧。我們顧不了許多，趕緊叫上翻譯蓬飛先生，來到懸掛錢秀玲照片的那間教室門前。門緊閉着，裏面似乎有輕輕的講話聲音。我請蓬飛敲門，他猶豫了一下，或許是他在比利時待久了，對「規矩」的概念非常在乎。在我的一再請求下，他鼓起勇氣，叩響了門。很快門露出一條縫，一個捲髮戴眼鏡的中年男子露出半張臉，禮貌地問了蓬飛一句什麼，蓬飛小聲解釋了幾句，那男子搖搖頭，表示不可以。蓬飛又小聲說了幾句，男子聳聳肩，示意我們可以進入。

蓬飛悄悄對我說，剛才，他一開口對方就拒絕了。這是上課時間，他們都在工作。他厚着臉皮反覆向對方解釋，這是從錢秀玲校友的故鄉 —— 中國宜興來的一對夫婦，他們就想看一眼錢

秀玲的照片，馬上就走。這才放行。

這是一間有些狹長的教室，裏面放着三張辦公桌，一男二女共三位老師，正各自盯着電腦在專心工作。其中的兩位女性老師，連頭也沒有抬一下。我掏出手機，打開攝影功能，趕緊拍攝。那個中年男子善意地笑笑，小聲咕嚕了一下。我問蓬飛，他在講什麼？蓬飛說，他很幽默，意思是拍照在這裏是不被允許的，但既然看上去像是上帝同意你們來的，他幹嗎要阻攔，況且錢秀玲女士已經給魯汶大學掙了那麼多名聲，他沒有理由不善待她的家鄉人。

他說這句話的出處，跟學校問詢處的規矩是一致的，學校內部的任何一個角落，都拒絕外來者拍照。

蓬飛告訴我，這個房間，現在是一個年級的教務處。那位同意我們進入的男士，名叫馬克·威利，看上去他是教務處的負責人。

請原諒我的魯莽和不斷膨脹的要求，顯然我並不滿足在這裏拍一段視頻和幾張照片，我想證實的是，一、這裏是不是當年錢秀玲就讀的教室？二、學校裏是否設有錢秀玲的紀念館或事跡陳列室？

第一個問題，馬克·威利說他不能完全確定。但他頗為自信的表情告訴我們，這種可能非常大。他斟字酌句的樣子，有點像一個權威機構的發言人，生怕被喜歡誇大事實的記者曲解原意。他說這裏肯定是學校最古老的教室，而且一直屬於化學系。在錢秀玲就讀的那個時代，化學系招的學生特別少。亞洲人大概只有四個，而錢秀玲是其中唯一的女性。一直以來都沒有人懷疑，這裏是世界頂尖科學家的搖籃，牆上的照片，都是化學系的傑出校友。

「當然，錢秀玲是個例外。她很棒，一直都是，在學校裏她考試幾乎沒有對手。但她後來沒有成為科學家，這有點遺憾。」

第二個問題，馬克·威利聳聳肩，朝蓬飛攤開他那修長瘦削的雙手，輕聲說了幾句。

蓬飛的轉述是這樣的，「在比利時，無論國王或功勳卓著的名人，都沒有個人的紀念館。這個國家最反感的就是個人崇拜。魯汶大學的傑出校友非常多，他們獲得的最高待遇，也就是在他們曾經就讀的教室的牆上，佔據一張碩大照片的位置。」

馬克·威利的說法，證實了這個房間極有可能就是錢秀玲當年就讀的教室。

頓時，激動的心情無以言表，如果可能，我真想把它搬走。

我們腳下的每一塊地磚，走廊穹頂上高掛着的、樣式古老的水晶吊燈，以及磨得鋥亮的樓梯扶手，毫無徵兆地突然就都帶有了錢秀玲的氣場。

幽深的走廊裏突然有她走路聲音的迴響。她的半高跟酒紅色羊皮鞋樣式時尚，肩上斜搭着東方人喜歡的那種布質印花書包，童花頭，眸子漆黑閃亮，笑起來如同彎彎的下弦月牙，一襲月白色的細絨線開衫，勾勒着她發育豐滿的胸部。她坐在九十年前的教室前排，目光安靜，神情專注。你能看到她的筆在不停地疾行，未經修飾的指甲閃着一小片一小片貝殼似的光亮。她走路輕盈，愛笑，說話帶着江南人的柔和。如果你能聽到她唱歌的樣子，你會着迷 —— 不是被她的歌聲，而是被她專注至深的那種神態。

一九二九年到一九三四年錢秀玲在魯汶大學就讀的種種故

事，早已被無情的時間機器壓縮成幾行簡介文字。那些文字的措辭四平八穩，雖然包含着令人欽羨的信息量，但顯然缺乏溫度與色彩。比如說，她二十二歲那年就獲得了化學博士學位，緊接着，她又獲得了物理學博士學位。所有這些固然可喜，但無非再次表明她的學霸地位無人撼動，再把聰慧與用功之類的辭藻加在她身上已屬累贅。倒是有一個深藏在一九三一年秋天的細節，可以佐證她那執拗的內心，是如何穿越外在的歲月鎧甲而體現她那不泯的執念的。

有一天在實驗室，她的導師威爾遜先生無意間說到了居里夫人——他剛去過設在巴黎的鐳學研究院，那裏有二十多位研究人員，他們非常幸福地在居里夫人的指導下工作。毫無疑問，威爾遜教授享受了與居里夫人愉快交談的待遇。錢秀玲鼓起勇氣問，能不能介紹她見一下居里夫人——哪怕遠遠地看一眼。威爾遜教授說，夫人非常忙，六十多歲的老人了，並且身體不是很好，如果你僅僅是出於好奇，那還是不去的好。錢秀玲說，我從小就崇拜她，如果能讓我見到她，哪怕一分鐘，我會銘記終生的。威爾遜教授很喜歡這位來自東方的女生，連同她的東方式執拗。他覺得回絕一個美好的要求是不必要的，況且錢秀玲是他門下最優秀的學生。威爾遜教授還特意給錢秀玲寫了一封介紹信。於是在一個天氣爽朗的星期天，她和同學胡格蒙一起踏上了去法國巴黎的列車。沒有資料表明這個「胡格蒙」同學是何許人也，但可以確定的是，她是一名女生，並且她跟錢秀玲是非常要好的同窗。她們到了巴黎，直奔地址上的居里夫人工作室。然後，失望的場景來了，一名語氣溫婉的工作人員告訴她們，居里夫人去

華沙了，那裏剛成立的鐳學研究院等着她去主持開幕典禮。至於她什麼時候回來，工作人員拿不出一個準確的時間，因為，居里夫人的行程本身，就應該是一個只有她自己掌控的祕密。

看過了威爾遜教授的介紹信，工作人員允許她們參觀居里夫人的辦公室，而實驗室的大門卻未能打開 —— 工作人員抱歉地告訴她們，鑰匙被居里夫人帶走了。她們最終還被允許在居里夫人的辦公室門口拍了一張照片。很多年後，這張泛黃的照片，成為錢秀玲給兒孫講述這個遺憾故事的佐證。

她反身離開居里夫人工作室的時候，並不知道她將永遠與這位內心的偶像擦肩而過。她只知道她以後還會再來。返回比利時的列車載着她的遺憾和無法與人道明的心事，其鏗鏘的節奏突然變得滯重而陰沉。

七

快，叫輛馬車

接下來，錢秀玲無法躲避的情感問題悄然擺上桌面。

有男生追她，這是自然。每天魯汶大學的新鮮空氣裏總是會寬宏地接納大量的青春期荷爾蒙。在後來書寫錢秀玲的諸多文本裏，一個叫葛利夏的醫學系男生最終成為她的伴侶。一種説法是，當時有兩個男生在追她，希望她在兩個追求者裏選定一個。但是，在錢秀玲孫女塔吉亞娜拍攝的紀錄片《我奶奶是英雄嗎》裏，卻有這樣一個可愛的場景，擔任電視劇《蓋世太保槍口下的中國女人》女主角金玲的演員許晴女士，在錢秀玲家的客廳裏跟老太太嘮嗑，她摟着滿頭銀髮的錢秀玲，以兒輩的口吻問了她一個問題：

「錢媽媽，當初是您先生追的您，還是您追的他啊？」

錢秀玲的笑臉上掠過一絲羞澀般的自得，聳了聳肩。

「啊，是您主動追的他啊？」

錢秀玲得意地甩了甩她那齊耳的銀髮，撇嘴一笑：「嗯哼！」

這是人們僅見的錢秀玲式的灑脫與浪漫。這個場景重新把我們拽回到一九三二年的魯汶大學校園。化學系學霸錢秀玲的芳名

早已突破了那間看起來不大的教室和幽深的走廊，而古老宮殿般巍峨的魯汶大學圖書館裏，常常有錢秀玲穿梭其間的身影。她的背影常常招致各種善意解讀，而勇敢的求愛者即便遭到婉言拒絕，也還能津津樂道於跟她交往中那迷人的一言一行。錢秀玲的風格在於，她並不在意別人怎麼去看待一個人或一件事，而是特別注重自己對那個人或那件事的感受。在情感的領域裏，只要是她內心喜歡的人，她完全可以主動去走近他，用她的方式，而不是傳統東方女性所習慣的守株待兔。

　　從大量已知的歷史照片上看，大學時代的格里高利・佩令吉相貌英挺而儒雅，頗有血統高貴的紳士風範。來自父母的俄羅斯

錢秀玲與佩令吉在森林中漫步

兼希臘基因，讓他的藍眼睛裏始終保留着一絲悲憫意味，而醫學系臨牀專業所需要的鎮定氣質，使得他的舉止裏帶有一種與年齡不相稱的持重味道。人們最初的記憶是錢秀玲在一個跨系的晚會上跟一個醫學系男生共舞一曲。他們跳的是華爾茲。一曲完後，他們迅即在人們的視線裏消失。一張兩人在松林裏依偎凝望的黑白照片，在幾十年後錢秀玲孫女塔吉亞娜的相冊裏重放光彩。錢秀玲在晚輩面前講述她的愛情的時候，一點也不掩飾她當時的甜蜜和幸福。那個叫格里高利·佩令吉的男生，總是在她的實驗室門外等她，除了一束帶露珠的紫紅玫瑰，還有烤得香噴噴的錢秀玲最愛吃的華夫餅。人們並不知道，在這之前，他們已然有過接觸。當然不是刻意的安排，而是一次只有上帝才能安排的不期而遇。

那是一個慵懶的星期天下午，錢秀玲在學校附近的一條小街上購物。在一家啤酒屋的拐彎處，一群簇擁圍觀的人引起了她的注意。她上前一看，原來是一個老人倒在地上，而一個背影陌生的年輕人趴在地上，正在給老人做人工呼吸。那個老人看上去面色蒼白，嘴脣青紫。知情人説他是個流浪漢，常常在酒店裏吃別人剩下的酒菜。那年輕人滿頭大汗地上下忙活，有認識他的學生説，他是魯汶大學醫學系臨牀專業的學生，名叫格里高利·佩令吉。錢秀玲第一印象裏的他神情並不慌張，而且動作利索。她擠進去並不是為了看熱鬧，而是關切一條據説正在垂危邊緣遊走的生命能否獲得搶救。也不知過了多久，那個雙目緊閉的老人的右手突然動了一下，他睜開了眼睛，嘴裏含糊不清地哼出一聲。圍觀的人群裏有人驚呼：他活過來了！

那一瞬間格里高利或許得到了上帝的某種暗示，他甩了甩滿

頭的汗水，轉過身來的時候，第一眼就看到了神情緊張的錢秀玲，他不假思索地衝着她喊了一句：

「快，叫輛馬車！」

錢秀玲打了一個激靈。她甚至不知道自己是怎樣擠出人群衝到大街上攔下一輛馬車的。只是，她覺得自己很榮幸被一個正在救人一命的人使喚。接下來她以為可以跟着馬車去醫院搭把手，她不知不覺把自己當成了那個給老人做人工呼吸的人的助手。但是馬車根本坐不下三個人。那個抱着老人的醫學系男生朝她看了一眼，秀玲覺得，那一瞥看得好深啊，她心裏撲通一下。當馬車從她身邊迅疾馳過的時候，她內心突然升起一種異樣的感覺。那個男生俯身救人的時候，那麼沉着堅定，目光裏有一種冰炭交融的意味。她還是第一次這麼專注地觀察一個男性，她似乎從他健碩的雙臂間感受到了一種男性的力量，她不知道他的名字，但她確信還會見到他。

第二天他的照片就被掛到了學校的佈告欄裏。一位醫學系三年級的高才生，救活了一個昏倒在街頭的流浪老人。在西方人的概念裏，醫生這個職業，都是上帝派來的天使。她記住了他的名字：格里高利·佩令吉。

此後在去圖書館的路上他們常常相遇。她主動跟他打招呼，說起那天救人現場的感受，她一點也不掩飾自己對他的好感，她是坦然的，不帶半點矯情。他認真傾聽的樣子讓她很受用，他有一點點羞澀，說話的聲音溫和，措辭簡要，不饒舌。他們肩並肩走在一起的時候，她感到他的個子好高啊，足足一米八五的樣子，她得仰起頭，才能跟他平等交流。但是她一點也不因為自己

東方女性的嬌小身材而自卑，但從那開始，她在買鞋的時候，總是選擇後跟略高一些的款式。她會暗暗取笑自己，但無法否定自己的做法。通常她會在圖書館待到很晚，她運氣總是特別好，無須預約，就能在圖書館閉館時候的人群裏，見到腋下夾着一摞資料的格里高利，她特別容易在人群裏一眼就認出他高高瘦瘦的背影。他們小聲交談，有意無意地落在人群後面。有一次分別的時候格里高利輕聲對她說，你抬起頭來看人的樣子好迷人，要讓人忘記你的笑容是一件多麼艱難的事情啊。

這樣的話創意並不新鮮。但是從格里高利的嘴裏說出來，卻有一種灼熱的氣浪，雖然他的聲音那麼輕。

第一次出來散步，是錢秀玲約他的。在學校後面的小松林裏。他們甜蜜而激情澎湃的初吻，被穿過小松林的清風撩撥得蕩漾開去，彷彿連他們身邊的松樹也被醉倒了。

關於格里高利，錢秀玲坦然告訴卓儒哥哥，她一點也不覺得他是個外國人，她跟他的情感交流沒有任何障礙。

她的潛台詞是，是不是中國人，是不是同鄉，都不重要，重要的是內心的呼應和澎湃，是兩顆心的碰撞和交融。

就這樣他們走到一起了。沒有周折，也不存在外界描繪的幾個男生同時追她並且要她像壯士斷腕一樣只選一個的逸聞。卓儒哥哥對佩令吉的印象也挺好，只是覺得，他過於老成持重，話太少。秀玲說，我怎麼沒有覺得呢，我倆單獨在一起的時候，他話很多啊。然後兄妹倆共同提到了一件事，要不要把此事告訴萬里之外的父母？

其實，家裏什麼都知道了。

是吳子政把消息告訴錢熙勳的。兒子吳弘毅在一封家書裏提到，錢秀玲已經找了一個外國人為伴侶，吳子政氣得差點吐血。他趕到錢家，本欲興師問罪，但看到錢熙勳臥病在牀的狀況，難聽的話就只能收回去了。

錢熙勳支撐着從牀上爬起來，終於説出了一輩子沒有講過的三個字：對不起。

那是泣血般的三個字。錢熙勳一生，都是別人對不起他，他從來沒有負過別人。在老友面前他欲哭無淚。原本親密無間的朋友兼親家，變成了無可挽回的冤家。人生的挫敗感讓他從此一蹶不振，直到離開這個人世。

塔吉亞娜編導的紀錄片《我奶奶是英雄嗎》裏，有一段錢秀玲回憶她和格里高利・佩令吉相識、戀愛的同期聲。

她和格里高利的戀愛持續了五年之久。讀完本科讀博士，拿了化學博士還拿了物理學博士。也就是説，她一點也沒有因為戀愛而耽誤既定的學業。而格里高利一直在等她。這期間她還去過居里夫人在法國的工作室，居里夫人還是不在。工作人員説，您要是昨天來就好了，今天一早，夫人已經啟程去了美國。對錢秀玲來説，第二次擦肩而過的遺憾，更甚於第一次的貿然造訪。冥冥之中，她與內心偶像的緣分似乎不夠。中國人喜歡把夠不着的事情歸咎於緣分的吝嗇。來自錢家後人的另一種説法是，當時居里夫人已經把工作室遷往美國，錢秀玲第二次抵達那個讓她夢牽魂繞的地方時，已然人去樓空。

一九三四年七月四日，居里夫人在法國去世，享年六十七

歲。得知消息的錢秀玲失聲慟哭。居里夫人下葬於巴黎梭鎮的居里墓穴。從此這個默默無聞的小鎮，成為一個被世人矚目的聖地。秀玲和同學特意趕到那個安靜的被鮮花環抱的小鎮，找到了居里夫人安息的地方，在墓前獻上一束潔白的馬蹄蓮，代表她虔誠而傷感的心。很久很久她不忍離去，除了為一顆偉大的靈魂祈禱，更安撫並緩解着自己多年的一個心結。

原先種種期待終成幻滅。站在居里夫人的墓前，秀玲突然對成功和事業的輝煌有了新的認識，人生固然可以用來奮鬥，但俗世茫茫，任何人都難保不陷於橫生的歧路與迷途。這世界不可能再有第二個居里夫人了，但我們完全可以像她那樣去熱愛工作並且不惜獻身。

八

夢裏關山

　　開始她並不知道，居里夫人的離去會對她往後的走向產生多大影響。慢慢地，有一些問題開始在她的腦海裏出現，比如，是繼續留在比利時，還是回國；既然居里夫人已經不在了，那麼她的一個非常具體的想法也就破滅了。原本她總是想離居里夫人近一些，可是，這個世界再也沒有居里夫人工作室了。取而代之的，是埋在心底的鄉愁。它絲絲縷縷地撩撥她一直安靜的靈魂，她想回到自己的祖國，離父母近一些。格里高利是個好男人，他總是安靜地聽她講中國的故事，講她家鄉的那座王婆橋，講去縣城的河流上那些扯篷的快船。事實上因為他愛秀玲，所以秀玲講述裏的一切在他看來都非常迷人。所以當秀玲提出，結婚後她想回中國工作時，他毫不猶豫地答應了。作為一個希臘人兼俄羅斯人血統的後裔，他信奉東正教，而絕大部分中國人信奉的是佛教。這沒有關係。因為他和秀玲都相信愛情的力量可以融化一切──信仰、理念、習俗。因為，這個世界所有的教派都不會排斥一種叫作真愛的東西。

　　有一個重要細節不能忽略。導致錢秀玲下決心回國的原因，

錢秀玲與佩令吉結為伉儷

除了卓儒哥哥已經學成回國外，最重要的是卓倫哥哥的幫助。這期間他們一直在通信。卓倫哥哥非常贊成她回國，並且已經給她聯繫落實了工作單位——國民政府屬下的上海癌症研究所。這個單位讓她和格里高利覺得極具挑戰性，而秀玲從骨子裏喜歡上海，覺得那是一個東方情調和西方文明搭配絕佳的所在。大上海在她的描繪中，是那麼性感、熱氣騰騰，活色生香地吸引着格里高利這位沒有跨出過歐洲的小伙子。

按東正教的教規，錢秀玲與格里高利的婚禮，自然要在教堂進行。那是格里高利父親工作了幾十年的地方。從錢秀玲保留的婚禮照片來看，一切都完美絕倫。她和格里高利互贈婚戒的那一刻，她的心都要融化了。她喜歡這樣簡潔而莊重的婚

禮，但格里高利親吻她並給她戴上婚戒的刹那，她腦海裏突然出現父親愁腸百結的臉龐，繼而是母親掩面而泣的情景。她的表情有一秒鐘的僵硬，旋即化開，因為格里高利火一般灼燙的眼睛正凝視着她。

婚後的秀玲在導師威爾遜先生的推薦下進入魯汶大學化學系的實驗室，當了一名實驗員。半年之後，她得到一個助教的職位。她跟同事們相處得很愉快，平時吃住都在學校，格里高利這段時間在布魯塞爾市區的一家醫院做見習醫生。他非常忙碌，但每天會給她打一個電話。然後隔三岔五地搭乘馬車從布魯塞爾來看她。週末的時候，他們會一起回到格里高利的父母家，那是一個人丁興旺的家族，格里高利的母親是一位高大發胖、性格開朗的俄羅斯人，她做的烤土豆和牛肉煎餅非常好吃。而她的希臘裔公公，是個喜歡喝酒的管風琴手，早年他在俄羅斯做事，供奉於某個大教堂的樂隊，常常在周而復始的婚禮和葬禮的聲樂裏打着滿足的酒嗝。後來他結識了一位細腰挺拔的俄羅斯姑娘，他們相愛，結婚，然後他們回到希臘，最終又定居在比利時。

教堂仍然是他出沒最多的地方。一個快樂的管風琴手，性格開朗，喝酒依然是最愛，酒精過多地留在他發紅的鼻子上，成為一種憨態可掬的象徵。他的身體也配合着臉上那枚偏大的鼻子，過早地發福了。

管風琴手的工作並沒有多少收入，所以他還隔三岔五地做點小生意——基本是賠多賺少。格里高利上大學的學費，相當一部分是他在教會學校做老師的大哥提供的。這個溫暖的家庭彼此之間都很和諧友愛。但是，錢秀玲也看出來了，整個家族並

不富裕。她和格里高利當然要自立，在可能的情況下還要貼補一些家用。而他們的「新房」，則只有七個平方米。那是格里高利在郊區租下的房子，雖然非常小，僅僅夠放一張鐵牀和兩把椅子，以及一個最簡陋的衛生間，但朝南有一個陽台，而樓下正是一個花園。週末黃昏來臨的時候，她和格里高利依偎在陽台上，空氣裏瀰漫着薰衣草和玫瑰的香氣，便感覺自己是這世界上最幸福的人。

有那麼幾天，秀玲感覺身體很不舒服。先是胃裏難受，莫名其妙的惡心。開始她以為是着了涼。格里高利以一個醫生的敏感，初步診斷她是懷孕了。然後他們去了格里高利供職的醫院，化驗單明白無誤地告訴他們，這是真的。第一時間裏格里高利欣喜地跳起來，他狂吻着心愛的妻子，感謝她即將給他帶來一個美妙的天使。秀玲的感覺有點奇怪，她有點害怕，因為她還沒有準備好。她流淚了，這個還只是胚芽的孩兒在第一時間告訴她，一個時代悄然與她告別了，而突如其來的思鄉夢所帶來的心理感應，比妊娠反應還大。自從知道自己懷了身孕，回國這兩個關鍵字，無時無刻不在她的腦海裏跳來跳去。她支撐着給卓倫哥哥寫信，告訴他自己的心情與近況。但是卓倫並未回信。

等了好長時間，大概有兩三個月吧，終於卓倫哥哥的信來了，給她賀喜，那是自然。但秀玲意外地感覺到了字面背後的一份消沉。卓倫向來達觀，他年紀輕輕仕途就那麼順暢，雖然總是保持着一份謙卑，但一直在最高權力的中心，人總免不了表現出某種霸氣。可是在這封不是很長的信裏，卓倫哥哥卻有些傷感地

告訴她，他的崗位已經調動，不在那個高不勝寒的「心臟」工作了。到底去哪裏他信中並沒有說，只是讓她暫時不要寫信來，一有了新的去向，他就會主動寫信給她。

秀玲的直覺告訴她，卓倫哥哥出事了。

一連三封信追問，卓倫哥哥都沒有回覆。秀玲明明知道他不在原來的單位，但還堅持寄到原址，她相信卓倫哥哥的同事會轉給他的。

一直到後來她才知道，錢卓倫經歷了一場差點掉命的劫難。

九

留他一條命，便是天大造化

　　事情的緣起，是某一天錢卓倫參加了一個極為機密的最高軍事會議。根據可靠的情報，國民黨軍隊佈下了一個非常周密的一舉圍殲共產黨最高領導機關的「口袋」。策劃者認為，國民黨軍隊圍殲之日就是共產黨人滅亡之時，除非他們有天助。這個會議參加的人數極少，他作為蔣介石倚重的祕書，全程在座擔任記錄工作。那天會議開得不很晚，回到家裏，兩個多年未見的同學在等他。這兩個老家的同學，當年跟他關係密切，其中有一個叫宋國中，少時某次一起嬉水，卓倫小腿抽筋差點沉入河底，幸虧宋國中水性好，救了他一命。另一個劉世釗他也熟識，甚至記得他幼時的綽號叫「劉大褲子」。卓倫很高興他們的到來，是夜秉燭品酒，把盞懷舊。從童年往事說到當下時局，遣興之餘直奔酒醋。卓倫的弱點是喝酒之後心門敞開，每一句話都是從心窩子往外掏的。沒過多久，兩瓶上了年紀的瀘州老窖喝得精光，直呼家人再拿酒來。進來送酒的是次子克顯。他平時跟媽媽一樣不讓他多飲，這一次卻一反常態，竟然搬進一箱酒來，隨後把房門帶上。於是三位故舊守着一堆酒瓶子，觥籌交

錯嬉笑怒罵直抵雲山霧嶂。

其間也説到國共鏖兵、戰局紛亂。卓倫信心滿滿，趁機宣傳國民黨宏略。無意間還透露共產黨不日即土崩瓦解。起先兩位同學似乎興趣不大。他們自稱都在商界混飯，市井氣息自然就偏重了些，對時局看法未免懵懂與淺陋。卓倫的一番慷慨宏論，竟讓兩個昔日同窗仿佛醍醐灌頂。那晚他何止是貪杯，多少年沒有這樣馳騁酒場了，也不知道喝了多少酒，言語漸漸有些失控，自己究竟説了些什麼，完全不能控制。恍惚中這兩個同學後來一直在問他一些軍界的戰事，他並不在意，以為是他們好奇。仿佛他被他倆拽着胳膊，往一條深不見底的洞穴裏走，高一腳低一腳的。最後，他就什麼也不知道了。

第二天早上他被一陣急促的電話鈴驚醒。匆忙趕到統帥部，蔣公在發脾氣，咆哮的聲音走廊裏都聽得見。一個同僚把他拉到一邊，悄悄耳語幾句，他的臉頓時煞白了。

是有人走漏了消息，那個百密而無一疏的圍殲計劃泡湯了。

他突然想到昨晚家裏來的兩個同學。他早上起來的時候問起他們，家人説他們連夜就走了。

仿佛一記重拳。錢卓倫站在寬闊的統帥部走廊裏踉蹌了一下。他突然想起昨晚喝酒時，他們不斷追問一些軍事上的敏感細節。酒，一直到這個時候才全部醒了。他説過就忘了的那些話，此時竟然從腦海的深處一句一句地像游魚一樣來到他的眼前。

此時錢卓倫的心裏有一種百身莫贖的犯罪感。他渾身冰冷，直冒冷汗。突然覺得那兩張久違的親切面龐是那麼恐怖。他們其

實就是來執行特別使命的。他的性命會因此事受多大牽連，他們並不在乎，就連他們自己的性命，可能也在所不惜。因為他們要的是黨國的性命。

他意識到自己突然掉到一個鬼魅重重的冰窟窿裏。

第一時間裏他向委座請罪。詳細說明昨晚家裏發生的一切。蔣公這時倒冷靜下來，他問了一些那兩位同學的情況，命令他協同警備司令部全城搜查。

原先他以為，委座一怒之下會下令將他就地正法，至少也要把他投入死牢。

委座還給了他一句話：「企裴，你不要緊張，你那兩個同學沒有被抓到審問之前，什麼都不作數。你的態度我很滿意。」

企裴是他的字。委座對器重的下屬，總是稱其字而不直呼其名，表示一種自家人才有的親近。比如戴笠，委座總是叫他雨農；陳誠，則叫辭修。

看來，此事並沒有像他想的那樣迅速擴散。身邊的很多人並不知情。一種僥倖的心理是，如果他及時抓到那兩個同學，或許他還可以將功贖罪。但是，那個念頭像短促的火花，迅疾在他心裏掐滅。自己已是死罪，鐵板釘釘。那兩個同學能上他的家門，或許也是把性命繫在褲腰帶上了。

問題的關鍵是，第一陣驚恐過後，他內心並不想真把那兩個同學抓到了替自己減輕罪責。即便他們真是共產黨，也改變不了他們曾經是非常要好的同學，而且宋國中還救過他的命。

人生在世，忠義在先。蔣先生器重他，給他高官厚祿，他是知恩戴德的。但他做人有自己的底線，他知道自己該如何去做。

他自認此乃命中劫難。這些年他太順，該來點風風雨雨了。以他對蔣公的了解，此事最後他會丟掉性命，他必須做好最壞打算。膝下幾個孩子，老大克順已經從軍，在國民黨軍隊某部任少校營副；老二克顯尚在讀書，品學兼優；蘇娜和宜娜兩個女兒都活潑可愛。要說有什麼牽掛，只是最小的兩個兒子憲黃和憲聰還太小。但人生無非便是這樣，終是顧此失彼、得隴望蜀。一旦到了義無反顧的時候，他決計不會回頭看一眼的。

他祈禱那兩個同學已經脫離險境。他想起少時的宋國中，特別調皮，曾經把一條水蛇放進私塾先生的筆筒裏；而那個劉大褲子，爬高翻牆是把好手，摔跤打不過別人，就把別人屋頂上的煙囪給堵上。他刻意拖延着在全城祕密搜捕的命令，一直到這天傍晚，才給警備司令部打電話。接電話的是警備司令部偵緝處長，他告訴錢卓倫，今天一早就在全城佈下了天羅地網，不過還沒有什麼消息，按他的判斷，逃犯很可能已經漏網。顯然偵緝處長尚不太清楚事情的來龍去脈，所以跟他說話的口氣是畢恭畢敬的。

他心裏一震，心想這才是蔣公的風格。順手略施小計，他就上當了。而他現在的處境比上午更危險，於是他回到辦公室，但辦公室的鎖已經換掉，他的鑰匙已經開不了門。心裏大驚。在隔壁的打印室，臨時找了張紙，趕緊給蔣公寫了一封悔罪書，請他身邊的人轉達。

然後，他自己要求坐到禁閉室去等候發落。

當天晚上，他被關押到陸軍監獄。在一間還算乾淨的單人牢

房度過了一夜。一連三天，沒有任何人找他。他知道這是規矩。一般情況下，對於證據確鑿的「內奸」，必定是就地正法，沒有任何異議。對於被「懷疑」或證據不確定的「分子」，那就先關你三個月，沒有任何人找你，讓你跟這世界徹底隔絕，等你精神崩潰了再來找你說事。

不過他的運氣沒有那麼壞。關到第四天的時候，衛兵進來跟他說話，讓他洗漱一下，出去見客。

他想起來，這一天是他每月給宋美齡女士上書法課的日子。夫人學書法，真正的老師其實是蔣公。他的書法師承柳公權，筆力雄健清勁。夫人一開始就跟他學寫字，也是夫唱婦隨的意思。長進自然頗大。不過蔣公太忙，與妻論書之道，總是時間不夠。蔣公欣賞他的字，文人味濃，無方巾氣。有一日便對他說，企裴，夫人的習字，就由你來教吧。他卻之不恭，敬奉有加。夫人靈性通達，悟性非凡，一種氣質裏的高貴，更是凌駕於筆墨之上的。他教她寫靈飛經，寫聖教序。大凡夫人的書法有一點點長進，他便大加讚賞，該打圈的一定打圈，有些寫得勉強的、不合法度的字，他也是先鼓勵一番，後婉轉提出修正意見。對他的教學方法，夫人受用且合意，在蔣公面前斷不了要說他的好話。後來夫人告知，蔣公日記裏這樣寫，「夫人書法大有進步，吾甚感欣慰」。

原先以為，夫人習字不過是排遣時光的雅興而已。未料她還真當回事。每次佈置的作業，都是加倍完成。偶爾因為外事活動耽誤上課，她也會讓身邊的人打電話來請假，然後一定記得補課。

去見夫人。彼此的寒暄都帶有意緒。落座之後，一時無語。顯

然夫人已經知道了他的事。她在保他。她說老頭子真的很難過，想想連錢卓倫這樣貼心的身邊人都靠不住，他以後還能相信誰？

他聽了這番話，眼淚下來了。說，我對不起委座，也對不起您，願聽憑嚴懲。

夫人站起來，說，這個時候就不要說這樣的話了，老頭子不會把你怎麼樣。我對他說了，人家又不是你身邊的臥底。主動來向你坦白，你若殺他，以後誰還敢對你說實話，還有誰真心跟你走？

「當然，我也說了，把你處置了，誰來教我寫字啊？」

夫人說此話，聲調似乎熱烈，語氣卻清寒，且把臉別到面向窗口的方向。他只看到她的側影裏，那略略高起的顴骨上，光是冷的。

此時他汗淚並下，真正是肝腦塗地的感覺。

夫人還說到昨天晚上，老頭子回憶北伐時期的一些事情。

「你是跟着他出生入死的人，當年北伐時你們一起宵旰辛勤、運籌定謀，與二十餘萬敵軍周旋於隴海、平漢兩路。戰線廣闊，鏖戰數月，大局才得以安定。這些往事，老頭子都沒有忘記。」

他低頭，久久無語，一滴眼淚落到硯台裏。說，在下點點銘心。委座那年下野時，我要跟他去溪口，他不讓，說好好看家，要防野狗。臨別還送我一張照片，上面親筆題詞是「企裴同志兄留念」。這張照片我一直帶在身邊。

夫人聽到這裏，便用一條絲質手帕，拭了拭眼角的淚。

他轉過身，遂拿起桌上的一支狼毫，在鋪就的宣紙上，寫下這樣兩行字：

曾經滄海難為水
除卻巫山不是雲

夫人看了，不禁啊了一聲，說：「企裴先生，這是我見到的你寫得最好的一幅字，我收藏了。」

至此，他知道自己與一場滅頂之災擦肩而過了。不由朝夫人深鞠一躬。順勢提出，他已不配在委座身邊工作，若得苟延殘喘之命，隨便打發去哪個軍校做個教員，一邊面壁思過，一邊勉加教訓，結合多年實戰經驗，也好為軍隊培育人才盡些綿薄之力。

夫人看了他一眼，說，老頭子知道怎麼安排你。

三個月後，正式解除對他的監禁。但具體的職務並不見下文。上邊交給他的一項臨時任務是，陪同德國軍事顧問團的一幫人去各地巡視部隊。

這樣他就與一批傲慢的日耳曼人相逢，並結識了一位叫馮·法肯豪森的德國將軍。他是德國軍事顧問團的團長，說白了，就是蔣介石的軍事顧問。顧問團的使命，是幫助中國軍隊進行改編、培訓、指導。法肯豪森是個中國通，一九〇〇年的時候，此公才二十二歲，就出現在八國聯軍攻打中國的行列裏，官階是中尉。三十年後他再返中國，已然是三顆星的上將。他自以為對中國的通曉，並不亞於那些同樣掛三顆星的中國將軍們。中國的男人雖然剪掉了辮子，但思想還停留在那個封建的時代。蔣介石的軍隊機制陳舊，紀律渙散，腐敗嚴重，武器裝備更是乏善可陳。這樣的軍隊怎麼能打仗？

他性情豪爽，心直口快；思想敏銳，經驗老到。蔣介石很器

重他。不過，對於他那種急風暴雨式的軍隊改革方案，蔣公並未畫圈。一棟百年老屋，住着幾代人，怎能説推倒就推倒，重建也不是那麼容易，修修補補才是過日子的常態。法肯豪森什麼都懂，但有一點沒有吃準，此時蔣某人心頭之最大隱患，並不是所謂的外敵，而是無處不在的內患——共產黨也。

法肯豪森喜歡豪飲、打獵，國際象棋下得也不錯。在南京古城的一座漂亮院子裏他過得非常愜意。錢卓倫與他的一見如故，想來有些緣分。彼此都是行伍出身，喝酒的風格亦頗相似。卓倫出事後立志戒酒，是對天起的誓。但現在陪法肯豪森喝酒，卻變成了他的日常工作。他們在去各地巡視部隊的途中，酒還真的沒有少喝，各自的心結、際遇與坎坷，便都融化在一杯杯的酒裏。某次酒酣，法肯豪森喝退左右，與錢卓倫傾心交底：他發現蔣在派人監視他。叮囑他無論在什麼場合，説話辦事一定要小心。

他並不感到意外。蔣公的風格他太熟悉。恐怕他這輩子都無法得到真正的信任了。留他一條命，已經是天大的造化。而法肯豪森的仗義讓他感動。

有一天，在山西，閻錫山派副官陪他們上了五台山。拜廟總是要燒香的，法肯豪森看着虔誠的錢卓倫拈香拜佛，五體投地，不由得哈哈大笑。上帝和菩薩其實是相似的，都是人的內心造出的神靈。冥冥之中的平安與福報，其實都是虛幻。他們從五台山上下來的時候，他的任職電報來了：速回寧到職，任軍事委員會銓敍廳副廳長。

這個體面的職務讓他一時躊躇。繼而充斥全身的，是一陣輕鬆的解脱感。銓敍廳，看起來是個掌握人事的部門，實際是個徒

錢卓倫

亞歷山大‧馮‧法肯豪森

　　有虛名的單位。在軍委會管轄下，銓敘廳掌理行營所有人員銓敘考核和人事管理。民國二十四年，國民黨軍隊實行新軍銜制度後，正式軍銜與職務軍銜有嚴格區分，且各成系統。正式軍銜是由軍事委員會銓敘廳根據職務、資歷、學歷、戰功等情況綜合考慮，由銓敘廳正式敘任，並由國民政府頒發任官狀的軍銜，非特殊情況褫奪外，均不隨職務變更而變更。

　　派他去當副廳長，這至少是個體面的位置，表明蔣公對身邊人的一種重用。但明眼人都知道，任何時候的所謂人事，都是蔣公一句話。銓敘廳這樣敲圖章的機構，並不在軍事作戰的核心區域，充其量是照章辦事、場面好看的冷衙門而已。

　　蔣公給他面子，也是給自己面子。打騾子馬也驚。知情的人都在睜大眼睛。將心比心，換了他，手下的人犯了彌天大罪，他

能如此寬容相待嗎？

　　他知道，蔣公的寬容，有時也是一種懲罰。他提醒自己，千萬不要認為此事已畫上句號。事實上，從那個醉酒的夜晚開始，他的人生已然走向另外一條晦暗不明的路徑，是福不是禍，若是災禍，終究是躲不過的。

　　那天，法肯豪森開了一瓶珍愛的白蘭地祝賀他。還送了他一句意味深長的德國諺語：雖然你的影子會一直跟着你，但不應成為你前行的阻力。

十

亂雲飛渡，何堪從容

　　一直等不到卓倫哥哥的信，卻等來了一封橫禍般飛來的電報：父親病故了。

　　要說不祥預兆，那一日是有的。並不是常人說的右眼皮跳，而是一陣一陣莫名的心慌。早晨起來收拾房間，還失手打碎了一個她結婚時同學送的波希米亞水晶花瓶。她不知道將要發生什麼，腦子裏不免胡思亂想，還叮囑出門的格里高利注意安全。一直到電報進門，郵差讓她簽收，她一看這電報發自中國，便知道凶多吉少，心裏的一面鼓，突然咚咚咚敲得發緊。而「父病故」的字樣落入眼簾時，她的腦子裏轟然一聲巨響，透不過氣，也哭不出來，胸口被什麼東西堵住。她奪門而出，穿過街巷，來到一處空曠的廣場，對着雲層厚重的天際，號啕大哭起來。

　　一種前所未有的痛，從心口往下游弋，慢慢鑽入骨髓，遍及全身，竟是無一處可以逃脫。

　　以雷暴雨般的哭，發泄鬱結於心頭的哀傷。這一場慟哭，是錢秀玲有生以來的最痛最長。

　　出國以來發生的那些事，讓她對父親有一種複雜的情感，除

了交織的歉疚與怨恨，也有一想起來就心疼不已的掛念。想來，是她的抗命直接導致了父親的精神與身體日漸潰敗，所謂的一病不起，都從彼處出發。換言之，她今日所獲的獨立與自由，最終是以犧牲父親的生命為代價。如此，她有天大的不孝，雖然常思父母於她的舐犢之情，卻絲毫未報自己對父母的跪乳之恩。其罪過，不啻江河滔滔、罄竹難書。恐怕江東父老，也是此生難以面對的了。

她也恨吳家。那個老封建吳子政，一個學富五車的紳士，在「娃娃親」這件事上，沒有半點通融和體諒。當他面對老友的遺體，不知道該作何想？

作者在比利時艾克興博物館拍攝相關錢秀玲資料

夜半三更她難以入眠。內心深處還有一個聲音在說話：所謂父母之命、搖籃攀親，豈不就是活活將兩個不相干的男女往一處湊，福兮禍兮，可以全不顧及；只要兩個家族在世人面前，獲得臉面、場面、情面上的所謂圓滿。在她看來，那光鮮的圓滿恰如深不見底的懸崖，她若依命，豈非一頭撞進那無底的深淵之中？

　　斷食三日，戴孝三月。這是她記憶裏江南鄉村祭奠血親長輩亡故的規矩。在「頭七」的每一個清晨傍晚，為父親焚香祈禱。當然秀玲的中國式祭奠也難以完整，單是冥紙與錫箔之類，此處根本難覓。一對蠟燭是格里高利給她找來的。然後他在秀玲的一個筆記本裏，找到一張錢氏家族的「全家福」照片。他請照相館的技師把秀玲父親的頭像做了「摳像」處理，然後，一張加了精美鏡框的錢父遺像，出現在錢秀玲的臨時祭台上。這些天無論秀玲在做什麼，格里高利總是在一旁默默陪伴，他還提醒秀玲給家裏寄一筆錢。而徹夜不眠的那幾日，秀玲在燈下給卓儒哥哥寫了一封痛斷肝腸的信，表達了她對父親的歉疚，以及痛徹肺腑的哀思。她請卓儒哥哥把這封信在父親的墳前焚化。

　　再次收到卓倫哥哥的信，秀玲的長子悌米吉已經滿月了。她一顆懸着的心總算落地。

　　卓倫哥哥並沒有用很多筆墨陳述自己的境遇。只是淡淡地說災禍暫時過去了，他已經離開那個「心臟」，到軍委會銓敍廳上班，主要工作是管理軍隊人事、考核軍官，而目前的主要職責，則是陪同、協調德國軍事顧問團改編、訓練軍隊。他還給秀玲寄

了一張他戴着中將軍銜拍的戎裝照，照片上的他，眉宇間的氣度還是壯闊的，但目光不再如炬，而是隱含着一絲感傷與悲憫。她有一些心疼，卻又不知道如何表述對哥哥的安慰。卓倫隻字未提的那些內心煎熬，仿佛寫滿了手札的空白處，秀玲能感知到那些難以述說的隱痛。

照片的右下角，用清雋的工楷寫道：

秀　玲　賢妹
格里高利·佩令吉　妹婿　　存念
愚兄　企裴　賀

另外的一張照片，是卓倫哥哥與那位法肯豪森將軍在五台山寺廟前的合影。她不知道，他為什麼要寄這樣一張照片給她。卓倫哥哥在信中幽默地說，五台山的菩薩很靈驗，他剛拜過佛，任職的電報就來了。他順便告訴秀玲，這位德國將軍是個很正直的職業軍人，人非常仗義。

信的最後，卓倫敦促她趕快收拾行裝，儘早回國，去上海的那個癌症研究所報到。

其實她接到卓倫哥哥的上一封信時，就打算立刻啟程回國。無奈格里高利父親的心臟病發作，差點丟掉性命。雖然格里高利家裏有三個兄妹，但是，無論作為一名醫生，還是作為一個兒子，他都不能在父親病重的時刻離開，而且是去往中國這樣遙遠的國家。

那些日子她和格里高利一直陪伴在老人的身旁。一日，老人

突然對她說，昨晚我做夢了，說你和格里高利到中國去的那艘船，在太平洋裏遇難了，天哪，我想那是上帝託夢給我的。你們還是不要走吧。

她和格里高利面面相覷。他們要去中國，幾乎是一項無法更改的決定。一段時間以來她歸心似箭，格里高利也義無反顧。好在格里高利父親的這個噩夢並沒有給錢秀玲帶來什麼心理上的陰影。她很小的時候父親就告訴她，夢是反的。日有所思，夜有所夢，老人心裏是捨不得讓她和格里高利帶着他的孫子去中國啊。

她對格里高利說，爸爸夢見翻船，這在中國可是好兆，至少預示着我們的旅途會一帆風順。

格里高利捧着她的圓臉，一字一句地說，親愛的，為什麼一說到中國，你就這麼自信？

錢秀玲說，我相信天意。那是我的國家給我的信心。你知道那是一種無所不在的力量，就跟你相信上帝是一樣的。

他們開始訂船票。然後一再修改出發的日期，因為總是有一些格里高利未了斷的事情跑出來，干擾他們確切的啟程時間。駛向中國的那些輪船裏，「獅身人面號」還在服役嗎？如果可能，秀玲希望還是坐那艘船回國。格里高利知道，此船於她，有一種象徵的意義。他們之間對很多事情有默契，從來用不着解釋。從法國馬賽啟程，經意大利回國，這是他們最後決定的航線。

確切的消息是，「獅身人面號」已經退役，替代它的是「子爵號」。這是一艘豪華的郵輪，它的三等艙就非常舒服。錢秀玲說，就四等艙吧，省點錢。格里高利不同意，說，三等艙，不能再降低了；錢，我們以後會掙。

這段時間不斷傳來日本進攻中國的消息。他們每天看歐洲的報紙，情況似乎有些不妙。總感覺有什麼大事要降臨。錢秀玲的「反夢境」之說，似乎沒有多少應驗，也就缺乏一點說服力。格里高利變得沉默，兼有一點點煩躁。果然，八月十四日早晨，他從收音機裏聽到一個驚人的消息：日軍於昨天開始進攻上海。戰爭終於打響了。

　　之後的消息接踵而來：中國軍民的抵抗非常英勇，蔡廷鍇、謝晉元，四行倉庫八百壯士，還有一位十五歲的少女楊惠敏，冒着炮火把一面國旗送到堅守四行倉庫的勇士們手中，吸引了全世界的眼球。日軍出動飛機轟炸，巷戰慘烈，血光衝天，蘇州河上浮着死屍，上海已經變成一片火海。

　　也輾轉得到了家裏人的消息，卓儒哥哥去了台灣，在一家煤礦機械廠做工程師。母親跟着家人和親戚逃難到了宜興南部的張渚山裏。卓倫哥哥臨危受命，擔任南京城防後勤司令部參謀長。淞滬撤守，首都危急，麇集於下關一帶江邊者逾十數萬人；時軍運緊急，各種船隻，徵調一空，十數萬同胞望江興歎，無法擺渡，因此投江自殺者甚多，又值天寒雨雪、飢寒交迫，卓倫作為後勤司令部長官，睹此慘狀，惻然心傷。適有招商局江漢、江裕兩輪為後勤司令部控制，原計劃作為萬一首都失守撤退之用。卓倫向上峰請命而遲未覆准，危急之時即果斷下令，利用該兩輪待命之際，立即投入拯救難胞渡江之用，兩艘輪船不分晝夜，平均二十分鐘完成一渡，其間周折不勝枚舉，終於將十數萬難胞安全送至長江對岸。

　　事後，上峰追責卓倫先斬後奏，當以軍法處置。卓倫卻並不

據理力爭，而是寫下一封辭職信，欲偕妻兒解甲歸田。正當他們啟程之時，更高的「上峰」發話了，對錢卓倫予以通令嘉獎，加授四等雲麾勳章一枚。

秀玲心裏為卓倫哥哥捏一把汗。哥哥有悲憫心，是骨子裏的真丈夫，關鍵時刻敢於出手，亦有不留後路的擔當。錢家的人，無論從文操武，其心總是殷殷，從不會有什麼計較，換了她也是會的。只是關山迢遞，重洋茫茫，她只能遙寄關切，暗自神傷。但此時她的心早已飛到國內，想，若自己在上海，決計不會像鴕鳥一般躲進租界，她會動員佩令吉去戰地醫院，做一名拯救前方傷員的醫生，而她呢，做個包包紮紮的護士應該還行。

卓儒哥哥到了台灣，也有家書寄來，雖然敍些平淡家常，卻字字親切難替。在上海謀事的另一位哥哥卓儕，還告訴她一件事：日本人找到了卓倫哥哥的父親，亦即他們的伯父，要他出任偽政權的縣長。卓倫聞聽此事，當即表態，堅決不能當此偽職，否則將登報申明，與父親一刀兩斷。伯父為了拒當這個縣長，先是裝病不出，後來在卓倫暗地派來的人的幫助下，逃到山裏，算是躲過一劫。

所有這些，錢秀玲並不奇怪，錢家的人應該就是這樣，因為家風如此。

此時她的兒子悌米吉出生已近四個月。因為一直想着要回國，她給孩子取了一個中國名字，叫漢臣。她跟格里高利約定，如果去中國，孩子就一定用這個中國名字，當然要姓錢。她還給格里高利起了一個有中國味道的名字，叫葛利夏，這來自他的法文名字「格里高利」的諧音。格里高利比較淡然，他認為姓氏名

字只是一個符號，只要彼此相愛，日子總是會地久天長。

錢秀玲說，那好啊，不管能不能回國，從今天起，你就叫葛利夏吧。

還俯在他耳邊說了一句俏皮話：等你老了，我就叫你老葛。

葛利夏對去遙遠的中國，也不是一點沒有擔心。他不知道，那個幅員遼闊的國家，有沒有供東正教的教徒做禱告的教堂，在上海這樣的城市立足，他一個異國人會不會有諸多不便。他骨子裏，還是有點大男人的，家，必須由他來養。愛妻的答覆讓他釋然。跟相愛的人在一起，在哪裏都可以安家。他也不是刻意要成為世界上最通情達理的丈夫，但他與生俱來的隨性與包容，讓錢秀玲總是覺得，自己是世界上最幸福的女人。

緊接着，秀玲擔心的事情發生了，從十一月起，歐洲前往上海的所有的航班全部取消。他們預定十一月十八日起航的船票變成了廢紙。

「這才是天意。」

葛利夏的父親從病牀上一躍而起。他對兒子兒媳去中國的計劃落空一點也不沮喪，相反，這個消息使得他的心情大好，雖然他被醫生警告不許再喝酒，但特別高興的時候把酒味濃烈的空酒瓶放到發紅的鼻子下聞聞，在他也是一件愉快的事情。而像老母雞一樣操勞的葛利夏的俄羅斯裔母親，近來則一直沉浸在喜得孫兒的愉悅之中。小孩的繈褓、尿布，都是她精心準備的，葛利夏幼時的內衣和外套，被她重新漿洗一番穿在孫兒身上，令她有一種穿越時光的感慨。悌米吉的降生，讓整個佩令吉家族精神為

之一振。有關前往上海的航班被取消的消息，在佩令吉家族的飯桌上只是被偶爾提及而已。老佩令吉認為，戰爭是應該被詛咒的，他可不希望自己的兒子兒媳，特別是剛呱呱墜地的孫兒前往一個遙遠的戰火紛飛的異國他鄉——儘管那裏是兒媳的祖國——可那又怎麼樣？還不是每天死很多人嗎？

而且，中國，在佩令吉家族的認知裏，儘管那是個充滿神奇的國度，但據説它還像中世紀一樣落後，男人還梳着長長的辮子，女人裹着小腳（儘管兒媳一再否定，説那是上個世紀的事了）。歐洲的主流媒體從來不掩飾它們對這個被稱為「東亞病夫」的國家的輕慢和蔑視，顯然這對佩令吉家族是有影響的。雖然錢秀玲溫婉可人的品格以及「學霸」地位讓大家喜歡並且信服，但她身後的國家正在戰火四燃，被貼上「不宜居住」的標識，那是很自然的事。

在人生的低谷，錢秀玲的失落與無望，不知不覺演化為一股洶湧的洪水。有時它只在她腳下流淌，有時卻幾乎要漫過她的頭頂。在佩令吉家族的餐桌上，「中國」只佔了小小的一角。自從知道不能回國，她的胃口陡變，那些潛伏在她胃部深處的江南家鄉吃食記憶，如清淡鮮美的肚肺湯、拌了蝦籽的豆瓣醬、葱烤鯽魚、赤豆細沙餡的炸春捲和薺菜餡的小餛飩，還有過年時候吃的一種嚼起來唧唧呱呱的「家吉菜」，等等，一齊跑出來拽住她的味蕾。以前單身的時候，她高興起來還可以自己下廚款待一下自己。葛利夏家餐廳裏瀰漫的味道，不是羅宋湯，就是薯條和麵包。她能適應，但她的中國腸胃在這段時間老是隔三岔五地提醒她，弄點好吃的吧，要不我們會很無聊。

她也不能教新生的兒子中國話，因為沒有相應的語境。強勢的俄羅斯裔婆婆要才幾個月大的孫兒信奉東正教，而葛利夏居然不反對。她默然。所謂嫁雞隨雞，順其自然吧。只是暗自歎息，她的兒子注定成為不了「漢臣」，而只能叫悌米吉。

説是鄉愁也不盡然。反正就是沮喪，那種無法排遣的情緒，攔也攔不住地往前亂竄，變成有刺痛感的深長無望。

這戰端一開，結果終是難料。怡然的日子更如撒落一地的珠子，怎麼也撿不起它們。卓倫哥哥在前方，不知道怎麼樣了；而她體弱的母親，剛剛經歷了喪夫的哀痛，此時正躲在蘇浙皖三省交界的一個小山溝裏，和家人熬着油燈一般忽明忽暗的日子，她不能供奉於母親身邊，哪怕端一口水，問一聲安，於心也好有些安慰。想到這些，內心便繫着一個難以癒合的隱傷。

葛利夏第一次從另一個側面感知到，他溫婉柔順的「東方玲」，也可以從一條歡快清澈的小溪突變成驚濤駭浪的加勒比風暴，那種近乎絕望而無助的神情，居然是由一種從來未見的倔強來支撐的。她不吃不喝的那幾天，是多麼地令他揪心。

終於，庸常的日子讓她漸漸平靜下來了。

秀玲自身的性情，總是會在此消彼長的磨合中達到一種調勻，仿佛一段光滑的綢緞，那才是她性格的基調。其實她早該明白，去國天涯，便是她的命。少年的心志從來沒有動搖，即便沒有了居里夫人的精神標識，她還有葛利夏。她最心愛的人在哪裏，哪裏就是她最終的歸宿。

最重要的是，她不能為難孩子。她沒有權利把一個不到四個月的嬰兒帶進兵荒馬亂的境地，在防空洞和逃難中度過童年。可

不是嗎？葛利夏父親絮絮叨叨的話語裏，她只記住了這一句。

　　有一天家裏來了一位大腹便便的長者。他是老佩令吉的朋友，斯捷潘神父，來自與法國接壤的邊遠小村埃爾伯蒙。在他滔滔不絕的講述裏，一座遠離布魯塞爾兩百多公里、民風淳樸、安謐寧靜的埃爾伯蒙村，正邁着蹣跚的步履，一路風塵朝他們走來。這個村子的特產是葡萄酒，你肯定數不清各家各戶有多少酒坊與地窖，但你走進村子就能聞到純正的酒香。不過，一千多人的村子，竟然沒有一個診所，這簡直匪夷所思。斯捷潘神父解釋說，原先醫生是有的，一次游泳，那個叫約翰遜的醫生不慎小腿抽筋，鑽進水底就再也沒能起來，或許他在那裏直接被上帝領走了。斯捷潘神父說起此事比較焦慮，他向葛利夏發出了一個不情之請，去埃爾伯蒙村開一間診所。在斯捷潘神父看來，一對神仙眷侶，如同天使般從雲端降落，一定會照亮這個在比利時版圖上寂寂無名的村子。同樣，埃爾伯蒙從來沒有虧待過一個真心的朋友——葛利夏若是在布魯塞爾的大醫院裏供職，起碼要坐幾年冷板凳吧，那裏的論資排輩，會一點點磨損葛利夏的心智，這毫無疑問。

　　「如果您去了埃爾伯蒙村，您就是全村景仰的名流。您會受到僅次於上帝的待遇。當然，您美麗的太太也一樣，雖然全村的女性都會嫉妒她的如花似玉，但請您相信，埃爾伯蒙村真的沒有一個壞人。」

　　斯捷潘神父的如簧巧舌很有感染力，但葛利夏提了一個他預先沒有想到的問題，聽說埃爾伯蒙村上的居民都是信天主教，而

我是東正教。這教派信仰之間，不會引起什麼令人不安的事情吧。

斯捷潘神父在胸前畫着十字，說，任何一種宗教在埃爾伯蒙都會得到充分的尊重——何況，這個村莊上沒有愛管閒事的人，所有的人都非常友善和體諒。

於是，在葛利夏和錢秀玲婚後履歷裏，埃爾伯蒙村就排在了第一站。

「為什麼你要忌諱那裏的人們信奉天主教呢？」錢秀玲這樣問她的夫君。

「親愛的玲，在很早很早的時候，天主教、基督教、東正教本來都是一個教。它們都是信奉基督的。但是到後來，這些教派之間在行政組織和法規上稍有區別，便就成為不共戴天的敵人。」

接下來葛利夏給她講十字軍東征的故事。那場由教皇烏爾班二世發起的戰爭，前前後後打了兩百年。烏爾班二世在法國的克勒芒召開會議，號召所有人拿起武器，投入戰爭，從異教徒手中奪回「主的墳墓」，並聲稱所有參加遠征的人可以赦免罪孽，戰死疆場的人靈魂可以升入天堂。東征的戰爭主要是針對伊斯蘭教，其次也有基督教中的不同派別。東正教就是其中的一個。

「在我們中國，有佛教、道教，它們之間從來是和諧的。上高中的時候，老師就對我們講，以佛治心，以道治身，以儒治世。我很小的時候就讀一本中國的奇書《紅樓夢》，我至今還記得，那書裏老是說到『一僧一道』在一起，他們從來就沒有什麼爭執。」

「哦，《紅樓夢》，好美的名字，就是你經常放在枕邊的那部

書嗎?」

「是的,睡不好的時候,我就會拿起它讀幾頁,那裏面的人物,都是我的朋友。」

秀玲告訴他,中國哲學講究的是「道並行而不相悖」。一座山裏,有的廟是佛教,有的廟是道教,都是可以共存的。

他們希望早點去到那個地方 —— 埃爾伯蒙村。他們並不覺得那裏有多麼遙遠和偏僻。大凡相愛的人總有一種自信,有愛相隨的地方總是自帶風景的。他們去到哪裏,哪裏就會像切開的芒果一樣流着蜜在等候他們。錢秀玲這段時間在強化充當一個護士的角色。一個化學、物理學雙博士,對於熟識醫學上的一些名稱應該是沒有問題的,她也沒有覺得一個雙博士去當一名丈夫診所的護士有什麼委屈。夫唱婦隨,那是多美的一件事啊。她和葛利夏有一種默契的價值觀,跟心愛的人在一起,用自己的雙手養活一家人,無論在哪裏、無論做什麼都是好的。

十一

上帝派來的使者

翻譯蓬飛的手機響了。時在離開艾克興三天之後的清朗早晨。是雷蒙先生打來的電話。然後,蓬飛的臉上綻放出一朵大麗菊一樣的花來:

「莫瑞斯先生恢復記憶了,今天一直在唸叨錢秀玲女士。」

這個消息來得突然而讓人欣喜若狂。在趕回艾克興的路上我無意抬頭看那高闊的天際,一張貌似錢秀玲的笑臉透過雲層朝我們發來慈愛的暖意。

「你們來自錢秀玲女士的家鄉嗎?這太不可思議了。我不敢相信,時間過去了這麼久,你們還記得她。是的,我是説,我們當時的人都走光了,包括錢女士。這個荒唐的世界送走了很多好人,就剩下孤零零的我。」

莫瑞斯的開場白有些囉唆而含糊。但是,他自若的神態讓我確信,他已經拽住了打開「重生」之門的鑰匙。

天知道你們從地球的那一邊來到這裏,能得到些什麼?巴斯塔護士反覆問我,當年錢女士是怎麼拯救我們的。其實,一開始

我們真不知道有這樣一個女人，一直到被釋放的時候，才有人告訴我，是一位女神在幫助我們——是的，我就是那張著名的合影裏九十六個被釋放的人質之一。看到了嗎，第四排第五個，緊挨着那個大個子米切爾的人，就是我。確切地說，活着出來的人是九十一個，還有五個在集中營裏死了。是錢女士救我們的，她跟蓋世太保的司令官熟悉，這太不可思議了。很遺憾我並不是抵抗組織的成員，當然我並不是膽小鬼，您知道，在那個年代做一個正直的公民也很不容易。那一次我們為什麼會有九十六個人被捕？是因為有四個德國黨衛軍成員在一戶民居裏發現了抵抗組織的電台。他們就在那戶人家，把抓到的人連夜審問。然後，抵抗組織把那戶人家包圍了，那是一場驚心動魄的槍戰，四個德國黨

被錢秀玲營救的人質合影

衛軍成員被打死三個，還有一個僥倖逃脫的家伙，從布魯塞爾領來大批的德軍把艾克興團團包圍起來。那個瘋狂的夜晚，德軍從每一條街巷抓人，他們先是槍殺了四個，然後抓了九十六個。媒體常常只提那九十六個，而不提那無辜死去的四個。這一點你們一定要寫上。那天清晨在市政廳廣場前，他們宣佈，如果不交出抵抗組織的成員，從次日起他們每隔六小時就殺五個人。我還記得當時有個德國黨衛軍軍官，站在廣場上用一種很斯文的口氣對大家說話，他說他希望抵抗組織穿上軍裝跟他們打正規戰，坦克對坦克，大炮對大炮；而不是鬼鬼祟祟偷偷摸摸地在半夜裏幹些偷雞摸狗的事。他說你們以為裝成民眾，我們就抓不住你們了嗎？好，很好！既然這樣，所有的民眾就都是我們的敵人，或許我們言重了，不過我們不會在處死你們的時候手軟。這一點請你們放心。當然，如果你們願意交出那些抵抗分子，我們還有機會成為朋友。我們知道艾克興是個適宜於談情說愛的城市，這裏的天很藍，女孩子特別多情浪漫，當然還有杜松子酒，據說那非常美妙。

正如你們所知道的那樣，地下抵抗組織早就撤退了。但是他們並沒有走遠，九十六條人命牽動着他們的心。仁慈的上帝無時無刻不在提醒他們，趕快去找錢女士，只有她有這個能力來拯救他們。

有一點你們知道嗎？之前錢女士就已經救過人，那是我們後來才知道的。她當時和丈夫居住在離艾克興一百六十公里的埃爾伯蒙小村。天知道她怎麼會去那個偏僻的地方，再往前走就是法國了。哦，我想起來了，她的丈夫在那裏開了一間診所。

莫瑞斯的回憶有時清晰有時模糊。他的語言有時如箭鏃般飛快，有時卡頓、倒退而重複，仿佛一條在夜霧重重的海面孤獨航行的老船，隨時都有可能迷失方向甚至覆舟。

巴斯塔護士過來給他量血壓，然後給他服了一片安定。老人順從得像個小孩，然後朝我們報以一個抱歉式的微笑。巴斯塔告訴我們，可能是激動的緣故，他血壓有點高，讓他休息一下好嗎？

突然有點緊張。我能聽到自己咚咚的心跳。巴斯塔護士說沒事，過會兒他就會緩過來。

趁莫瑞斯休息的間隙，我踱到走廊盡頭的一個窗口，把思路捋了一下。有些問題就像樹枝形伸展開去的道路，它們的指向模糊且相互交叉，如何選擇途徑走近它們，並且重返歷史現場，要靠運氣，還有就是耐心。幽暗的歷史隧道已經在腳下。儘管貌似真實的歷史故事已經家喻戶曉，但此時我更相信一位一百零三歲老人的述說，即使是重複的細節，也有其親身經歷的力量。

還是要從埃爾伯蒙說起，沒有那裏的第一次拯救，艾克興人就不會那麼幸運……

莫瑞斯先生的語氣變得淡定而平穩。他不再激動，目光堅定有力，時光的驚濤駭浪已然被他拋在腦後，但他不是一個炫技的沖浪者，而是一個沉着的馭手。在他略帶低沉的講述裏，埃爾伯蒙小村再次撩起它那古老而沾滿風塵的面紗。

找不到一種準確的語言可以傳神地描繪埃爾伯蒙村八十年前的容顏，除非你是那裏的居住者。但不能虛構編造的歷史，有一種與生俱來的寬容，就是在真實的節點上任你展開想像的翅膀。從一張斑駁的老照片上我們見到一棟簡易的三層樓房，據說從它矗立在村裏的那天起，就從來不曾擁有過鶴立雞群的驚豔。不過，它平易且溫馨的品位，多半來自從一九三七年起的一對居住者，確切地說，最開始是一個溫馨的三口之家。自從這裏的空氣裏開始瀰漫着藥水和酒精的氣息，整座小樓便在釋放出一種清涼的暖意。葛利夏醫生永遠掛在胸前的聽診器，與他剛蓄的小鬍子很搭，那種年少老成的風度，仿佛是讓他的病人放心就診的一種保障。而他的美麗小巧的護士太太，打針絕對不疼，那還只是技術層面的讚美；她俯下身子給病人扎針的時候，你能感受到她的靜心屏氣；她溫柔的聲音仿佛也是一帖良藥，那是一個東方女性特有的春風化雨般的定力，然後她總是用一對誠懇的眼睛看着你，仿佛在說，我還能為您做些什麼呢 —— 葛利夏太太的微笑平易而迷人，有好奇的病人會忍不住地問，為什麼您總是在笑？

　　「您說的這個詞，我並沒有感覺，那就是我平常的樣子。是的，微笑這件事本身，我向來就沒有意識到它的存在。不過，它又不要我一分錢，幹嗎我不笑？」

　　微笑的玲。葛利夏大夫很樂意村上的居民這樣稱呼他的妻子。魯汶大學化學、物理學雙博士在成為埃爾伯蒙村診所護士的過程中，居然沒有出現半點周折。她總是樂樂呵呵的，對書本和事物乃至各色人等的認知，有一種洞悉其本的天性。不過她很少把它們說出來。女人的嘴容易碎，當她路過一堆喋喋不休的家庭

婦女身邊的時候，她會一一跟她們招呼，但不會停下腳步。她的背影不是用來被人解讀的，但自有一種含蓄的韻味在。含蓄是一種容易被忽略的美，葛利夏卻在妻子身上捕捉到了。他發誓要和妻子在這個離天堂最近的村子裏生五個小孩。

千萬別說埃爾伯蒙村沒什麼風景。從塔吉亞娜拍攝的紀錄片《我奶奶是英雄嗎》裏，我們見到了有關埃爾伯蒙村的一些珍貴鏡頭：平緩的山坡，細小的溪流，它彎彎曲曲的，甚至跟秀玲家鄉王婆橋的風物有點相似，樹林、灌木、草地，一片一片的葡萄園，看上去相處得都很和諧，還有薰衣草和鳶尾花，在塔吉亞娜的鏡頭前搖擺出各自的風姿。

果然，悌米吉兩歲的時候，他的弟弟庫切出生了。是他爸爸給接的生。當葛利夏家的那棟小樓被一個新生的嬰兒的啼哭所籠罩的時候，村上的很多人來道喜。住在隔壁的阿葆特太太，是個有着一副熱心腸的腰圍很粗的荷蘭裔女人，她給秀玲送來了一條純羊毛的新西蘭毛毯。因為她有哮喘病，犯病的時候秀玲每天上門給她注射。她家算是村上的望族，丈夫是當地火車站的站長，兒子羅格爾則是個愛打架的精精瘦瘦的小伙子。秀玲分娩的那天晚上，阿葆特太太一直守在旁邊。她只是有一刻聽不懂秀玲夢囈般的聲音：小餛飩，要加點骨頭湯，放香葱和芫荽。佩令吉也聽不懂，但他對阿葆特太太這樣解釋：「但凡重大的時刻，她的夢境都在故鄉。這個時候吵醒她可是一種罪過。」

葛利夏的經驗是，只要他的玲說那種他聽不懂的夢話，那一定是她回到了故鄉。她在親友和鄉情裏穿行，她應接不暇，她開懷大笑並且涕淚橫流。他會輕輕地拭去她眼角的淚珠，然

後歎一口氣，心想，那是一個怎樣神奇的地方呢，讓他的玲如此掛肚牽腸。

有一天悌米吉像個泥猴一樣回來了，他一直在跟村上的小夥伴玩，有時被打得鼻青眼腫，葛利夏和錢秀玲並不心疼，男孩嘛，就要經得起摔打。但是這次悌米吉回來卻陰沉着臉，告訴他的媽媽：「他們罵我是中國佬！」

他們是誰？這個村風淳樸的環境裏，怎麼會有如此惡毒的言辭。錢秀玲那天摟着兒子哭了。葛利夏不安地在屋子裏走來走去。後來他聽到妻子在輕輕地跟兒子談話：「不錯，媽媽是中國人。可是媽媽很驕傲，因為中國很棒！那裏有很多很多像媽媽這樣的人，你會愛他們的。你知道中國在哪裏嗎？等你長大了，媽媽會帶你去中國。那裏有非常巍峨的山脈，有長江和黃河，還有很多好吃的食物。媽媽的故鄉在中國的江南，那裏是比意大利的威尼斯還美麗的地方。」

葛利夏看到秀玲的眼睛裏，有晶瑩的淚光。然後，在把孩子哄睡了以後她站起來，輕輕地走到窗前，歎了一口氣。她持久地看着窗外的夜空，一動也不動。直到葛利夏從身後抱住了她。她靠在他的懷裏，一句話不想說。

在這個似乎被世界遺忘的角落裏，秀玲與外界的聯繫，也就剩不斷的家書了。卓儒在台灣成家立業，頗有建樹，最近已被提拔為煤礦副總工程師；卓倫哥哥功業卓著，已被提升為軍事委員會銓敍廳廳長。有一次蔣介石到銓敍廳視察，順手拿起一本軍官花名冊，隨便問了幾個將官和校官的考核情況，卓倫對答如流，

稱，但凡國民黨軍隊現役上校以上人員的名字、履歷，全在他腦中，何時晉升現職，品行績效狀況，堪可如數家珍，不曾有半點差池。蔣公滿意點頭，旋即離去。

他在給秀玲的一封信中提到，法肯豪森將軍就要離開中國了，因為意大利、德國和日本是同盟國，彼此簽有《德意日三國同盟條約》，按條約規定，希特勒要求他領銜的軍事顧問團趕緊回國，轉而為日本軍隊提供軍事幫助。卓倫還說，蔣公很器重法肯豪森將軍，臨別的時候，送了他一幅徐悲鴻的《貓石圖》。而他也送了一件自己心愛的收藏品，晚清畫家陳子清的《垂柳圖》，作為臨別的紀念，法肯豪森將軍非常喜歡。

秀玲當然不會知道，有一個非常重要的細節，卓倫並沒有告訴她。那是離別之前的最後一個晚上，卓倫與法肯豪森單獨小酌。酒並不過量，但彼此喝得極暢快。法肯豪森說，錢將軍，我沒什麼禮物可以送你，但有一個故事，可以送你以後做個參照。

這個所謂的故事其實只有一句話，但字字千鈞：當年那個所謂的極端機密的軍事會議上，那個一舉抓獲共產黨最高機關的戰役計劃，全是假的。蔣公此舉，不過是用來考量身邊的人是否忠誠而已。

錢卓倫的第一反應是寒戰。之後是長久的沉默。至此他寧願相信，所有與此有關的「故事」，都不過是冰山一角，蔣公的某些過人之處，其實也是他致命的軟肋。不過這句話，他只能吞進肚裏。

「他用人有問題，將來會有大的麻煩。真正的人才他不太喜歡。有思想的人，在他眼裏都有危險。他喜歡奴才。」

法肯豪森如是說。這晚的酒，他倆還是喝多了。卓倫的話倒

是不多，但額頭一直在冒冷汗。法肯豪森知道，戰亂的年代人生無常，或許今晚就是訣別。但他此刻並無傷感，只有對好朋友的善意提醒。

錢卓倫沒有接法肯豪森的話。他只是覺得，法肯豪森的這份禮物，比他送的那幅畫的價值，不知要高出多少。

錢秀玲讀完卓倫哥哥的這封信，突然生起一種擔心，法肯豪森若是以後要為日本人服務，那他知道中國太多的軍事機密，豈不都要被泄露？

她趕緊修書一封，表達了自己的擔憂。

卓倫哥哥回信說：小妹放心，不會的。要知道，法肯豪森將軍是位紳士。那種高山流水般的君子之風，並不是中國文化的專利。請相信即便是在納粹麾下，也還會有獨具悲憫情懷之人。

這個世界有真正的桃花源嗎？比如，即便戰爭離我們很遠，但是，那種無處不在的精神硝煙，還是會隔空傳播，並且影響我們的生活。葛利夏大夫家的那台晶體管收音機，每天的清晨與傍晚不但播放女主人愛聽的古典音樂，還雷打不動地播送男主人必聽的國際新聞和國內時勢動態。

在德國俯衝轟炸機的進攻和德國坦克即將進攻的巨大壓力下，鹿特丹市已經投降，從而使該市免於被毀。

一九四〇年五月十五日清晨，德國柏林電台播送了最高統帥

部的特別公報。鹿特丹投降了，接着就是荷蘭武裝部隊的投降。威廉明娜女王和政府成員乘坐兩艘英國驅逐艦逃往倫敦。

　　同樣聽到這條新聞的斯捷潘神父匆匆來到葛利夏大夫的診所。他尿酸偏高，膝關節老是腫痛。找葛利夏大夫看病的時候，他喜歡聽他對時勢的分析。葛利夏平時內向寡言，尤其不喜歡管別人的閒事。但如果你要跟他聊國際新聞，並且具備一個對談者的資質，他就會不由自主地切換到時事評論員的狀態。他判斷比利時很快就會陷落。荷蘭既已投降，比利時和法國以及英國遠征軍的命運也就決定了。雖然一開始盟軍打得並不壞，法軍的大部精銳部隊第一、第七和第九軍團與英國遠征軍哥特勳爵指揮下的九個師，根據預定計劃已經跟比利時部隊會合，他們沿着代爾河設置了一條堅固的防線，從安特衛普經過魯汶到伐佛爾，在短短六十英里的戰線上，盟軍的數量實際上已經超過來犯的德軍。但是，之後接二連三的戰役一再表明，他們不是德軍的對手。德國人以他們一貫的縝密作風，以一次超大規模的襲擊，一支在數量、集中程度、機動性和打擊力量等方面都是空前未有的坦克部隊，由德國邊境通過阿登森林出發，其隊伍之長，即使分了三路縱隊還延展到萊茵河後面一百英里，迅速地向在比利時的盟軍背後的英吉利海峽推進。比利時人目瞪口呆，這是一股令人膽寒的巨大力量。壞消息一個接着一個，沒過幾天，比利時國王利奧波德三世於五月二十八日清晨宣佈投降。葛利夏大夫從收音機裏聽到這個消息，坐在沙發上一動不動，仿佛一座冰雕。他一介平民，不是一個好戰的幻想家，但他有起碼的愛國之心。任何時候他的手術刀不會變成武器，但他為國王的決定感到沮喪，這位剛

愎自用的年輕統治者，曾經使自己的國家退出同英法的聯盟，採取愚蠢的中立，甚至當他獲悉德國準備越過自己邊界大舉進攻的時候，還拒絕恢復聯盟的關係；直到希特勒進攻以後，他才在最後一分鐘向英法呼籲軍事援助，現在他又在絕望的時刻拋棄了英法並打開了國門，讓德國軍隊長驅直入。是的，德軍「閃電戰」的創始人古德里安將軍的坦克部隊衝進比利時國土的第一天，比利時空軍的飛機在短短幾個小時內，從一百七十一架減少到九十一架，天哪，就是打麻雀也不會這麼快呀。

時勢險惡，廣播這麼說，報紙這麼寫。葛利夏很心煩。埃爾伯蒙村離法國邊境非常近，斯捷潘神父憂心忡忡地跑來告訴他：「在我們的邊界上，法國人心焦地等待着時機，他們想趁亂闖入比利時，據說還想搶在德國人前面，他們已經走到半路上了，那些法國人，扛着旗幟和小號，我們的軍隊必須攔住他們。」

這個我倒是不擔心。葛利夏大夫對法國人還是不屑一顧的。

斯捷潘神父進一步擔心的是，德國人何時進駐埃爾伯蒙？他們會不會殺人，強姦婦女，天哪，仁慈的上帝！

葛利夏大夫的結論是，一切皆有可能。

「我們是不是也成了亡國奴？」

他的東方玲這樣問他的時候，面色冷峻，目光幽怨。

他知道她的潛台詞是，既然在這裏也是亡國奴，那麼，還不如回中國去。

葛利夏大夫的性情裏有天生的隨遇而安。他理解妻子的心情。每當他的東方玲提出什麼重大建議的時候，他的身體微微前傾地做聆聽狀，一個習慣的動作就是攤開雙手，好像在說，行，

就按你說的辦。

可是，每當「回國」真的作為一項付諸實施的行動的時候，秀玲就會感到，可能性幾乎為零。所有的航線都變得撲朔迷離。你永遠不知道那些本來就非常稀少的航班什麼時候啟程，所有諮詢的答覆都一律拖着不確切的尾音。法國、英國、荷蘭等周邊國家，都在戰爭的漩渦之中不能自拔，誰也說不出哪裏會有一塊安全的淨土。原先那個上海的癌症研究所，由於戰爭的緣故，也已經聯繫不上了。天各一方的人們，對那些突然變故的人事，只能用默默的祈禱來撫慰自己的內心。當戰爭成為一種不分地域、不分彼此的家常便飯的時候，其實在哪裏都是一樣的生活。

一九四三年的比利時埃爾伯蒙小村在紛飛的戰火中朝我們走來。這一年注定要發生的事情，充滿着某種宿命的安排。當四名德國黨衛軍成員荷槍實彈地進入該村的時候，埃爾伯蒙村的平靜並沒有被立刻打破。這個地處法國邊境的村子，見多了扛槍的軍人。但有一天斯捷潘神父情緒不穩地出現在葛利夏大夫的診所，除了尿酸偏高，最近他還失眠、頭暈，葛利夏大夫給他開了藥。不過沒有像以往一樣給他提供更多的戰情諮詢。斯捷潘神父拿了藥後並沒有馬上離開，他也不是在等醫囑，而是想聽葛利夏聊點時勢。後者語氣低沉地告訴他，他已經不再對新聞感興趣了，因為它們已經變成了骯髒的臭抹布一樣的東西，而且每天都千篇一律。斯捷潘神父在胸前畫了一個十字，俯在他耳邊說，有沒有地下抵抗組織的人到診所來取過藥，或者接受過診治？然後他提醒大夫，之所以德國人派黨衛軍來到這裏，就是因為附近的鐵路遭到了破壞。抵抗組織就像夜間的貓頭鷹一樣，出沒在埃爾伯蒙村

的黑暗旮旯裏。葛利夏對神父的話報以沉默。他最近有點消沉。關於戰爭，每天都在死人。説來説去無非是這樣。這當然影響他的情緒。因為他詛咒戰爭，痛恨德國人。不過他不希望這件事情跟他的家庭生活發生直接的關聯，所以他決定三緘其口。他善解人意的妻子過來跟神父搭話，她感謝他的提醒。她説她的丈夫不會給任何人惹麻煩，葛利夏診所也不會發生與治病無關的事情。

神父離去的時候無意間落下一份當天的《南方日報》。秀玲在收拾房間的時候，發現了它。通常她會把它當成廢紙一樣處理，不過她無意間打開它的時候，在第一版的顯要位置發現了一個熟悉的名字：法肯豪森將軍。他居然是德國駐比利時的軍政總督。報紙上法肯豪森將軍的照片不很清晰，但她還是認出了他。她還拿出卓倫哥哥與他的合影做了比對。不過，與哥哥的合影相比，報紙上的法肯豪森一臉冷漠，下撇的嘴角顯出幾許苦澀。有那麼一瞬間她心裏咯噔了一下，想，哥哥的這個朋友，居然現在成了入侵比利時的統治者，説他是比利時人民的頭號敵人，應該並不為過吧。戰爭總是把一切不可能變成可能。不過，這樣的滔滔亂世，沉浮難測，即便是主宰一方的大人物，看似定奪一切，將來還説不定會淪為階下囚呢。

阿葆特太太喜滋滋地來找秀玲。她的兒子羅格爾就要結婚了，兒媳竟然是斯捷潘神父的女兒。這一對神仙眷侶選擇在春天舉辦婚禮，那可是全村人的盛會。如何佈置兒子的新房，如何給兒媳送一份拿得出手的禮物，她希望聽聽葛利夏太太的意見。因為在她看來，這位來自東方的小巧女人，總給人一種山清水秀的感覺。上帝偏心，這個生過兩個孩子的中國女人一點也沒發胖，

她穿旗袍真好看。她讓人羨慕，但卻嫉妒不起來，因為她人好，心地善良，肯幫助別人。果然葛利夏夫人給了她很多建議，還拿出一塊綢緞料子的被面作為賀禮，是淺綠色的，像極了春天的草地，放在陽光下看，它的千千萬萬根綢絲織成和諧穿梭的經緯，勾勒出清澈的水波與碧團荷葉，一對鴛鴦穿行在那些精美的花卉之中。阿葆特太太驚呆了，說，這是上帝的手筆嗎，天哪！葛利夏夫人告訴她，這塊被面是她家鄉的產物，在中國的江南鄉村，有一望無際的碧綠桑園，供養着日夜吐絲的蠶寶寶，辛勤的織娘會把千絲萬縷的蠶絲，織成銀光閃閃的綢緞。而鴛鴦在中國語境裏，是恩愛夫妻白頭偕老的象徵。

可是，沒過幾天，斯捷潘神父氣急敗壞地跑來說，他的準女婿羅格爾出事了。德國黨衛軍行動小組在一個漆黑的夜晚截獲了一個企圖破壞軍用鐵路的人 —— 居然是火車站站長的兒子 —— 全村人都等着為他慶賀新婚呢。在一張由法肯豪森將軍簽署的絞刑佈告上，羅格爾的罪名令人咋舌，他不止一次地執行抵抗組織的命令，以一個火車站站長兒子的嫻熟手法，輕而易舉地撬斷鐵軌，讓滿載軍事物資的列車衝出路基並且起火爆炸。

葛利夏大夫的第一反應是出乎意料的冷靜。羅格爾出事的隔夜，他的診所來了一位德軍中尉，名叫凱特爾。這個日耳曼人的脖子上出了一點問題，葛利夏大夫只用了不到二十分鐘就將他化膿的瘡子摘除了。中尉很滿意他的醫術，但他付不出錢，葛利夏大夫婉拒了他給出的一盒德國香煙，擺擺手說您可以走了。事情就這樣簡單。在他眼裏，接受治療的都是病人，哪怕他是個殺人魔王。

葛利夏大夫的理念是，既然羅格爾選擇了這一行，就該知道

總有一天他會為此付出代價。他欽佩這個看上去毛手毛腳的小伙子的勇氣，不過他也惋惜，因為他走上絞刑架的那一刻，事實上毀掉了差不多兩個家庭的指望。

錢秀玲的反應卻激烈得多。這麼一個年輕人，他的生活還沒有完全打開，而且他不顧生命危險去幹那樣的事，本身就是一種捨生取義的舉動，他那看起來還不成熟的外表下，是一個真正的男子漢的擔當。

佈告上的每一個字都冷冰冰的。連同最後的法肯豪森將軍的簽名。秀玲見到這個名字，內心又咯噔了一下。

此時的感覺，跟第一次在報紙上見到他時，竟然迥異。她現在更願意相信，此公是卓倫哥哥的朋友。

她想起卓倫哥哥信上的話：他是一位正直的君子。

接下來我們要進入一段反覆被人們書寫和講述的歷史：錢秀玲的第一次救人。

如果我以一種重複講述的筆調去書寫這個故事，那還不如請讀者對本章予以忽略。

不過，我想，當女主人公做出救人決定時，其波瀾萬丈的內心有幾重維度，還可以讓文學的目光去重新進行梳理與追尋。

第一個維度，應該不是她對救人這件事有否猶豫，而是她不知道卓倫哥哥的這位昔日的朋友，當下還是不是「好人」。

她真的無法確定。但是，她覺得，如果她能救羅格爾而不救，她會坐臥不安，甚至她無法面對自己的內心。就像你在路邊見到一個摔倒的孩子正在哇哇大哭，你能熟視無睹地從他身邊走過嗎？所以，她根本就沒有猶豫救還是不救。

開始她沒有跟任何人說，甚至沒有先跟葛利夏商量，而是平靜地去了一趟村上的郵局。在填寫電報單的時候她斟字酌句，她要卓倫哥哥盡最快的速度跟法肯豪森打招呼，刀下留人。

　　她幾乎相信，自己的請求不會被打回。也就是說，卓倫哥哥會怎麼做，她一點也不擔心。她打定了主意，那就是親自去見那位將軍。她一定要救羅格爾。

　　過去的講述忽略或屏蔽了隔空相助的那個人——錢卓倫將軍。他在戰火紛飛的前線陪同大人物視察剛回來，突然收到堂妹的一封電報。然後，他以一位將軍的敏捷果敢，在最短的時間內，給他的朋友法肯豪森將軍發了一封急電。

　　他也是不假思索的。而且，過後就忘記了——他並沒有把這當成一件多大的事。

　　不過，他所做的這些，秀玲在第一時間裏並不知道。戰時的通信，會有各種意想不到的陰差陽錯。我們無法判斷，為什麼錢秀玲沒能及時收到卓倫哥哥的回電。她心裏一下子沒有了底。但是，這並沒有成為她在拯救之路上停下腳步的理由，她覺得自己無論如何都應該出手，哪怕是徒勞。因為時間太緊迫，離羅格爾被執行絞刑的時間，只剩下幾十個小時。

　　第二個維度，如何說服葛利夏。原本這也不應是問題。葛利夏內心是個有正義感的人，但他的性格比較保守，用中國人的話說，有點明哲保身。他對羅格爾被捕的反應有點冷漠，連起碼的震驚也沒有。好像他早就知道這個結果。秀玲感覺他變得有點膽小怕事。所以，她先讓他看自己發給卓倫哥哥的電報草稿，然後找出卓倫哥哥與法肯豪森將軍的合影以及書信，一句一句讀給他

聽。她做這些的時候，情緒一點也不亢奮，目光堅定而平靜。

她以為，葛利夏至少會溫和地反對，他一定會說，可是你哥哥並沒有回電啊，你怎麼肯定他一定會跟那位德國將軍去求情，而那位將軍必定會聽他的話？

可是，當葛利夏聽完她的陳述，迎着她的目光說了一句話：

「親愛的，既然你已經決定去做，那就不要回頭。我能為此做些什麼呢？」

葛利夏性格裏的堅硬部分，是他一貫持有的價值觀。但只要是妻子做出的決定，他就可以說服自己去改變。有時，只要一個瞬間，那就是他的東方玲那份期待的目光。

葛利夏此時的態度，於錢秀玲非常重要。她決定讓大兒子悌米吉跟她上路，小兒子庫切留給葛利夏帶。在西方人的語境裏，一個帶着孩子的母親，通常會受到各種關照，也相對安全。

然後她去了羅格爾家。阿葆特太太正在以淚洗面。她的火車站站長丈夫此時正被德軍叫去接受審問。當錢秀玲說出自己的計劃時，阿葆特太太好比一個溺水的人抓住了一個救生圈。她淡灰色眼睛裏的驚訝，像極了一片霧霾，但迅疾變成了清澈的淚水。

然後斯捷潘神父也來了。他正急得滿頭大汗，羅格爾的生命只剩下不到三天。無奈之下他只能用一種古老的「簽名擔保」的方法，來試圖救下他的準女婿。挨家挨戶地請求簽名，成為他當下最緊迫的一項工作。

當他得知葛利夏太太的拯救計劃，感覺那幾乎是《聖經》裏某則故事的高潮部分。他相信那是上帝在發力，後來他堅持要在錢秀玲的行囊裏放一本《聖經》，他知道這個看上去柔弱的東方

女人並不是上帝的信徒，但她邁出的堅實步伐，正讓上帝對她刮目相看。

這一天，是一九四三年三月十二日。錢秀玲三十一歲生日。

葛利夏大夫把他親愛的妻子送到車站。彼時要找一束絳紅的玫瑰並不是沒有可能，但此時他們的懷裏各自抱着一個孩子，所有的浪漫都讓位給了一種進行時的匆匆告別。好在早餐的時候他們切了生日蛋糕，當三支蠟燭在蛋糕上升起燭光的時候，錢秀玲雙手合十默默許願。葛利夏發現，他的妻子目光裏有一種出征的意味。

事實上錢秀玲在趕往布魯塞爾的途中，堂兄錢卓倫的電報已經到了埃爾伯蒙村郵局。雖然她並不知道，不過，她的信心並沒有減弱。忐忑的情緒有時會攫住她，那就是如何能儘快見到法肯豪森將軍。她的簡易行囊裏有如下物件：

一、卓倫哥哥寄贈給她和葛利夏的簽名照片。

二、卓倫哥哥涉及法肯豪森評價的親筆信件。

三、錢卓倫和法肯豪森將軍在五台山寺廟前的合影。

四、斯捷潘神父起草的懇求釋放書，上面有埃爾伯蒙村三百多個戶主的簽名。

五、羅格爾父母的懇求信；信尾還有市長的簽名。

至於斯捷潘神父悄悄塞進的那本《聖經》，錢秀玲倒還真的拿起來讀了幾頁。它其實很好讀，文筆非常優美，故事也動人。但讀它的時候，她老會想起幼時錢家祠堂的高先生教她讀的《道德經》。當一個長者在你耳邊絮絮叨叨講道理的時候，至少你會靜心屏氣。而車窗外迅速掠過的黑魆魆的原野，把她的思緒無限

地延伸。

接下來要說說錢秀玲與法肯豪森的見面。原本這是一件艱難的事。按照正常程序，她必須通過中國駐比利時大使館，向德國派駐比利時的軍政總督府提出申請。在一堆請求接見的文件裏誰也不知道什麼時候能夠輪到錢秀玲。關鍵時刻，是錢卓倫將軍的名字起了作用。在紀錄片《我奶奶是英雄嗎》裏，面對鏡頭的錢秀玲是這樣講述的：

原本將軍要在那個週末接見我。因為等候接見的人非常多。但是，時間根本不允許拖那麼久。因為羅格爾的生命危在旦夕。我請他的祕書再次遞上我的請求，說錢卓倫將軍的妹妹有十萬火急的事情求見。這時將軍想起了卓倫哥哥給他的急電，於是提前了兩天，也就是在週三的上午，在舍佛堡而不是布魯塞爾接見了我。

舍佛堡坐落在布魯塞爾郊外幾十公里的一片白樺林旁。不遠的地方有平靜的河谷，山坡上植被蒼翠。清晨和傍晚，河谷上會有嵐氣繚繞升騰。密林旁邊的開闊地上，是一棟典雅而氣派的猶太裔銀行家的宅邸。為什麼取名舍佛堡，大概跟主人的名字有關。戰爭爆發後，這裏變成了德國駐比利時軍政總督的辦公地之一。

壓抑。在通向法肯豪森辦公室不到一百米的途中，錢秀玲的心情變得有點糟糕。且不說幾道崗哨的反覆盤查，就是空氣裏也瀰漫着一種讓人透不過氣來的味道。從即將獲得接見的那時起，她竭力把心情做了調整：她就是來見一個她哥哥的朋友。

然後她進到了法肯豪森的辦公室。一切的陳設竟然那麼乏善

可陳，唯一讓她印象深刻的，是牆上掛着一幅超大的軍用地圖，而它旁邊的架子上，擱着一支樣式古老的擦得錚亮的雙筒獵槍。

他正在接電話。他的後背筆挺，厚厚的將軍服還是勾勒出他瘦削的身材。

他終於轉過身來，禮貌地朝她點頭示意。

他氣色不錯，有些乾瘦，很深的法令紋讓他看起來顯老。

她用一口流利的法語告訴這位面露善意但表情沉鬱、不改威嚴的德國將軍，她就是錢卓倫的堂妹錢秀玲。

她在等待他的反應，她屏住呼吸，努力使自己忐忑的內心歸於平靜。

他走到她跟前，仔細地打量她。她穿着一件有些發舊的藍花棉袍，齊耳短髮，披着厚披肩，是深冬的打扮，一看就知道，這是一個東方女性的標配。

秀玲接住的，是一個長者的目光，氣場是溫煦的；他鼻息粗重，下巴刮得鐵青。因為離得近，秀玲幾乎可以聞到他的領子上有一股生髮油的味道。

「很像。您和錢將軍長得很像啊。我非常難得地收到了他的問候，上帝知道我們不可能彼此忘記。嗯，您可不知道，我跟他在一起的時候，有多開心，一共喝過多少酒。」

他順手在桌上拿了一張自己的名片給她。她輕聲說謝謝。然後他們在沙發上坐下來。他遞給她一杯祕書剛泡的茶。她注意到茶杯是歐洲的琺瑯瓷，描着金，幾枝鳶尾花的枝葉漫溢到茶杯口。若是中國畫師來畫這個杯子，手筆肯定要含蓄得多。

她抿了一口，是有點苦澀但很香的英國紅茶。

他的寒暄像極了鄰家的一位長輩。

當她把拯救羅格爾的所有資料放到法肯豪森將軍面前的時候，她發覺他的眼裏掠過驚奇的神情。他發現了其中的一張照片，仔細看着，感歎一聲：

「我的永不歸來的中國歲月。」

然後他問她，為什麼選擇待在比利時？錢秀玲只回答了一句：命運加上緣分。然後她趕緊把談話切換到主題上來。她的陳述是簡約的。為此她不知打過多少次腹稿。當她講到羅格爾是個即將要當新郎的小伙子時，法肯豪森打斷了她，問她是幾個孩子的母親？

「兩個，都是男孩。很抱歉將軍，我的大兒子是跟我一起來的，此刻我把他寄放在我的一位同學家。嗯，他很懂事，知道媽媽很快會回去。」

法肯豪森似乎興味頗濃。

「有孩子的照片嗎？」

錢秀玲猶豫了一下，她取下胸前一個金鑲玉的墜子，它的背面是一幅縮小了的全家福。

法肯豪森戴上了老花鏡，這讓他的神態更像一位爺爺。他看得很仔細。然後他表示，悌米吉像父親多一點，而庫切的眼睛特別像媽媽。

「你們錢家的人一眼就能認出，你知道是為什麼嗎？」

錢秀玲笑着搖了搖頭。

「你和你哥哥的眼睛都會講話。」

他告訴她，他在中國最大的收穫，就是結交了像錢卓倫將軍

這樣的朋友。

可錢秀玲感覺他一直在跑題。她幾次想把他拽回來，但是，說來說去，法肯豪森還是在叨叨他的中國感受。

時間在一分一秒過去。祕書不時走進來跟他耳語，一邊把剛收到的文件電報放到他面前，敦促他在某個急件上簽字。他飛快地處理手邊的事務，以至讓錢秀玲覺得，他完全忘記了身邊還有一位客人。

終於，他突然抬起頭，迎着錢秀玲掩飾不住的焦慮目光，低聲說了一句話。

「回去等消息吧。我會盡力。」

有一句衝到喉頭的話被錢秀玲咽回去了。她想說，時間非常緊急，羅格爾被執行絞刑的時間快要到了。

她瞥了一眼法肯豪森的案頭，那一疊疊不斷在增加的電文奏報，哪一件不是十萬火急的呢。而他又在不耐煩地拿起一直在響着的電話。

走出舍佛堡的錢秀玲一時迷茫了。埃爾伯蒙全村的人都在等消息。法肯豪森將軍的「盡力」，並不是板上釘釘的承諾，今天就是羅格爾的大限之日，天知道命懸一線的他運氣會怎麼樣，他若是躲不過這一劫，那麼今天就是埃爾伯蒙全村人的受難之日。

下午一點，當她帶着俤米吉風塵僕僕地出現在村口的時候，她並沒有見到簇擁而激憤慌亂的人群，所有的景物都沒有異樣，陽光灑向萬物，風兒輕拂樹梢，那個通常用來發佈重大消息的廣場上空無一人，只有幾隻覓食的雀兒在點綴着枯黃的草皮。

一種直覺是，羅格爾得救了。

真實的情況是，原定羅格爾受刑的時間是中午十二點。十點過後，廣場上就聚滿了人。但是，時間過了，那輛想像中的德軍囚車並沒有出現，也沒有任何官方消息說明原因。據說斯捷潘神父激動得臉色通紅，他預言此刻沒有消息就是好消息。然後，他邁着蹣跚的步履去打探進一步的消息了。

葛利夏夫人回來了。消息很快傳遍全村，此時村莊的中心不再是那個用來聚眾的廣場，而是葛利夏大夫的小小診所，不約而來的人們聚在樓下，他們希望聽錢秀玲親口說一說拯救羅格爾的情況。滿臉淚垢的阿葆特太太和她的神情萎靡的火車站站長丈夫相互攙扶着，把兩張萬分期待的憔悴臉龐投向秀玲時，那種心神不定的樣子讓她感同身受。她安慰他們，或許好消息就會降臨。果然，消息來了，斯捷潘神父不知從哪裏鑽了出來，他大聲宣佈：羅格爾得救了，死刑改成了勞役！

秀玲被阿葆特太太緊緊擁抱。一條生命終於與死神擦肩而過。聚在一起的人們爆發出一陣歡呼。此時秀玲也忍不住激動的淚水，她至少有短暫的成就感，然後她想起了她的卓倫哥哥。她手裏拿着那封遲到的發自中國的電報，告訴大家，救人的其實是她的堂兄，她只是充當了一個信使。斯捷潘神父在胸前畫着十字說，您是我們的天使，沒有您的勇敢和努力，就是上帝的仁慈的手臂也夠不着我們啊。

從這一天起，葛利夏診所變成了遠近聞名的一個景點。很多遠道而來的人光臨小樓並不是來求醫，而是親眼看一看傳說中的那位典雅而救生的東方女神。也有人哭哭啼啼地來找錢秀玲，說他們也有親人被德軍抓捕，那些垂危中的生命，正等待着她去拯救。

葛利夏大夫私下裏對他名聲大噪的妻子表達了擔憂。這個國家每天都有人被德軍抓捕，並且，德軍每天都會處死很多人。你總不可能去拯救每個蒙難者吧。

他甚至覺得，失去安寧的埃爾伯蒙村已經不再適合他們居住，哪怕他們真的深受全村人的愛戴。

錢秀玲也有不安。一次並非刻意的拯救行動確實改變了她的生活。她不習慣那些圍觀，那些議論和關注。至於那些加在她頭上的聲譽，更與她的初衷相悖。她對平靜的家庭生活因自己的舉動而被打破感到歉疚和不安。在葛利夏面前她有時像個做錯事的女孩，因為她不忍看到他那種與性格不符的煩躁和焦慮。她安慰葛利夏説，一切都會過去。

但是沒過多久，又有一件事情從天而降，駐守在埃爾伯蒙村的那四個德軍黨衞軍成員，突然有一個失蹤了。德軍派兵包圍了整座村子，那個曾經被葛利夏大夫用不到二十分鐘摘除痦子的德軍中尉凱特爾在廣場上宣佈，限令村民們立即交出兇手，否則，他們將採取抽簽的方法，每過六小時就殺死一個村民作為報復。

這意味着，即便是葛利夏大夫全家，也未必會成為抽簽處死的倖免者。埃爾伯蒙村正經歷着前所未有的一場災難。

大家自然把目光投向了錢秀玲。

她和葛利夏在得知這一消息的第一時間裏也有莫大的恐懼。在手提包的深處，錢秀玲找出一張法肯豪森的名片。她當時並未注意到，名片上還有將軍的德文簽名。

葛利夏大夫見到這張名片的反應是，更大的一波浪潮即將來臨。他或許相信這張名片可以幫埃爾伯蒙村度過一劫，但是，他

的妻子將被推向更大的舞台中央，其背後或許潛伏着相應的危險。她已然是一個公眾人物，天哪，戰爭時期的公眾人物！這不是他希望見到的結果，他不喜歡出名，在公眾的眼光下生活。不過，如果妻子不站出來相助，眼下的劫難何以解救？

他顧不了那麼多了。

這一次，是葛利夏大夫陪着妻子去找那個被摘除瘤子的凱特爾中尉。他還帶了一點藥膏和一逬紗布，他先以一個巡診醫生的身份，檢查了中尉脖子上的創口。有一點點感染，但問題不大。葛利夏大夫並沒有徵求中尉的意見，直接就在他的脖子上塗抹消毒用的酒精，接着敷以藥膏。一股帶點苦味的薄荷清香迅速在屋子裏瀰漫。不過，接受了簡單治療的中尉並沒有解除對葛利夏夫婦的敵意，他說到了抽籤處死村民的方法，那源於一種古老的遊戲，玩起來很有趣。當然他希望葛利夏大夫是那個舉報兇手的人，而不是被不幸抽中籤的人。他不曾注意到大夫身後那個身材小巧的女人，她長着一張東方人的圓臉。當她把手伸進手提包取一樣東西的時候，中尉以為她在拿一支補妝的口紅。然而，她取出的居然是一張名片，中尉見到它，一時有些蒙。天哪，法肯豪森上將，比利時至高無上的軍政總督親筆簽名的名片，怎麼會在這個偏僻鄉村的小婦人的手裏？而她從容優雅的舉止，似乎在向他表明，她作為這張名片的持有者，有不向他披露實情的權利。接下來，是一段有意思的對話：

「中尉先生，您桌上的電話應該是可以直通布魯塞爾的吧？」

「哦，這個嘛，女士，我暫時無可奉告。」

「嗯，您可別放棄一個在您眼前的機會，您不想聽聽法肯豪

森將軍的聲音嗎？」

「您不妨告訴我，將軍跟您是什麼關係？」

「這恐怕超出了您的職權範圍。中尉先生，我很抱歉。假如您不肯幫助，我只能捨近求遠。」

這時，一直沉默的葛利夏大夫突然說了一句很幽默的話：

「說不定將軍會請您去布魯塞爾吃火雞宴呢。」

葛利夏夫婦轉身離去的時候，中尉叫住了他們。

他有些窘迫地告訴他們，這個電話雖然可以直通布魯塞爾，但它不是很高的級別，還不足以讓法肯豪森將軍桌上的電話響起鈴聲。不過，通過幾道中轉，或許是有可能的。

「天知道，試試你們的運氣吧。」

中尉開始打電話。他扯着嗓子，不斷拍打着話筒。半天，終於接通了。不過接電話的並不是法肯豪森將軍，甚至，連他的祕書都不是，充其量只是一個舍佛堡總督府總機的值班員。對方以一種疲倦且冷冰冰的口氣，只說了一句話：

「軍政總督是隨便什麼人都可以找的嗎？」

然後，電話被掛斷了。

中尉幸災樂禍地聳聳肩，笑着說：「可別說我不肯幫忙。將軍的火雞宴只能你們自己坐火車去布魯塞爾吃了，代我向他問好。不過我們的抽籤遊戲可不會等待。」

他還看了一眼懷表，眨巴着一雙單眼皮的藍眼睛說，再過幾個小時，遊戲就將開始了，我想它的開頭一定非常精彩。

除非此刻老天爺給她插上一雙翅膀直飛舍佛堡。

還是只能打電話。

她向中尉請求，下一個電話可否由她來打？中尉下意識地摸了一下脖子，看了看葛利夏夫婦。他不明白這對夫婦為什麼要這麼急着給他的最高長官打電話，但幾秒鐘內他做出了一個明智的決定，雖然他沒有見過總督大人，但德軍的每一張佈告上都有他瀟灑而威嚴的簽名。他把名片從葛利夏夫人手裏要過來，真真切切的簽名跟佈告上見到的毫無二致。現在他要做的，就是不能怠慢總督閣下的朋友。

　　沒有任何人能夠解釋清楚，為什麼電話機到了錢秀玲手裏，突然就變得通暢起來。大約只有幾分鐘，那個舍佛堡總機接線員乾澀而陰冷的聲音又出現了。錢秀玲以一口圓熟溫潤的法語向他問好，並說，她是法肯豪森將軍的朋友，她之所以能夠把電話打到他的手上，是因為將軍給了她一張有親筆簽名的名片，他曾經說過，總督府的接線員都是世界上最機敏並且最忠於職守的人士。因為有非常緊急的事情，她想麻煩他接通將軍的辦公室。

　　「謝謝您女士，這是我進入比利時以來聽到的最美好的問候，您的聲音非常好聽，祝您好運。」

　　隨着幾聲簡短的嘟嘟聲，法肯豪森將軍辦公室的電話鈴響了。但是，沒有人接。

　　然後它一直在響。錢秀玲感覺自己的心跳在加劇。

　　接線員的聲音出現了，說將軍辦公室沒有人接聽。

　　「可是，可是，先生，我有非常要緊的事情找將軍。對，就是此時此刻。」

　　她聽見自己的聲音有些發慌。

　　然而，接線員把電話掛斷了。

「您的運氣跟這天氣一樣。」

凱特爾中尉聳聳肩。剛才天氣還不錯呢，突然天空在下雨了。

錢秀玲仍不死心。她再次把電話撥通。

「又是您，女士。」

接線員的聲音有些不耐煩。

「如果將軍此刻知道我在這麼着急地找他，他會比我還着急的。」

話筒裏一陣沉默。然後時間變得特別難挨。錢秀玲的手心在出汗。佩令吉瞪大眼睛看着她。

話筒裏突然傳來一聲咳嗽。然後是一句德語：「既然希姆萊已經決定了的事，還問我幹嗎？」

她一陣激動。是法肯豪森將軍的聲音。顯然他是在辦公室裏跟別人說話。

她緊緊攥着話筒，仿佛它會滑落。她輕輕說出了自己的名字，然後怕他不記得了，又加了一句：「您的中國朋友錢卓倫將軍的妹妹。」

將軍的鼻音很重，像是有點感冒。他用一種詫異的語氣問她，怎麼會用這種方式跟他聯繫，錢秀玲聽出，這個由總機轉達的電話並不安全。他語音的尾部似乎有些許抱怨的意味。

她解釋說，因為時間太緊，她實在沒有辦法，只能冒險給他打這個電話。然後她說，如果把一個士兵的失蹤歸罪於他曾經待過的整個村莊，一千多條生命的村莊，無論如何是荒唐的。世界上有太多的遊戲，但是，以人的生命和尊嚴作為遊戲的砝碼，是殘酷而黑暗的！

將軍靜靜地聽着。他間或咳嗽一聲，然後問她，埃爾伯蒙村

在什麼位置。她一時無法回答，在她對地理環境的有限認知裏，這裏已經是跟法國接壤的邊境了。

情急之中，她把話筒遞給了凱特爾中尉。

中尉起先不敢接。錢秀玲說，將軍問這裏屬於什麼位置。

凱特爾中尉戰戰兢兢接過話筒，他啪地立正，臉漲得通紅地說了一通德語。錢秀玲聽懂了幾個單詞，其中有「執行」和「遵命」的意思。

凱特爾中尉冒汗的油臉上堆滿了討好的笑容。他把葛利夏夫婦送到門口。說，一切都解決了，我們會執行總督的命令。

葛利夏大夫卻沒有忘記再吊一下他的心火：

「中尉先生，火雞宴我們請您，就在我的診所。請相信我太太的廚藝還不錯。」

凱特爾中尉啪地打了一個響指，說：「我的脖子先謝謝您，然後才是我的無可奈何的嘴巴。美妙的火雞首先應該屬於神聖的總督閣下，說不定他會親自光臨您的診所，希望您把還沒殺的火雞養得肥一些，大夫！」

此時他們的寒暄，像認識了很久的朋友。不過，錢秀玲從中尉的眼光裏，還是捕捉到了一絲沮喪。

這天夜裏，埃爾伯蒙村的廣場上，聚集着無數個火把。從一場即將爆發的災難裏解脫出來的人們，在手風琴的伴奏下翩翩起舞。斯捷潘神父在到處尋找佩令吉夫婦，他們的診所大門緊閉，沒有燈。隔壁的阿葆特太太說，是一輛鄰村的馬車把他們接走的，一個產婦突然難產，命在旦夕。她摟着他們留下託她看管的兩個孩子，說：「難得的好人，真是上帝派來的天使。」

十二

人質大街：
莫瑞斯把回憶的接力棒交給了雷蒙

天地良心，聽莫瑞斯的回憶真是一件驚心動魄的事情。在講述錢秀玲埃爾伯蒙的拯救故事時，莫瑞斯仿佛帶着我一起穿越了千山萬水。作為一個執拗的敍述者，他常常深陷於記憶的沼澤之中不能自拔。有時候他顯得痛苦，一雙昏花的老眼裏，總是閃爍着難耐與不堪忍受的表情。作為九十六個人質之一，他經歷了突然被捕差點被殺最後關押到德國集中營做苦役的種種磨難。

……衛生條件惡劣到了極點。在克拉麥普拉茨，一千兩百個人使用的廁所，是原來只供十個兒童使用的。冬天的時候沒有大衣，沒有鞋穿，下雪的天氣也只能光着腳上工。由於居住條件太壞，食物粗劣，不能吃飽，加上勞動過度，得不到起碼的休息，有些體弱的人就像蒼蠅一樣死去。

他是在被押往德國集中營做苦役的途中，第一次聽到錢秀玲的名字的。他們私下在傳，本來我們所有人的生命，早就在那個

該死的黃昏結束了。幸虧錢女士拯救了我們。當時他就想，啊，錢女士，是怎樣的一位女神呢？

戰爭結束後，他與九十位倖存者回到了祖國。其他的五位，則在集中營裏死於疾病和意外事故。回國後的第一件事，大家就相約着去看望錢秀玲女士，她那時真年輕，非常迷人、美麗。

然後，「人質大街」作為一個單詞，反覆出現在他接下來的敍述之中。

人質大街是什麼意思？它在哪裏？

莫瑞斯喃喃地説出一個名字：雷蒙·穆克。

他説，讓雷蒙帶你們去人質大街吧，接下去的故事應該由他來講，他父親就是當年抵抗組織的領袖之一，是他開着一輛破破爛爛的汽車，星夜狂奔一百六十公里，去埃爾伯蒙村找錢秀玲女士。

本來，錢女士跟艾克興市沒有任何關係。沒有人知道她是誰。但是她在埃爾伯蒙村救人的事情，像原野裏的風一樣，吹到艾克興來了，絕望中的人們突然想到了她。

在莫瑞斯的指點下，我們去找雷蒙先生。艾克興小城並不複雜的街道行人稀少，雷蒙的住所在一條不起眼的馬路拐彎處。院子的門敞開着，我們剛走進去，就看到西裝革履的雷蒙迎面走來，看樣子他正要出門。他告訴我們，小城裏一位長者去世了，他要去教堂為其主持葬禮。他看了一下手錶，説眼下他只有半個小時。儘管如此，他還是折回去，帶我們參觀了一下他的二戰武器博物館。

僅三間不大的房子。牆上地上，到處都擺放着二戰期間各參戰國的常規武器：機槍、步槍、手槍、頭盔、子彈、炮彈、手雷、地雷、刺刀、匕首、水壺，以及各種電台、電話機、斗篷、雨衣、軍號、領章肩章等等。一個穿軍裝的士兵模特雙目茫然，端着槍在落滿灰塵的櫥窗裏做無奈狀。這是我親眼僅見的最真切的武器博物館。超過三千件以上的真槍實彈，政府怎麼會允許？雷蒙笑着說，比利時不是禁槍國家，這個公益性質的武器博物館，是他從父親手裏接下來的。雷蒙父子把平生的大部分收入積蓄，都用來購買收集二戰時期的各種武器，其視野和足跡遍佈所有的參戰國，從歐洲到亞洲。

我父親的初衷，就是收集並展示它們，讓子孫後代永遠不要忘記戰爭帶給人類的災難。他去世之後我接着在幹，然後現在我女兒和女婿也在幫我。

他確認他的父親，雷蒙·凱特是當年二戰時期地下抵抗組織的領袖人物之一。他把我們領到一張不很清晰的黑白照片面前，說，這就是我父親跟錢秀玲的合影。

一個高大微胖的中年人和身着便裝的錢秀玲在交談。從裝束上看，錢秀玲身着中式夾襖，東方元素還是很濃的。不過照片上的兩個人，表情有些凝重。那種凝重裏似乎有一種默契，或許在為同一件事感到惋惜。在所有見到的錢秀玲的照片裏，這似乎是她唯一不笑的一張。

雷蒙的解釋是，這不是一張擺拍的照片。他們或許是正在談

雷蒙父子的武器博物館

錢秀玲與當時艾克興地下抵抗組織的領導
者雷蒙在一起

論一件嚴肅的事情。

　　然後，他帶我們去院子左側的一個車棚。繞過一些東倒西歪的戰車、大炮，他指着一輛殘破的軍用吉普説，看，這是德國隆美爾元帥的坐騎，這個品牌的車子，全球僅五輛。然後他掀開一塊巨大的軍用帆布，露出一輛破舊生鏽的雪佛蘭汽車。

　　我父親當年就是駕駛着它和他的戰友一起去埃爾伯蒙找錢秀玲女士的。

　　當我們的表情及時地定格在驚愕不已的時候，雷蒙的臉上掠過一絲不經意的成就感。隨後他看了一下手錶，臉上浮起一個類似禱告牧師的表情，似乎在告訴我們，艾克興小城某個教堂的葬禮鐘聲就要敲響了。

　　雖然雷蒙的故事直到兩天後才向我們打開其波詭雲譎的帷幕，但是，從我們置身於他的二戰武器博物館那刻起，一種揮之不去的殘酷戰爭氛圍，一種期待聆聽的迫切願望，一直牢牢地攫住我們。雖然故事已經沒有懸念，公開出版的書籍和廣為流傳的文章都曾反覆演繹錢秀玲夜奔幾百里捨命救人的故事，但是，那些消逝的現場和現場背後的人心擊撞的光亮，依然牽動着我的心。

　　人質大街。這個關鍵詞在一九四三年五月十五日午夜到來之前顯得有些模糊不清。為了敍述方便，請允許我暫時切換到雷蒙父親的視角，並親切地稱他為老雷蒙。作為一個地下抵抗組織的領袖人物，他那天晚上幾次與死神擦肩而過。子彈曾經貼着他的耳朵飛過卻沒有傷到他半根毫毛，這讓他覺得賺了便宜。還有一

次更驚險的際遇是，一名德軍黨衛軍成員從他的背後向他開槍，卻被他的一位戰友提前兩秒鐘把一排衝鋒槍子彈送進那個日耳曼人的胸膛。人在戰場上的時候，這些都不算個事，死神其實很猥瑣，只要你膽子夠大，就能把它嚇跑。不過，當四個黨衛軍成員成功襲擊了一家藏有電台的地下抵抗人員的住宅時，這條原本平靜的街道突然變得戰栗不已。繳獲了電台的德軍對這戶人家的主人展開了連夜審訊，老雷蒙在第一時間得知此事後，化裝成一名牧師前往現場。如果電台被德軍奪走，對抵抗組織的打擊將是致命的，最後他下達了圍殲的命令——以數倍兵力與火器，對住宅內的德軍進行密集掃射。正如莫瑞斯老人回憶的那樣，四名黨衛軍成員被打死三名，其中的一個少尉僥倖逃脫。此人換上便衣，爬上了前往布魯塞爾的夜班火車，第二天凌晨便領來了大批德軍。他們包圍了艾克興小城，對每一條街巷進行挨家挨戶搜查。此時老雷蒙的手下均已安全撤離，但是，當九十六個無辜的青年人質被抓捕的消息傳來，老雷蒙覺得這一仗其實是他們失敗了，如果要挽回局面，那就必須把他們全部救出來，否則何以交代！

人質大街便從這一刻起，具有了一種危難中的生命質感。德軍乏味的古老遊戲開始重演，無非是幾小時之後，如果抵抗組織不交出兇手，那麼就每隔幾小時槍殺幾個人。有一份曾經在法國《燈塔報》上刊登的通告，被比利時各地的德軍廣為沿用，其格式是這樣的：

十月二十日，受英國和莫斯科僱傭的怯懦的罪犯暗殺了南特的戰地司令，兇手至今尚未捕獲。我已下令先槍決五十名人質，

作為這個罪行的抵償……如果從現在起至十月二十三日午夜，兇手仍未歸案，將再槍決五十名人質。

這一類通告經常出現在比利時各個城市的大街小巷，以及偏僻的村落。德國人的「開價」因為各地頑強的抵抗此起彼落而不斷升高，甚至，只要有一個德國軍人被槍殺，就槍決一百名人質作為報復。希特勒在一份祕密文件上寫道：

我們的敵人絕對不可以享受日內瓦公約的待遇，如果由於審問需要而留下一兩個暫時不殺的敵人，過後也得立即槍決。
　　　　　　　——威廉·夏伊勒《第三帝國的興亡》（下卷）

把限定的時間與無辜生命進行捆綁，其實是屠殺者最沒有創意的手法。但這就是戰爭。老雷蒙一度變得比較焦躁，因為沒有一個周全的拯救方案。當有人把錢秀玲的名字灌進他的耳朵時，他斷然予以否定。因為，艾克興離埃爾伯蒙的直線距離是一百六十公里，而且路況不好，有一段山路坑坑窪窪，非常危險。更要命的是，沒有汽油。須知德軍統治下的所有比利時城鄉，汽油全部被他們嚴格管制。有人跳出來說，他能搞到汽油，至少五十公升，有人怯生生地說他能搞到二十公升。老雷蒙的眼睛漸漸有了光亮。他扔掉一顆煙蒂，決定以最快的時間收集至少一百公升汽油，哪怕用生命去換取。然後他和幾位戰友像變戲法一樣從一個旮旯裏推出一輛破舊的雪佛蘭汽車。汽油找來了，但絕對沒有一百公升。老雷蒙跳上了駕駛座，他的兩位戰友緊隨其

後，汽車沉悶的發動機聲音刺破了寂靜的夜空。衝出小城後，汽車像發了瘋一樣在黑魆魆的原野公路上狂奔。當他們以令人難以相信的速度趕到埃爾伯蒙村的葛利夏大夫診所樓下時，老雷蒙看了一下懷表，是午夜十二點整。

他叩擊診所大門的聲音並不高，但是異常清晰。葛利夏大夫剛剛睡下，他以為是來了急診，趕緊披衣而起。可是，進入診所的三個人表情冷峻，雖然沒有持槍，但渾身都散發着一股殺氣。他一看就知道對方是戰場上下來的，抵抗組織的招牌面孔基本都是這樣：神情詭異，蓬頭垢面，總是在東張西望，隔着距離你都能聽到他們飢腸轆轆的聲音。

葛利夏大夫有一點好，就是任何時候都不慌不忙。他眼裏所有進入診所的都應該是病人，或者是跟病人有關的人。他隨口問道，誰看病？哪裏不舒服？或者需要什麼藥品？他都可以提供幫助。

不過，為首的老雷蒙卻對着他講了一句很不受用的話：「對不起大夫先生，我們不是來看病的。我們想見一下您太太。」

這句話讓葛利夏大夫有點不高興。

「同樣對不起先生，我太太已經睡下了。你們請回吧，晚安。」

他做了一個禮貌的送客的姿勢。

老雷蒙說了聲對不起。他感到自己有些失禮。於是他接下來的陳述還算誠懇。他們從遙遠的艾克興趕到這裏，是因為德軍抓捕了九十六個人質，他們都是無辜的平民，幾乎都是青壯年。再過十幾個小時他們就要逐個被槍斃……

葛利夏大夫打斷他的話。這聽起來的確很讓人同情，但是，難道他的妻子就一直有辦法拯救他們嗎？不錯，她過去是救過

人，而且不止一次。周邊地區的人，但凡有被德國人抓去的，家裏人都會跑來找她。是的，她後來又去找過那位德國將軍，據説又救下了幾個人，其中有醫生、教師、鐵路工人。就在前幾天，她還拯救了一個名叫路增祥的中國人，是個牧師，在布魯日某個教堂供職，或許他還有一手不錯的文筆，喜歡給報刊寫點文字，不過，最近一段時間，他的文字心火較重，老是在罵德國人，一時名聲大噪。由此付出的代價是，德國人把他抓起來，要槍斃他。路太太不知從哪裏得知錢秀玲的名字，一天傍晚，她風塵僕僕地趕到埃爾伯蒙村來求助。錢秀玲陪着她，坐當晚最後一班火車去了布魯塞爾，居然把那個路某人給救下了。據説，離執行槍斃他的時間，已不滿十個小時。

所有這些都很棒。可是救人只是她曾經的義務，而不是一項持久的沒完沒了的工作，更不是她的職責所在。況且她已經懷有五個半月的身孕……在這樣的月黑風高之夜，要趕那麼多路，他幾乎看不出有任何可能，他不忍心去叫醒正在熟睡的太太，因為這太不現實，也是不仁慈的。

葛利夏大夫帶有情緒的表述，讓對方的表情有些沮喪。大夫看在眼裏，突然有點同情他們了，緩口氣説：

「願上帝保佑你們吧，這樣的愛莫能助讓我有些歉疚。」

轉過身來，猛然發現妻子已經站在樓梯口。葛利夏臉上掠過一個錯愕的表情。顯然她什麼都知道了。她緩步走下樓梯的時候，腳步緩慢，身子顯得有些沉重。她走到老雷蒙面前，説了一句話：

「走吧。我跟你們走。」

老雷蒙一時怔住了。他站在原地沒動。從他的眼睛看去，這個身板不高、肚子略略隆起的少婦，臉色憔悴而發白，但目光裏有一種特別的光亮，他感受到了，那不是一般的同情和友善，而是一種發自內心的悲憫，仿佛那些人質裏，有她的親人在。

他和兩位同伴走出診所，在外面靜候。無論對於這個診所的男女主人，還是對於他們來說，這都是一個極其重要的時刻。

屋內，錢秀玲把目光轉向她的丈夫。她的聲音很低，但在靜謐的夜空裏，聲線非常清晰。

「我知道你是擔心我，但我會沒事的。你安心在家帶孩子，我去去就回來。」

葛利夏大夫突然像個孩子一樣流淚了。他一把抱住妻子說：「不可以，不可以。你知道我是一個醫生，就算是一個普通的孕婦，我都不會同意她去冒這個險。天哪，兩百多公里，而且是崎嶇的山路，上帝都沒有辦法幫到你們。」

錢秀玲依偎在他懷裏，抬頭看着他，說，親愛的，你知道我最欣賞你說過的話，是哪一句嗎？

「快，去叫輛馬車！」她模仿着他當年在街邊救人時喊出的聲音。她說那是她第一次在心裏崇拜一個英雄般的人物。天知道，她這個人從來不崇拜什麼英雄，但是從那天起，她才知道自己內心是有英雄情結的。

「我能做到的事而不去做，你知道的，我會一直不安。我不能委屈我的心。」

佩令吉卻說不出一句話了。他們擁吻。然後佩令吉跑到樓上，拿了一個急救包遞給妻子，仔細叮囑她，萬一遇到什麼緊急

情況如何使用包內的藥物。

當葛利夏大夫把他的妻子送上門外的那輛雪佛蘭汽車的時候，又折回來拿了一條毛毯。他和老雷蒙只是相互深深對視了一眼。老雷蒙擁抱了他，說放心吧，我會把您太太安全地送回來的。

後來坊間有一種說法，錢秀玲出發時曾經對擔心她出事的丈夫這樣說：我即便出事，加上肚子裏的孩子，充其量不過兩條性命，而等待拯救的，是九十六條生命哪。

晚年錢秀玲在其孫女塔吉亞娜的紀錄片《我奶奶是英雄嗎》裏的陳述中，卻是這樣說的：

那不是我的思維方式。當時我考慮不了那麼多，只想着，但凡我能夠做到的事，就一定要去做。救人要緊，根本顧不上害怕了，想都沒有去想，也不會去計較怎麼划算，人的生命都是一樣的寶貴。

在特定的時刻，每個人都有「害怕」之心，但是戰爭這位殘忍的導師教會了更多的人甩掉怯懦。突發的災難會激發人們內心那些良知、仁慈和勇氣的萌芽。不過，即使你創造了一個驚世的傳奇，但它誕生的起點或序幕，卻並不華麗或驚豔，一切都看起來那麼平淡無奇。

老雷蒙一直擔心的汽油問題，在半途的一家旅店裏得以解決 —— 那裏的一間地下室裏，居然還藏着二百公升汽油，其主人是抵抗組織聯絡站的頭兒。老雷蒙發現錢女士在漆黑夜晚的旅途中非常安靜，她一直在閉目養神，有一段時間她好像在顛簸中

睡着了。讓他感覺不可思議的是，這樣焦心的時刻，她怎麼會如此淡定。他當然不會知道，錢秀玲甚至還做了一個夢，她夢見自己跟着父親坐着一條扯篷船進城，她從船艙裏探出頭來，看見一隊白鷺低貼着湖邊的蘆葦，掠過她的頭頂，朝湖心飛去，突然一陣槍響，一隻中槍的白鷺撲閃着翅膀，一頭扎進她的懷裏。她驚叫一聲。夢醒了。坐在她旁邊的老雷蒙扶住她，輕輕地説，夫人，夫人，一切都安然無恙，您再休息一會。

令人沮喪的是那輛老掉牙的雪佛蘭汽車，雖然喂飽了汽油，但在路上還是不斷拋錨。老雷蒙帶去的兩位戰友，正是熟練的汽車修理人員。他們打着手電鑽進車下搶修。有一次，汽車怎麼也發動不起來，他們推着汽車走了一段，在一個下坡的地方，汽車終於粗吼一聲，踉蹌着朝前衝去。

錢秀玲在這個漫長且艱難的夜晚裏最真切的感受，是她感覺到了胎兒的第一次律動。雖然這已是她的第三個孩子了，但是，她還是有着第一次懷孕的感覺，那就是伴隨着緊張的興奮，兼有揮之不去的隱憂。她用毛毯蓋住自己的腹部，胎兒每一次細微的律動，都是在跟她對話，她聽到了。她突然心生歉疚，眼裏湧出淚花。雙手輕輕安撫着腹部，親愛的寶貝，媽媽會保護好你的，謝謝你陪伴媽媽去做一件事，等你長大了，我會講給你聽，你一定會覺得這很帶勁。她就這樣默默唸叨着。突然感覺有點虛弱，渾身在冒虛汗，手心裏已然是濕濕的了。她下意識地攥緊佩令吉給她的急救包。不過她並沒有打開它。她用雙手捂住腹部，輕輕問了一句話：「還有多少路？」

在諸多現成文本的表述中，錢秀玲乘坐的雪佛蘭汽車是在

早晨到達艾克興小城的。聞訊趕來的市民從四面八方擁上街頭——她受到了全城人民的歡迎和致敬，市長還接見了她。

不過，在雷蒙·穆克的敘述裏，卻持有另外的觀點：

這不可能。當時的情況非常危急，而且艾克興還在德軍的控制之下，地下抵抗組織不可能把錢秀玲女士將出面拯救的消息走漏出去，也不會搞那種歡迎的場面。錢女士在事情沒有成功之前是不可能露面的。知情的人們都在暗地裏等待，表面上卻似乎什麼也沒有發生。

從艾克興到舍佛堡大約還有近二十公里。時間接近凌晨四點。越往前走，晨霧越是濃重，氣氛也似乎越發嚴峻，一路的裝甲車、坦克挨挨擠擠，接着是層層疊疊的崗哨和檢查站。此時車上只剩下老雷蒙和錢秀玲兩個人。這是錢秀玲的建議。關於如何應對崗哨反覆的盤查，他們用了一段時間來磨合台詞。錢秀玲手上的那張法肯豪森將軍的名片，由於多次使用已然起皺，不過，沿路的崗哨還是很認的。不過，老雷蒙的車開到距離舍佛堡還有兩公里的地方被最終叫停，經過憲兵的一番檢查之後，雪佛蘭被要求停到了指定的區域。他看着她上了德國人的一輛車。帶她上車的一名上尉面無表情，老雷蒙還注意到，連司機都是佩槍的。載着她的吉普車漸漸遠去的時候，老雷蒙心裏一陣緊縮。後來他對兒子雷蒙·穆克描繪了當時的場景：

她始終很淡定，她和德國憲兵盤問時的對話甚至有點幽默。

她幾句話就讓盤查她的人對她恭恭敬敬。是的,她來過這裏已經好幾次了。有人認出她是法肯豪森將軍的朋友,不過她還是不卑不亢的樣子。她那種與生俱來的氣質,並不需要用言語來裝飾。

可是,情況要比老雷蒙當時想像的糟糕很多。連錢秀玲也始料未及的是,法肯豪森將軍差點不能見她。

當然不是因為太忙,也不是一時有所不便,而是他遇到了非常大的麻煩。

關於法肯豪森將軍,世人只知道他是一個德軍上將,德國佔領比利時和法國北部的最高軍政長官。中國女作家張雅文在書寫《與魔鬼博弈》一書時,專赴德國法肯豪森的故鄉拿騷採訪,其掌握的大量珍貴資料,為她的書寫提供了非常有力的支撐。從閱讀張雅文老師的文本出發,我試圖為法肯豪森將軍梳理一條可供辨析的精神脈絡。

他是一個反戰人士。他內心熱愛和平,珍惜每一個無辜的生命。他崇尚博愛和自由 —— 這個精神坐標貫穿於他在二戰時期的軍事生涯中。他不認同德國是可以主宰世界的民族。希特勒曾經說,即使是最下賤的德國工人,從人種和生物學方面看,也比猶太人和斯拉夫人的貴族們高貴千倍。他反對這樣的觀點,他認為全世界各個民族、種族,都是平等的。他絕望地看到自己的同僚們對被佔領國的屠殺和掠奪。有一次,希特勒在高級軍事將領會議上說,你們一旦發現有什麼東西是德國所需要的,就必須命令你們的士兵像警犬一樣追逐,一定要把它弄到手,並且送回德國。

他當時在心裏暗暗地罵了一句：無恥的流氓！

其實，他很早就參加了反希特勒的祕密組織。他和德國陸軍參謀長路德維希‧貝克將軍是反希特勒密謀集團的首領。這些有良知的德國將軍很早就認識到，希特勒是個窮兵黷武的戰爭狂魔。這場戰爭的爆發，完全是希特勒稱霸世界野心膨脹的結果，絕不是德意志人民的意願……正因如此，法肯豪森將軍在比利時擔任軍政總督的四年裏，並沒有執行希特勒的指令，而是實行人道主義管理，最大限度地保護了比利時人民的利益。幫助比利時建立紅十字會，為比利時人民提供飲食及醫療上的資助；維護比利時的經濟發展，恢復和重建被戰爭毀壞的交通和房屋；反對德國在比利時建立義務勞動營；盡最大努力營救被判處死刑的反戰志士……由於舍佛堡遠離柏林，這裏便成為反希特勒組織的祕密集會地。

——張雅文《與魔鬼博弈》

到這裏我們終於知道，法肯豪森之所以願意幫助錢秀玲，並不單單是出於私人情誼，而是有着道義上的暗合。在特定的時刻他應該非常感慨，命運總是把雖然遠隔千山萬水卻還能心心相印的朋友聯結在一起，錢卓倫兄妹的聯袂出手讓他內心振奮，讓他感知正義和良知的力量是無處不在的。

還有一重驚歎，就是那個連背影也很美麗的錢家小妹。她優雅的舉止顯示着她良好的修養，一直連接到她溫厚儒雅的家世。她眼睛裏那種毅然的果決和悲天憫人的憂鬱，閃耀着人性的美

麗。在法肯豪森看來,那是世界上最迷人的風景。他羨慕錢卓倫有這麼一個妹妹。當他不自覺地用長輩的眼光去打量她時,他覺得世界的一個局部突然變得美好起來。

她幾次來求他救人,在他看來,那其實都是她在幫他,讓他知道更多的無辜者在遭受不幸,在一次次下達命令的時候,雖然面臨着巨大的壓力,但內心還是很有成就感的。不過,為了保護錢女士,他不能向她袒露心扉,而且必須保持一定的距離,否則蓋世太保連她也不會放過的。萬一有什麼閃失,他何以對得起他的好朋友錢卓倫將軍。

法肯豪森的諸多反戰「行狀」當然引起了希特勒的不滿,就連戈林和戈培爾也多次批評法肯豪森,說他不稱職,對元首不忠,有背叛第三帝國之嫌疑。

由此,法肯豪森的身邊人裏,就有了不止一名監視他的密探。他們俗稱蓋世太保,實際是德語「國家祕密警察」(Geheime Staats polizei)的縮寫 Gestapo 的音譯。他們每個人都有着堂皇的軍銜和職位,並且在表面上聽從法肯豪森將軍的指揮。其實,他的一舉一動都在他們的監視和密報之中。每天不止一封電報及時地飛到希特勒的案頭。

其時盟軍已在諾曼底登陸成功。歐洲戰場的形勢發生了根本性的逆轉,德國即將戰敗。希特勒不止一次地躲過國內反戰人士對他的暗殺,加緊了對那些軍隊高層將領的控制。法肯豪森被召到柏林,遭到了希特勒的當面痛斥和最後警告。此時他非常清楚,自己的日子不多了,蓋世太保們隨時可能向他出示元首的所謂手諭,把他押回柏林交予軍事法庭審判。

在這樣的背景下，錢秀玲要再次見到法肯豪森並且解救那麼多的人質，幾乎是天方夜譚。

但是，錢秀玲性格中的執拗部分在這個特定時刻再次放大。雖然法肯豪森的祕書已經和顏悅色地婉拒了她的求見，她卻坐在候客室的沙發上一動不動。她堅稱有非常緊急的事情必須得到將軍的接見，否則她不會挪動半步 —— 除非他們拖着她的屍體出去。幾乎是發毒誓，雖然她說出的每一個字都帶着一個東方女性的溫婉。祕書後來妥協了，告訴她，將軍答應見她，但不是現在，最快的時間是二十四小時之後。她決絕地搖頭，說人命關天，最多還有一個小時，就要有很多無辜的生命慘遭殺害。她雙目圓睜，字字如釘：「無論如何，我必須立即見到將軍，哪怕我立刻去死！」

死，在這個非常年代幾乎是一件最容易的事。若是一個不相干的以死相逼，更是會被人笑得滿地找牙。但是祕書被她周身散發出的氣場打動了。他知道將軍很看重這個東方女人，於是他轉身進到一個祕密的會議室。這裏正在召開一個非常緊急的祕密會議。幾位反戰的將軍面臨着即刻被押上囚車運回德國的危險，但此刻他們商討的還不是如何化解自己的岌岌之危，而是盡最大可能除掉希特勒 —— 這是拯救當下德國的最好也是最後的辦法。

當祕書把錢秀玲再次求見並且以死相逼的事，小心翼翼地用耳語的方式報告給法肯豪森將軍時，他的第一反應是驚詫。由於戰場的接連失利，德軍變得異常瘋狂，舍佛堡的警衛全部被黨衛軍部隊接管。這個危險的凌晨潛伏着太多的殺機。他想，若非特別緊急的事，以她的教養是不可能說出以死相逼的話的。

他不由自主地站了起來。一分鐘後他出現在辦公室裏。他看到錢秀玲面色憔悴地被祕書帶進來，她的氣色不好，煞白的小臉沒有了往日的神采，眼睛裏充滿了焦慮和疲憊。

他情不自禁地走上去，叫了一聲：「孩子，你怎麼會在這個時刻來這裏？」

錢秀玲以最簡短的話語告訴他，九十六條無辜的生命，他們的大限是一個半小時之後。是的，屠殺即將開始。這些人是真正的平民，他們非常無辜，將軍，無論如何您要拯救他們。

法肯豪森沉吟了片刻。這個片刻讓錢秀玲感覺有點長。她覺察到了他很為難，這是之前從來沒有過的。他明顯地衰老了，嘴角的肌肉鬆弛，花白的鬍鬚也沒有刮。然後她環顧了一下四周，她似乎從空氣裏感覺到有點異樣。她不知道蓋世太保就在隔壁，他們或許正在竊聽，或者正在商量是否要提前對法肯豪森將軍下手。

「好吧，我會盡最大的努力。」

她感覺將軍說出這句話好艱難啊。

當她把那九十六個人質的名單交到他手裏時，她發現他眼睛裏掠過一絲沉重。

他放低聲音，告訴她，他現在的處境非常危急，蓋世太保就在離他最近的地方，他已經完全不被信任，但是他會盡最後的努力。

然後他叮囑她趕緊離開這裏，以後也不要再來找他。他傷感地說出了一句類似訣別的話：

「我待在這裏的時間，可能不會超過四十八小時了。」

他想了想，又説了一句：

「以後見到你哥哥，卓倫將軍，代我問候他。」

然後他朝她揮了揮手，走吧。

她一下子淚流滿面，站在那裏一動不動。

走吧，他説。

她朝他深深鞠了一躬。

她轉身的時候身體有些笨重。法肯豪森注意到了。他叫住她。

她不好意思地告訴他，這是她懷的第三個孩子，已經五個半月了。

法肯豪森原本黯淡的眼神突然亮堂起來。他有些激動地走到她面前，攤開雙手做出一個不可思議的姿勢。繼而他的神色變得嚴峻起來：「您怎麼可以……以死相逼？誰給了您這樣的權力，讓一個還沒有出生的孩子在娘胎裏跟着您受罪甚至送死！」

因為激動，他的發黑的嘴唇有點哆嗦。

「對不起將軍，我實在是着急得沒有辦法了，或許我不那樣説，您的手下就不會安排您的接見。」

法肯豪森的眼睛裏溢滿了淚水。他喃喃地叮囑她一定要好好活着，好好地把孩子生下來。他也希望那些善良的人們都能好好地活下來。他送她走到辦公室門口，又説了一句讓錢秀玲幾十年後還記得的話：「好好活着！」

她知道這或許就是永訣。淚水再一次奪眶而出。走在幽暗的樓梯上，她感覺這偌大的城堡猶若一個令人窒息的墳墓，她痛惜法肯豪森將軍即將被這墳墓所吞噬。同時她又百感交集，正是他在這裏發出的指令，一再讓那些即將赴死的無辜生命得以解救。

幾十年後她在紀錄片《我奶奶是英雄嗎》中回憶這段往事時，說過這樣一席話：

當時我並不知道，將軍的處境已經非常艱難。他身邊的蓋世太保隨時會把他抓起來押解到柏林向希特勒邀功。將軍是在最後的危急關頭，行使了他最後的權力，把那九十六個人質從死刑改成勞役。

法肯豪森對自己命運的預計足夠清晰而精準。幾天之後，一九四四年七月十四日，一封由希特勒簽署的解除他一切職務的命令送到他的案頭。之後，他連起碼的體面也沒有保住，不但沒有送別儀式，連離開舍佛堡時的汽車都由全副武裝的蓋世太保押送。不過他的心情並沒有常人想像的那麼糟糕，因為這個結局在他意料之中。他唯一的指望是，那個名叫馮·施陶芬貝格的德軍少校，能夠如期把一個裝有炸彈的公文包送到希特勒辦公室，那裏有一張六英尺長的橡木桌子，希特勒常常在這裏主持最重要的會議。如果他座位底下的炸彈能夠引爆，那麼，歷史將改寫，一切將重新洗牌。

遺憾的是，炸彈響了，被炸死的卻不是希特勒，而是一個名叫布蘭特的上校，因為他無意間把那個公文包挪向了自己的這一邊。

十三

那條路

莫瑞斯的採訪錄音雖然斷斷續續，但是乾貨還是很多的。

第一次見到錢秀玲，並不是他和其他難友從德國集中營被釋放回國的歡迎會上，而是在艾克興市命名「錢秀玲路」的落成典禮儀式上。在德國集中營的時候，他不止一次和難友們提到那位拯救他們生命的女神。他們討論她是一個怎樣的人，他們之中有個畫家叫卡佳，他好幾次偷偷地在廢紙的空白處，用一個鉛筆頭，想像着她的容顏，畫出一個金髮女郎，眼睛很大，身材高挑，會騎馬，能打槍，同時又足夠優雅而知性。無疑他們每個人的心頭都駐紮着那樣一位自由女神，這成為他們在非人的殘酷條件下活下來的精神支柱之一。那一天，當他看見一個身材嬌小的東方女性，臉帶羞澀的微笑，出現在大家面前的時候，他和那些被拯救的難友情不自禁地朝她擁去，他們歡呼起來，挨個兒給她獻花，擁抱她。有好一陣兒她的眼睛裏噙滿淚花，她要是個男性的話，肯定會被狂歡的人們拋向空中的。

莫瑞斯已經不記得當時錢女士有沒有發表感言了。不過他認為這不重要，重要的是，艾克興市政府，有史以來第一次把一條

馬路和一個外國女人的名字聯繫在一起。也就是說，當「錢秀玲路」載入當地歷史的時候，實際上她已經與一個城市、一個國家甚至一個熱愛和平的世界聯繫在一起了。

莫瑞斯是個容易害羞的人。他清晰地記得，那天當他把一束康乃馨獻給錢女士的時候，她開心地接過去，還聞了聞，說謝謝。並說，你們受苦了，不過災難已經過去，未來的日子會跟這花兒一樣。

當他和同伴們知道，她是一位化學、物理學的雙博士，但當下的身份只是丈夫診所的一名護士，他們咂舌，惋惜，愈加對她肅然起敬。

莫瑞斯還記得，當時比利時國王和王后發來了賀電，比利時政府授予她「國家英雄」稱號，綬帶和獎章非常典雅而珍貴。慶典活動上官員和名流雲集，當然更多的是從四面八方擁來的民眾。他印象裏的錢女士一直在躲避媒體的採訪，她身材高大的丈夫好比她的貼身保鏢，他們已經八歲的大兒子跟在後面，像一隻歡快的小狗。活動結束後，葛利夏大夫護着她，把孩子馱在背上，很快就離開了現場。

幸好雷蒙·穆克的二戰武器博物館裏，還保存着一段珍貴視頻資料，它記錄了錢秀玲在那次慶典上的一個招牌式的微笑：她有一點發福，髮髻高高地盤起，愈顯得風姿綽約。攝影師顯然被她的笑容吸引住了，那是一個屏住氣拍攝的足足一分多鐘的長鏡頭：她先是不露齒地微笑着，慢慢扭轉着她那有些豐腴的身體，舉着鮮花向那些朝她歡呼的人們致意，有一個小男孩費勁地從人群裏擠過來向她獻花，卻被近乎洶湧的人流擠得摔倒，他哭了起

來，站在錢秀玲身邊的葛利夏大夫趕緊衝過去，一把將他從人群裏拽了出來，抱在懷裏，錢秀玲噗地笑出聲，這個近乎特寫的鏡頭，清晰地記錄了錢秀玲臉頰上的兩個深深的酒窩，然後，那個開心釋懷的笑容，很長時間都留在她的臉龐上，呈現出風情萬種的意味。

那天，市長的開場白裏，有這樣一段文字：

當我們今天在這裏集會，以比利時政府和艾克興人民的名義，為格里高利·佩令吉夫人錢秀玲女士命名一條屬於她的道路，以表達我們對她的敬仰和紀念。她以超凡的勇氣拯救了我們一百一十位反戰人士以及無辜民眾，她的卓越品格必將成為這座城市的一個不可替代的坐標。此時此刻，我們通常使用的向來以其豐富語彙著稱的法語，突然變得如此蒼白和貧乏。是的，我們找不到一個準確的詞彙來表達我們對她 —— 佩令吉夫人錢女士的崇敬之情。

——《一九四五年七月二十一日艾克興週報·記憶版》

《艾克興週報》是一份在當時發行量很大的報紙。它的頭版有這樣一條廣告語：在艾克興的三戶人家裏，必定有兩家以上會訂閱它 —— 忠於事實的文字，是這樣的一種東西，它不會撒謊，無論歲月更替、人事代謝。艾克興市博物館完好地保存着她當年的講話稿，時間也是在一九四五年七月二十一日。可以想見，它和市長先生的致辭是在同一個集會上。後來它被刊登在二〇〇八年冬季出版的一本紀念錢秀玲去世的文史資料雜誌的第

一百一十五頁：

女士們，先生們，你們好！

　　諸位的講話對我充滿了溢美之詞。謝謝你們熱情地接待我，贈我以美好回憶，令我十分動容；我謹在此表示誠摯感謝。

　　今日重返艾克興，向這座城市的人質、犧牲者獻上敬意，我倍感寬慰；大約一年多前我見到他們時，心情是十分沉重的。能夠向這座城市友好的人民，尤其是向飽受德軍暴行之苦的人們獻上敬意，我感到十分榮幸；我與諸位一道，向為了國家的獨立自由而倒下的英雄們致敬。

　　當我有幸在佔領國政府首領面前為無辜的人質求情時，我意識到我是在為那些被最可怕的獨裁者即將奪走的不幸生命而抗爭，我完成了這項偉大的任務。如果說，這些寶貴的生命因此而得救，那麼我也獲得了獎賞：我雖無這樣的預期，但確實感到了一種少有而溫情的滿足，因為我履行了一項神聖的義務。自我踏上比利時這片國土，我便一直欣賞並欽佩你們的美好品質，你們的熱情和誠懇，讓我不知不覺地加入你們的行列之中。

　　戰爭讓我看到了比利時人的愛國和英勇無畏。我由衷敬佩為了這個國家的自由而無畏鬥爭的英雄們。

　　艾克興人民選擇了將今年的七月二十一日定為一個值得回憶與感激的紀念日，證明了市政府及所有公民的愛國情懷，對此我深表讚美。

　　在我看來，諸位的熱情邀請，再一次證明了比利時人民的熱情友愛。我愛着這個國度，將其視為我的第二故鄉。

此文簡短而飽含深情，是一篇被歲月遮蔽了七十多年的珍貴文獻。雖然比利時政府已經授予她「國家英雄」稱號，但在錢秀玲的心裏，她還是一個中國人，她所讚美的比利時，永遠只是她的「第二故鄉」。

　　若干年後莫瑞斯當了艾克興市的市長。在他長達近二十年的任期裏，「錢秀玲路」至少被加寬加長了三次。他本人一直是一個故事的講述者，在特定的時刻他會重新回到那張照片上，演繹當年的情景。他反覆敍述的故事總是被無意地拉長。那張著名的九十六減五的合影，讓幾乎所有的人都持有一個共同的遺憾，那就是，應該讓錢秀玲女士站在他們中間，因為沒有她，就沒有他們後來的生命。

　　莫瑞斯的市長生涯裏也有很多遺憾。其中之一，就是沒有能夠把那戶導致發生人質事件的民居買下來，做成一個永久性的紀念館。這個事情聽起來有點匪夷所思，但後來我們在艾克興又遇到類似的事情，便就釋然了。

　　錢秀玲路，前前後後我們去了三次。它不遠，但並不像國內媒體說的在艾克興市中心，而是在不算偏僻的市郊。如果沒有路牌，你肯定區分不出它與別的馬路有什麼兩樣。路也不長，一兩公里的樣子。它的兩旁，散佈着不多的普通民居，看上去有些寥落。你可以說它很安靜，沒有什麼車水馬龍，道邊也沒有特意栽種名貴的樹木。看得出當局並沒有刻意去打扮它，即便有修補，也是按照普通的標準。看不出有什麼特別 —— 或許是我們價值觀裏難以理解的一種境界吧。

　　行走在錢秀玲路上，感慨還是多的。如果說，西方人把頌揚

一個人説成是搞個人崇拜，那為什麼每到一個城市，無論是廣場還是公園，都會有那麼多的歷史人物雕塑，比例很大地矗立在你眼前，讓你不得不仰望呢？錢秀玲的事跡，放在全世界的背景下，都是歎為觀止的。如果她是比利時人，其影響持續程度，會不會比現在要更好一些呢？一種隱隱的缺失感，在我心頭怎麼也揮之不去。

雷蒙先生太忙。他除了是一個敬業的小城殯葬業從事者，還是當地的社會名流。因為抽不開身，他特意介紹了一位小城的歷史文化研究者、拉丁文老師梅芙妮和她來自台灣的丈夫薛嘉仁先生陪同我們參觀。

當一個深秋下午的陽光降臨在艾克興小城冷清的街道上的時候，梅芙妮老師和她的先生帶領我和妻子穿過幾條簡陋的小巷，來到了被莫瑞斯和雷蒙不斷唸叨的人質大街。這就是一條普普通通的馬路，路面並不很寬，如果不是在街角處有一塊法文的路牌，我真的看不出它的特別之處在哪裏。而它的不被遺忘，始終與被拯救的九十六條人命聯繫在一起。

我的第一個問題是，一個市政府，居然買不下一戶民居？

梅芙妮先講述了一個細節。就在當年艾克興政府命名「佩令吉夫人——錢秀玲路」的慶典儀式上，當時的艾克興市市長還贈給她一件禮物：古色古香的中國銅質香爐。據説是南北朝時期的，上面有着很精細的雕工，看上去很精美雅緻。一種説法是，這件禮品是市長自己掏錢買了送給她的；還有一種説法，是一位當地的有錢人，感念錢女士的功德，買了這尊據説是南北朝時期的古老香爐，託市政府轉贈給她的——無論如何，它不是政府

埋單的。任何一屆政府的財務項目裏，它都無法立項，當然也就不能被「報銷」。

梅芙妮的解釋是，在比利時人的價值觀裏，政府並不擁有一切權力。它是為納稅人辦事的機構，是納稅人的選票讓執政者上台的。它沒有權力不經納稅人同意，就把錢用到一個地方去——比如買一棟民居。老實說政府沒有那筆錢，即便有，只要戶主不願意賣，政府就毫無辦法。而且，就算戶主同意出售，政府的預算項目裏，也沒有買民居做紀念館這一說。除了受議會監督，政府還受選民監督。所以，政府必須看選民的臉色。在政府的辭典裏，沒有不經選民同意的「徵用」一詞。最後，政府想在那戶民居的牆上釘一塊牌子，表明這裏曾經發生的一切。結果，戶主的後代覺得，這塊牌子一旦掛上去，會干擾他們安寧的生活，就沒有同意。於是政府的這塊牌子只能掛在離民居最近的巷口。

第二個問題是，錢秀玲前前後後一共救了多少人？

這個答案清清楚楚。就是在艾克興小城的博物館門前的空地上，我們見到了一塊黑色花崗巖紀念碑。上面刻寫着幾組數字：

第一組，在整個二戰期間，艾克興小城有三百人死於非命。

第二組數字寫的是，錢秀玲女士總共拯救了一百一十位人質的生命。

沒有形容詞。只有數字。

梅芙妮說，在當地人的價值觀裏，數字會給人最真切的感受。歷史只提供數字，它不會強迫任何人信奉什麼，反對什麼。

我告訴梅芙妮，文學可不一樣。它關心的是數字背後人們心

艾克興博物館前的石碑，記載着錢秀玲
拯救人質的事跡

靈的遭遇和付出，追尋的是事件、資料背後的審美意義。

梅芙妮寬容地笑了。她認為，任何非虛構文本都帶有虛構的
意味，因為作者的傾向會左右他選擇什麼，放棄什麼。

梅芙妮為了表明她的觀點是客觀公允的，特意把我們領到了
艾克興市博物館。不巧的是，博物館正面臨搬遷，一片狼藉。所
幸錢秀玲的大幅相片還掛在牆上，與她有關的為數不多的歷史資
料，則已經打包裝箱。七十歲的前館長盧埃爾先生身體頗壯實，
他聽說錢女士的中國老家來了兩位尋訪者，非常高興，破例為
我們打開那些已經封存的資料。其中有一份一九四五年出版的
比利時《南方日報》的《回顧專刊》，用兩個專版來刊登艾克興

九十六名人質被解救的報道，其中有一段描寫錢秀玲的內容，是這樣說的：

　　她看上去確實平常。屬於東方人的小個子，裝束也帶着東方色彩。她似乎不想淡化她是一個中國人的概念，同時，看得出她很低調。即便不帶上她的已經八歲的兒子，人們也不會把她和一位「國家英雄」聯繫在一起。當她登台接受這一份比利時國家的最高榮譽的時候，她一臉的羞澀、帶有些緊張的神情，卻為她贏得了更密集與響亮的掌聲，太多人向她圍攏過去，無疑她是這一天集會上唯一亮眼的女神。

　　第三個問題是，二戰之後的錢秀玲名聲大噪，她是什麼時候離開埃爾伯蒙村的？她在艾克興居住過嗎？

　　梅芙妮以十分肯定的語氣告訴我，錢女士沒有在艾克興居住過，儘管在她的後半生，一直和艾克興保持着緊密的聯繫。至於名聲，她認為那應該不會對錢秀玲構成干擾。因為她這樣一位內心強大的人，對待生活有自己的價值判斷，有自己的行事邏輯。當然，過於偏僻的埃爾伯蒙村終非錢女士一家的久留之地，儘管他們在那裏有非常好的口碑，也有經常走動的朋友。作為一名一度在比利時家喻戶曉的公眾人物，錢女士的「被圍觀」只是暫時的。在比利時你無論走到哪裏，都看不到為任何個人修建的紀念館或博物館。即便是錢女士被國王授予「國家英雄」，媒體上宣傳一陣子也就過去了，大家都在心裏記住了她。而她的本色和低調，更是大家願意看到的樣子。

這應驗了我的一次實地考察的感受：到達布魯塞爾的第一天，我就興致勃勃地去了市中心的一家書店，我希望能夠在這裏買到一本錢秀玲的傳記，至少是記載她事跡的一本書，哪怕只是某本書裏的一個片段。女營業員在電腦裏搜索了半天，抱歉地說沒有。我不死心，希望她繼續找一找。於是女營業員請來一位上了年紀的資深人士，或許是經理之類——最終的結果依然是沒有。我問他們，是不是知道錢秀玲這個名字？年長的那位先生肯定地點頭，說，她是國王頒發的英雄勳章獲得者，不過，那是很遙遠的事情了。年長者的表情，似乎在很費力地揪回某種記憶，而年輕的女營業員卻依然是一臉茫然的樣子。

也就是說，即便是「國家英雄」勳章獲得者，也並不享受出版個人傳記這樣的權利；或者說，沒有一個作家會拿起筆，主動去寫一個歷史上公認的「國家英雄」。

不知怎麼的，我突然又想起那些豎立在廣場和公園的歷史人物雕塑。被我咽回了的一個提問是，廣場上和公園裏那些歷史人物雕塑，算不算是個人崇拜？為他們豎立雕像，依據是什麼？

十四

天堂的門是窄的

　　那麼，離開了埃爾伯蒙村的錢秀玲一家去了哪裏呢？

　　這個問題，在離開艾克興的時候，我們問過梅芙妮。她在回答的時候有點遲疑。後來她選擇了一個大範圍的回答：她反正沒有回到中國，一直留在了比利時，這是肯定的。

　　梅芙妮自謙地表示，她沒有去過中國，對那個古老的東方國度缺乏起碼的了解。不過，按她的理解，錢秀玲女士一直沒有回到中國，自有她的道理。

　　當我們把可能收集到的資料信息匯攏到一起，我們發現，當時錢秀玲一家的選項並不是很多。

　　他們當然可以回到布魯塞爾。作為比利時的首都，它擁有國內最好的醫院，葛利夏大夫正年輕，他非常清楚，鄉村診所的安逸日子最終會荒廢他的技術，而他的一位來往密切的學長，正主持着布魯塞爾一家權威醫院的外科業務。將來他如果能夠成為那家醫院的權威醫生，其前景當然是讓人樂觀的。一家大小的衣食無愁，在葛利夏大夫看來還在其次，在學術上的造詣才是他夢寐以求的。

作者到訪前納粹德國駐比利時軍政總督府、法肯豪森將軍總部舊址 —— 舍佛堡

　　從錢秀玲的角度看，首先她當然更願意回國，這個背景應該在一九四六年，抗戰是結束了，但是國內還在打仗，兩黨的生死決戰還沒有到最後關頭。她悄悄地回國，把母親接到了上海親戚家團聚。然後她去了一趟南京與堂兄錢卓倫見面。她想聽聽卓倫哥哥的意見。卓倫的意緒比早先消沉了很多，他甚至有些悲觀，儘管他沒有給秀玲一個明確的判斷，但是，秀玲從他的情緒上感覺到了戰事對國民黨終將不利。其時錢卓倫已經是國防部第一廳廳長，還是掌管「人事」。不過，他的軍銜還是中將，他早年軍校的同班同學顧祝同和陳誠，早就是上將了。錢秀玲當然不知道其中的癥結所在。面對秀玲妹妹的提問，錢卓倫沉吟片刻，並未

直接作答，而是給她寫了一幅字，那是李世民《過舊宅》的片段：

新豐停翠輦，譙邑駐鳴笳。
園荒一徑斷，苔古半階斜。
前池消舊水，昔樹發今花。
一朝辭此地，四海遂為家。

她突然明白了卓倫哥哥的意思。這滔滔亂世誰主沉浮，雖然還一時難料，但卓倫已經感覺到了一個王朝傾斜乃至覆滅的跡象，他只是不好直說。她回到上海，跟相聚在一起的兄妹們私下裏談論國是，其中的一位大哥在幾十年後這樣回憶：

她當時問，共產黨和國民黨，最後哪個能夠坐江山？我說，你想吧，天下窮人多還是富人多？她說那當然是窮人多呀。我說，這不就明白了嗎，共產黨是替窮人說話的，窮人都跟着共產黨走，共產黨得到了大多數老百姓的支持，將來誰坐江山還不清楚嗎？

在上海，她還聽到一位親戚說，將來掌權者會對地主資本家不客氣的，這叫「階級鬥爭」。

她問，擁有多少土地才算地主？親戚裏面，沒有人能夠回答她。不過有一點，他們倒是解釋得很清楚，這裏的「地主」，並不單純是土地主人的縮寫，而是具有另外一種意義——那肯定是貧苦大眾的對立面。

畢竟在國外太久，她對國內的政治格局不太懂，很多疑惑得不到正解。在返回比利時的途中，錢秀玲做出了一個並非內心所願的決定：暫時留在比利時。畢竟，這個國家二戰結束以後正在迅速恢復秩序，生活正在改善；上自國王，下至平民，走到哪裏別人都知道她。尊嚴和體面並不是一種高高在上的奢侈品，而是平淡生活裏有足夠信任的氛圍。她已經是四個孩子的母親，那個熱氣騰騰的家，也在每時每刻地呼喚她。

一朝辭此地，四海遂為家。她讀到這兩句詩，心裏便有苦楚的意味在。

不能忽略她彼時內心深處的一個夢的甦醒。回到魯汶大學，做教師，從事研究，向居里夫人靠攏。早年的奢望已經變成了平心靜氣的致敬，當然，如果可能，她還想搏一搏。

最終的結果是，他們的家搬到了布魯塞爾。她去了魯汶大學任教。在埃爾伯蒙村開診所並沒有讓他們擁有很多積蓄，因為，戰亂的年景裏，他們半點也不肯太多為難囊中羞澀的病人。葛利夏不是一個語言的巨人，但他內心的慈悲，常常表現在對病人的態度上。而口碑這樣一種東西，在他們離去時，便悄悄地切換成眾人眼裏不捨的淚水。

斯捷潘神父要為他們舉行一個隆重的送別儀式，被他們婉謝。一輛馬車送他們去火車站，帶着他們簡單的行囊。他們來的時候只有一個孩子，現在已經兒女成群。另外一些醫療器械和家具，則已提前託運到布魯塞爾。

阿葆特太太那幾天一直以淚洗面。在她的生活裏，葛利夏大夫的診所已然是一個地標性的建築。而她兒子羅格爾的救命恩人

錢女士，更是她無話不談的好友。前不久羅格爾已從德國集中營返回家中，緊接着就是一場有全村人參加的盛大婚禮。葛利夏夫婦榮幸地擔任證婚人。錢秀玲一家離開埃爾伯蒙村的那天，他們全家人——包括羅格爾的新婚太太，都到火車站去送行。斯捷潘神父當然一馬當先，不過他那天情緒有些不振，他嘴裏一直在喃喃地說些什麼，沒有人能夠聽得清楚。當火車開動的時候，他突然淚如泉湧，掩着臉背過身去。

一切就這樣簡單。他們的來，和他們的走，都是悄悄的。而一些聞訊趕來的村民聚在簡陋的月台上拚命向他們招手。

葛利夏大夫在銀行貸了一筆款，買下了布魯塞爾市區地段還算不錯的一套二手房，還給孩子們請了一位荷蘭裔的保姆。錢秀玲每天坐輕軌列車去魯汶大學上班，有時深夜才到家，孩子們已經睡下，葛利夏大夫的夜班似乎總是很多，沒有他在的家，總是缺少一點生氣。辛苦對於錢秀玲來說真的不算什麼，她很享受這一份奔波。但願這樣平淡而有序的生活永遠不要改變，她從不會對生活裏的庸常和瑣碎挑三揀四，生活的豐富肌理，要靠內心豐富的人來感知。直到有一天，報紙上的一條重要新聞，打破了她往日的平靜。她突然覺得，又有一扇緊閉的大門橫在她的面前。

德國戰犯法肯豪森將軍從國外被押回比利時審判

這條標題新聞一連多天叩擊着她的內心。

之前她曾經多次在葛利夏面前唸叨那位突然音訊全無的德國將軍。每當媒體問及她拯救人質的行動，她都會毫不猶豫地說出

法肯豪森將軍的名字。戰爭總是製造出太多天各一方的相互牽掛，就她而言，法肯豪森將軍首先是一位令她敬重的長輩。他們一起面對的那些危急時刻，已然鐫刻在她內心的深處。甚至他的為人和風範，也悄悄改變着她的性格。沒有他，哪裏會有什麼拯救故事。

終於，法肯豪森的消息慢慢地從一些隱祕的地方向她招手並且匯集。而她不知不覺變成了一個絮絮叨叨的解說者，凡是在她認為有必要的場合，她都會反覆講述法肯豪森將軍在她的拯救行動中的關鍵作用。

司法部、最高法院、台灣當局駐比利時「大使館」、聖雷那德大監獄，她頻繁出入這些她平時八竿子挨不着的部門機構。她的詢問老是讓人心生奇怪。但她是錢秀玲，大家耳熟能詳的「國家英雄」，沒有人不想給她面子。於是，像一些模糊而零碎的拼圖，一九四四年以後法肯豪森將軍的際遇，帶着它們各自的慘痛和憋屈，慢慢呈現在錢秀玲的面前。

一九四四年七月三十日，六十六歲的法肯豪森將軍，被關進德國一個偏僻的集中營裏。對於即將到來的各種「享受」，雖然有着足夠的心理準備，但是，當他置身於一間臭氣熏天的逼仄牢房，被黑壓壓的臭蟲跳蚤蟑螂輪番進攻的時候，他還是感到自己被逼到了心理承受的底線。之後長達將近半年的監禁，忍飢捱餓的日日夜夜，沒有一個人跟他說過一句話。這種冷暴力的最終目的，就是要讓他在「靜默」中被憋死，至少是精神崩潰。

一九四五年四月三十日，希特勒自殺。歷史翻過了沉重的一頁。

其時法肯豪森將軍已被輾轉關押在意大利的南提羅爾監獄。

他自己也記不清被關過多少個監獄了。盟軍進攻的槍炮聲在四周響起，以一個職業軍人的警覺，法肯豪森將軍知道自己的大限將至，因為逃跑前的大屠殺是失敗者的家常便飯。關押他們的黨衛隊不可能留下任何一個「活口」作為以後的罪證。不過，盟軍的進攻速度超出了所有人的想像。

一九四五年五月四日在南提羅爾的下多夫監獄，很多人是被美軍解救出來的。當時，看守他們的祕密警察正打算把他們全部處決，馮·法肯豪森後來被比利時人作為戰犯審訊，在監獄裏候審，關押了四年。

——威廉·夏伊勒《第三帝國的興亡》（下卷）

如此，法肯豪森與其他被關押的人員僥倖活了下來。

《第三帝國的興亡》一書還披露了這樣一個細節：美國軍人一開始並不知道這些赫赫有名的第三帝國的高級將領都是反希特勒的。幸虧有一位名叫施拉勃倫道夫的德國反戰軍官，正在遭受審訊。他曾經參加了刺殺希特勒的行動而未能成功。此時，一顆美軍的炮彈炸死了審判官卻讓他死裏逃生。他向美軍指認了被關押人士中的一些反對希特勒的德國高級將領，其中就有法肯豪森。

像法肯豪森這樣的人，對於生死的認識，跟普通人應該是不一樣的。縱觀他長達幾十年的軍人生涯，從參加八國聯軍侵略中國，到幫助國民黨打共產黨，再到協助日本人在東亞擴張，最後擔任德國駐比利時的最高軍政總督，要麼殺人，要麼差點被殺，血流成河與屍體遍野都是他日常生活的景致。說他有一根神經總

是處於麻痺狀態或許不太公平，因為他的人性沒有泯滅，良心還時時醒着。公平與正義、自由與博愛，這些沒有被肢解的信念一直像血液一樣流淌在他的軀體裏。

他一生遺憾多多。就生活而言，他曾經被劫財，房屋遭到焚毀。所幸有一個心愛的妻子，卻沒有跟她生下一兒半女。他喜歡孩子，但上帝對他比較吝嗇。與他聚少離多的妻子韋德考珀，在戰亂中幾度離散，病體還被截肢，最後的病痛讓她死在一家異國他鄉的中下等醫院裏。

一九四八年三月二十一日，被關押了三年零八個月，輾轉了德國、英國、法國、荷蘭等多所監獄的法肯豪森，以頭號戰犯身份，被關押到比利時首都布魯塞爾，關押在戒備森嚴的聖雷那德監獄，等待接受比利時軍事法庭的審判。

⋯⋯人們把納粹在比利時犯下的滔天罪行，把痛失親人的悲憤與仇恨，全部算到這位前「總督」身上，要求絞死他的呼聲，一浪高過一浪！

——張雅文《與魔鬼博弈》

在這樣一個特定的時刻，憑錢秀玲的一己之力，要為一個德國頭號戰犯翻案，無疑比登天還難。

好像是一種冥冥之中的慣性，她又給卓倫哥哥寫信——其時他已經跟隨敗退的國民黨到了台灣。不過，蔣介石政權的核心部門已經找不到一個叫錢卓倫的人了。場面上的一個虛職，讓他過早地品嚐着被邊緣化的滋味——這是公眾對此事的認識。於

錢卓倫本人來說，他卻早就有心理準備，而且安身樂命。這一切錢秀玲後來才知道。卓倫哥哥變得比以前更消沉，這種直覺於她並無答案，在內心裏她默默為他祈禱。

她在信中告訴卓倫哥哥關於法肯豪森的境況，其心殷殷，落滿紙端。很快卓倫回信了，他感到震驚而無奈，希望她盡一切力量幫助這位身陷囹圄的德國將軍，並且，他已經通過渠道把法肯豪森的境遇報告給了蔣介石。據說蔣介石批了十萬美元，通過當時的台灣當局駐比利時「大使館」轉交給了法肯豪森——天知道他會不會收到。

然後，她決定去探監。她知道這非常難。不過，她決心已定。葛利夏大夫對這件事沒有發表意見，他知道他的東方玲一旦發力，沒有人可以阻攔她，不過他覺得比利時政府不太可能讓法肯豪森活着出來。好在他和妻子有個默契的約定，當一方做出一個決定，另一方沒有反對的時候，哪怕是有所保留的沉默，就算是支持。

她硬着頭皮去闖蔣介石政權駐這裏的「邦交使館」，起先並沒有得到積極的回應。她一次一次地跑，說動了「使館」的一名要員，他知道了錢秀玲的真實身份，答應予以斡旋，但他提出需要給他時間。因為大使館跟東道國之間，只有請求而沒有命令。一週過去了，沒有消息。錢秀玲覺得不能這樣被動地等待，她冷靜下來細想想，自己也有問題，那就是投入的精力不夠。她每天要上班，案頭的工作常常做到深夜。家裏還有一堆孩子。她想起早年父親常常講的一句話：蠟燭不能兩頭燒。她當下最重要的事，是為法肯豪森辯護。而且時間緊迫，想來，那個陰森冰冷的

絞刑架已經在向法肯豪森招手。

魯汶大學的那個教師職位於她，原本應該是最合適的。她喜歡母校的學術氣氛，那裏也是她收穫愛情的地方。但是，時間待長了，她隱隱發現了一個致命的問題，那就是無處不在卻又隱祕難覓的排外傾向。

她是助理教授。她有論文，有實驗成果。但是她輪不到升職，重要的學術活動，她常常得不到機會。重大的科研項目，也不容她染指，故而也申請不到相關的經費。國家授予她的那個榮譽，在相對獨立的大學，幾乎是被置若罔聞的。人們念念不忘的是她的中國人身份。雖然比利時王國從一八三九年在著名的《倫敦條約》中就宣稱「永久中立」，但是它的意識形態不可能脫離當時歐洲資本主義國家的主流傾向。一個來自中國的女人，要在魯汶大學這樣的歐洲排名前十的大學獲得教授席位，可能是天方夜譚的現實版本。

她的已經退休的導師威爾遜教授曾經婉轉地向她表達過深切的遺憾 —— 他無法幫到她。她要麼一直這樣默默無聞，要麼選擇離開。去哪裏呢？沒有人可以給出方向。

她不知不覺走到了一個人生的三岔路口。她總得放棄一些什麼，然後攢緊她最想要的。否則她會太累。

這個時候她的腦子特別清醒。救法肯豪森，需要大量精力。這跟當年她把一份人質名單交給法肯豪森請求幫助不是一回事。這裏的工作將更為艱難。至於魯汶大學，她奈何不了它，雖然她心裏是愛它的，但是，且慢慢來，她內心給出的一個詞組是：暫別。等她把自己的緊要事情辦完，她為什麼不可以捲土重來呢？

一座幾百年歷史的名校，值得她用一生去仰望。即便是它的一些上不了台面的傲慢與偏見沒有被改變，她也可以尋找哪怕是萬分之一的可能去改寫它。

骨子裏她就是這麼一個達觀的人。她的辭職信用詞溫和、筆調婉轉，甚至有點幽默。反正沒有一點點怨天尤人。

就這樣，魯汶大學被她扔在了腦後。她再也不用每天去趕早晚班的火車了。她全力以赴地準備着與法肯豪森的見面。終於，有一天，她獲得批准。她梳理了一下思路，然後信心滿滿地前往那座古老而陰森的聖雷那德監獄。

起先，監獄當局把她和法肯豪森的見面安排在一間臨時的會客室。但錢秀玲謝絕了，她提出，希望在關押他的牢房裏見面。她想知道法肯豪森最真實的生存狀態，她也怕竊聽或受到干擾——在她的概念裏，牢房的安全係數會高一些。

監獄方面同意了。錢秀玲過後才知道，由於錢卓倫的努力，台灣當局駐比利時「使館」再次知會比利時政府，要求對法肯豪森的待遇網開一面。只是監獄方面還沒有來得及執行。

儘管她對法肯豪森的境遇做過最壞的推算，但當她真正見到他時，她還是被他那副萬念俱灰的樣子所驚呆。是的，你不能指望一個長期被關押的囚犯有着多好的精神狀態，但是，當一個類似行屍走肉的人，蜷縮在破爛牢房的一角，呆怔怔地、毫無反應地看着你，兩隻深陷的眼睛如同陰森森的黑洞，泛不出半點光亮，而這個人曾經是那麼高大健碩，你的內心是怎樣的一種感受呢？

錢秀玲捂住自己的胸口，她感到一陣窒息。

確實，彼時的法肯豪森，就是一具僅僅還會呼吸的僵屍。

坐在他面前的這個年輕女人，她是誰？她帶進來的一股清朗氣場，蕩滌着這陰暗牢房的每一寸空間。他渾濁的胸腔裏，仿佛被注入了一股清流。陰霾般的晦氣突然被驅散了，麻木的心靈一點一點甦醒過來。他終於看清，面前的這個女人，是錢女士！

他掙扎着從一堆破爛的氈毯裏坐起來，驚詫地説：

「怎麼是你？啊，錢女士！」

「將軍，我來看您了！」

她俯下身子去攙扶他，那簡直就是一把冰涼的骨頭。他的瘦骨嶙峋的雙手骨節粗大，因為皮肉稀薄，蚯枝一樣鼓突着；雞皮疙瘩的手背上，佈滿了淺褐色的老年斑。

止不住的眼淚順着她的臉頰往下淌。

她把他扶到獄警臨時搬進來的一把椅子上，自己就站在他的對面，看着他，説：「將軍，您受苦了。」

除了簡單的問候，她腦子裏一片空白。原先想好的一些話，一句也想不起來。心裏一直在難過，這一生她還從來沒有經歷過這樣的場面。

她把獲准帶進來的水果和點心打開，當一股水果的清香瀰漫在牢房上空的時候，法肯豪森重重地打了一個噴嚏。

「將軍，請您相信，您為拯救比利時人質所做的努力，是不會被抹殺的。您一定要振作起來，我會經常來看您的。」

法肯豪森幾乎不相信自己的耳朵。

「錢女士，謝謝您，我已經是個死過無數次的人，一切都為時已晚了，我知道地獄是怎麼回事。謝謝您，以後您就不要來了。」

他的聲音脆弱，像一個泄氣的風箱。但是，錢秀玲接下來的一席話，讓他黯淡的眼珠慢慢地有了光亮。

「不，將軍，您必須活着，您有權利活着。您當年曾經鼓勵我，要好好活着。那麼多被您拯救的人，他們現在都活得很好，他們都希望見到您，希望您跟他們一樣，可以享受自由的陽光。因為，為了這個世界的和平，您也盡過自己的一份力。」

淚水在法肯豪森的枯井般的眼眶裏，一顆一顆地往下掉。他一度哽咽，幾番背過身去。

她轉達了卓倫哥哥的問候。並且告訴他，他的老朋友，那個曾經統治中國大陸，如今敗退到了一個叫台灣的島嶼上的那個蔣先生，也惦記着他。她提到了那十萬美元。法肯豪森一臉茫然地看着她，許久，呼吸突然急促起來，乾瘦的胸脯起伏着，像洶湧浪潮裏即將被吞噬的獨木舟。

會見的規定時間很快就過去了。仿佛被注射了嗎啡，法肯豪森的精神在某個瞬間裏，突然旺起來，居然能站起來送她到門口。

他朝她揮手的時候，那種將軍的威嚴風度突然又回來了，佝僂的腰背突然挺得很直。這個情景讓錢秀玲感慨萬端。她回到家，把在監獄裏所見的一切講給葛利夏聽。葛利夏突然咕嚕了一句：「奇跡在你這裏，都是平常事。」

什麼意思啊！錢秀玲有點不高興。難道你覺得，像法肯豪森這樣的好人，不應該還他一個公平公正嗎？

葛利夏大夫搓搓手。他的沉默一點也不難看。或許在大的理念上，他跟東方玲並沒有大的差異。他也認為法肯豪森是個好人。但是，作為一個男人，總是不希望自己的女人為了另外一個

男人 —— 儘管他可以做她的父親 —— 去投入太多的精力。排除掉那個說不出口的原因，還因為風險太大，沒有人會憐憫一個頭號戰犯 —— 輿論會一邊倒的。在他看來，那個被他的東方玲緊緊攥住的所謂希望，不但渺茫，而且有着覆滅的危險。而她在魯汶大學的際遇並不讓他驚訝，或許在他的潛意識裏，女人的天花板比男人總要低一些，既然升職無望，那麼就相夫教子，再給他生個孩子 —— 他們可是約定要五個孩子的呀。

他們的夫妻關係裏，平時錢秀玲很依賴他。但在大是大非面前，她顯然是強勢的、不依不饒的。每當這樣的時候，佩令吉就選擇了撤退和妥協 —— 那不是消極的觀望，而是帶有沉默地從不理解中去尋求理解。

錢秀玲給自己排出了一張計劃表：

一、召開記者招待會，向媒體講述法肯豪森為拯救人質所做貢獻的事跡；

二、去艾克興和埃爾伯蒙，找到那些被法肯豪森將軍拯救的人質，請他們聯合簽名；

三、撰寫文章，闡明觀點，為法肯豪森聲援。在比利時影響最大的《最後一點鐘報》上發表；

四、聘請律師，關鍵的時候為法肯豪森辯護。

做所有的這一切，除了精力，還需要一筆錢。

他們的積蓄不多。四個孩子開銷很大，葛利夏每個月還要拿出一筆錢貼補他那年邁的雙親。錢秀玲知道自己的家底。但是她跟葛利夏提起錢的事，他一口答應。說，那當然，你不用為錢的事擔心。還跟她開玩笑：「你名字裏就有錢，這輩子還怕缺錢嗎？」

之後錢秀玲第二次去聖雷那德監獄探望法肯豪森將軍，聽他講述他在德國參加反對希特勒祕密組織並不止一次實施暗殺的經歷。他告訴她，從一九三三年起，他就開始反對希特勒。當時還沒有一個嚴密的組織，但是，一些正直的軍人會在私下裏聚會，談論如何對付那個把德國拖向無邊深淵的魔鬼。

　　仿佛跟着他走進一個幽暗的隧洞，裏面有各種猙獰的怪獸，然後是激流，漩渦，不斷被巨浪衝擊的礁石，差點被覆舟的驚險。時間總是太短，每一次都是他剛剛講了一個開頭，會見結束的時間就到了。

　　意猶未盡的結果是，催生了一篇原本以為會很難落地的文稿。輾轉往返的路途上，只要她靜下心來，就會有一種強勢的聲音——仿佛不是來自她的心底，而是來自天際。那是為法肯豪森辯護的聲音。它剛正、磊落、洪亮、擲地有聲，顯示出一種百折不回的堅韌。一字一句如鼓點一樣，擂在她的心口。她怕接不住那些聲音，趕緊地跑回家去，把自己關進書房，她就是一個聽寫者，她認定那個聲音來自公正的天庭，她不相信上帝，但此刻她相信天地之間會有一種正義的能量，它是可以殺伐邪惡，震懾人心的。

　　也不知道寫了幾天，反正一大摞稿紙。錢秀玲完全忘記了自己。修改後的文稿壓縮成三千多字。報社的一位名叫斯塔夫的編輯提醒她，文章不要太長，揀最重要的説清楚；比如，一件衣服的來歷，並不需要從種植棉花説起。即將在《最後一點鐘報》上發表的那篇文章，題目為《一個真實的反戰勇士——法肯豪森將軍拯救人質記》。

她認定了自己要為法肯豪森將軍豁出去。文章交給報社後，她對自己的處境做了最壞的估計——坐牢或許還不至於，但會被輿論壓倒。眾口一詞的反對、諷刺甚至污蔑——她都得有心理準備。

她和葛利夏進行了一次掏心掏肺的談話。她問他，為法肯豪森辯護，最壞的結果會是什麼？

葛利夏反問她：這是你最後的決定嗎？要麼，你還留有後路？或者是真的一點都不猶豫？

錢秀玲不假思索地說：絕無反悔。

葛利夏抓起了她的一隻手。

「大不了，我們再回埃爾伯蒙村開診所去。」

他那雙善良的、灰褐色的眼睛裏泛出的溫暖的光亮，讓錢秀玲感覺，她從來都是一個有依靠的女人。

報紙終於發表了她那篇文章。讓她感到不悅的是，其中的一些觀點，比如她對法肯豪森將軍的歷史定位，他參加祕密的反希特勒組織的一些細節，都被刪掉了。

她給編輯斯塔夫打電話——他也是魯汶大學畢業的，新聞系，同屆生，他們是在學校的聯歡活動上認識的——表達了自己的不滿。

斯塔夫在電話裏委屈地說，他已經盡力了。如果不是他的力爭，也許這篇文章還得壓縮，甚至不會被刊登在要聞版上。

他的言外之意是，主編對這篇文章的某些觀點持不同觀點，作為一家客觀中立的報紙，他們原本是不該刪除作者的觀點的，但是，由於涉及一位頭號戰犯，報社當局不能不顧及廣大讀者的感受。

然後他吞吞吐吐地說，報紙剛出版，編輯部就接到一些讀者打來的電話，有怒氣衝衝的，也有冷嘲熱諷的，甚至有的人說，要見見錢女士，當面與她辯論。

　　錢秀玲一點也不意外。說，好啊，我不怕有人反對，就怕無人問津。

　　葛利夏下班回來，悶聲不響的。這並非他的常態。錢秀玲一眼就看出他心裏有事。他是個不會掩飾的人，好好壞壞都寫在臉上。錢秀玲斷定他的情緒與她發表在報紙上的文章有關。她也不問，只當什麼都沒有發生。葛利夏的特點是，他想跟你說的，一句也藏不住；他不想告訴你的，打死他也不會吐一個字。

　　可是，晚上，躺在一個被窩裏，當錢秀玲背過身去熄燈的時候，葛利夏憋不住了，他一把拽住玲的肩臂，說：「玲，我們還是去埃爾伯蒙村吧！」

　　她依偎在他的寬厚的懷裏，聲音柔柔地：「親愛的，是不是輿論的壓力讓你頂不住了？」

　　葛利夏沒有正面回答她。他只是說，他懷念在埃爾伯蒙村的日子。

　　後來錢秀玲才知道葛利夏供職的那家醫院的院長，一個名叫科恩內利斯的胸外科專家，他是葛利夏崇拜的人，二戰時期他的家庭有四個人死於納粹的一次轟炸之下，當他得知報紙上那篇荒誕不經的文章是出於葛利夏大夫的妻子之手，他居然把葛利夏叫去說了一通。因為激動，科恩內利斯先生的情緒有點失控，話語自然不會那麼好聽。而且葛利夏從頭至尾的沉默讓他很難堪，最後葛利夏說了這樣一句話：

「我敬重的院長先生，我能為您做些什麼呢？把我太太叫來當面跟您辯論嗎？我可看不出您一定會贏。」

禮貌地鞠躬，這是他很少出現的肢體語言。他走了。回到辦公室他就找紙筆，他要辭職。然後，那封字跡潦草的辭職信很快飛到了院長的案頭。

院長祕書，一個滿臉雀斑的紅頭髮年輕人神情緊張地找到他，代表院長向他申明，他們之間的觀點交鋒只限於討論範疇，對葛利夏大夫出色的工作和日臻完美的醫術，科恩內利斯院長深表滿意，他不會在辭職信上簽字的。

這是一生謹慎穩重的葛利夏大夫偶爾出現的一次「急躁」。像他這樣沒有城府的人，你只能將此解讀為耿介。而錢秀玲的觀點是，眼下只有布魯塞爾才是前線。她不能離開。她對葛利夏的表現只給了一個「及格」分，她告訴他，千萬不能用力過猛，更不能樹敵太多。事實上，那位院長在根本上跟我們沒有分歧，只是因為，像法肯豪森這樣的人，身上的遮蔽物太多。中國有句古語，叫作「跳進黃河洗不清」。讓一些無辜的人充當某個時代的殉葬品，這是歷史老人慣用的一個伎倆。把對納粹的仇恨集中到一個即將被審判的戰犯身上，難道有錯嗎？當一場預料中的軒然大波已然來臨的時候，錢秀玲一點也不膽怯，相反有一種出征的亢奮。

一個意外，來自一位不速之客的造訪。錢秀玲開始沒有很重視這個看上去四十多歲的女人，因為，那段時間裏，老是有一些很容易激動的人來訪，基本都是來跟她辯論的 —— 有時候確實很搞笑，他們一律真誠，也大都神經質，都說自己睡眠不好，敏

感易怒，他們不同意給那個德國老頭赦免罪行，仿佛她是那個可以一錘定音的大法官。然後，一看時間不早了，他們便罵罵咧咧地離去。

這一個卻不一樣。你不能說她其貌不揚，但氣質也說不上有多高貴。衣着是平常的，笑起來的時候，滄桑感會迅速爬上她的額頭和眼眶周圍。她沉靜而練達，從話語到動作，節奏都稍微緩慢。

這天，錢秀玲家裏來了一位四十多歲、身材高挑的女人，進門就自我介紹，她叫西西拉溫特，生於一九〇六年，一九二六年五月與第一任丈夫結婚，後來離婚了。她在二戰中由於反納粹有功，曾榮獲比利時政府頒發的英雄勳章。他們全家對納粹都恨之入骨。可是她看到了錢秀玲的文章，卻被法肯豪森將軍那種超越國家與民族的正義感，深深地打動了。因為她曾經被蓋世太保逮捕過，是朋友找到了法肯豪森將軍求情救了她。

——張雅文《與魔鬼博弈》

居然有人入戲，且很深。唯一的原因竟然是看了錢秀玲的文章。這讓錢秀玲驚呆片刻。她之前低估了文字的力量，怪不得那些文科生都一個個心高氣傲的。

西西拉溫特開門見山地說自己愛上了法肯豪森將軍。她這個不大不小的年齡，當着一個第一次見面的陌生朋友，開口就說自己愛上一個德國戰犯，一點也不怕忌諱，居然還讓對方不怎麼感到唐突——要麼是愛情的力量，要麼是經歷過生死的人把一切

自己不在乎的東西，諸如面子、名聲之類的視如草芥。她甚至還說，如果他能出獄，她願意跟他走，無論天涯海角。不，實際上當她讀完錢秀玲的文章，她在精神上就跟他融為一體了。

錢秀玲珍視她的到來。一席交談讓她們之間一下子縮短了距離。在西西拉溫特的敘述裏，她相信這個世界的很多拍案驚奇，起點都是從內心出發的。

可不是嗎，被法肯豪森將軍深深吸引的西西拉溫特女士，放下那張改變她命運的報紙，就湧起一股去探監的衝動，只是她沒有錢秀玲那樣的身份和功課。她的第一次探監行動輕而易舉地以失敗告終，大門外的警衛根本就不予理會。坐過監獄的她當然知道，那個地方並不像公園，買張門票就可以自由出入。但除此她別無他法。她的急切心情，連同那些自己精心烹調製作的食物，一次次被打發回來。她的第二次和第三次冒險也乏善可陳。後來，某個被她感動的警衛偷偷地幫助了她，允許她留下那些精美的令人饞涎欲滴的食品。當然，抵達法肯豪森手裏的，已經不到十分之一。沒有人告訴他，這是誰的恩賜。這樣的情況接二連三地發生，他除了不斷加碼的納悶，至死都不會相信，有一個素昧平生的比利時女人為了他在高牆外徘徊。這與其說是他命中的「桃花運」，還不如說是上帝自感歉疚時，給出的一絲光亮。

「您知道法肯豪森將軍有多大年紀嗎？」

錢秀玲剛含蓄地問出這句話，西西拉溫特立即把話接了過去：

「我明白您的意思。我的前夫只比我大兩歲，可是，他的觀念還停留在中世紀。」

她的表情告訴錢秀玲，年齡不是問題。

「您的家人同意您這樣做嗎？」

錢秀玲不知不覺地為她有點擔心。

西西拉溫特使勁搖頭。她滿臉的失望表情，仿佛讓她一下子老了五歲。

「沒有一個是贊成的。不過，這些都不成問題。像我這樣的人，連死都無所謂。是的，如果不是法肯豪森將軍的拯救，早在一九四三年我就去了另一個世界。」

她說話直率，一點也不拐彎。看人的時候，眼光是直直的，帶着些鋒利。不可思議的是，她這樣經歷的人，還能遭遇一場愛情，而且來勢猛烈、無可阻擋 —— 誰能保證到最後那不是一場單相思呢。錢秀玲由此而感慨萬端。

最後，她把一封厚厚的信交到錢秀玲手裏。

「我信任您，您可以打開閱讀它。」

她說着，把一份坦然和自信的神態傳遞給錢秀玲，讓她感到，此人就是一直在「燈火闌珊處」等候法肯豪森出現的那個人，從即刻起，她再也不會走開。

「您放心，我一定會原封不動地把它送到將軍手裏，並且儘快。」

她把信封放到自己胸口。這一刻她是真心感動了。

不過，讓錢秀玲始料不及的是，法肯豪森在第一時間裏對這個消息反應冷漠。他告訴錢秀玲，前段時間，他是斷斷續續地收到一些獄方轉來的東西，除了食物，還有內衣，他很奇怪，那些內衣都是他合身的尺碼。當錢秀玲向他說明情況後，他突然掙扎着站起來說了一句話：「我不想見到這個人，讓她以後不要這樣做了！」

他表情冷漠，像一尊冷冰冰的正在風化的雕塑。錢秀玲明白他的意思，他是個將死之人，念想對於他來說已屬多餘。錢秀玲由此想到，最悲哀的黑暗，莫過於對黑暗的適應，而最可怕的黑暗，則是在黑暗中對光明的冷漠和淡忘。

她沒有回應他的話。少頃，她把那封藏在胸口貼袋裏的信遞給了他。

法肯豪森接信的時候猶豫了一下，仿佛他接過的是一個難料凶吉的謎底。

他費力地打開信封，那封信看上去很長，有好幾頁；字體雋秀。他讀得很慢，幾次停下來喘氣。

「簡直是天方夜譚。」

他閉上眼睛咕嚕道。

就像一個在黑暗中待得太久的人，突然出現的光亮會讓他睜不開眼睛。

「她是真心的。和您一樣，經歷過生死的考驗。」

錢秀玲委婉地勸他，多一個支持您的人有什麼不好呢？

「我這輩子欠女人的太多，我可不想在臨死前再去害一個女人！」

話是這樣說，聲音卻不再低弱，喘氣的聲音也加重了許多。雖然臉色還是陰沉沉的，但眼睛裏已經有咄咄逼人的光線。於是錢秀玲對這句話的解讀，自然會從反義上去想。假若僅僅是一潭死水，那麼任你隨便扔下多大的石頭，它都不會波濤洶湧；只有潮汐般的波動引發的驚濤駭浪，才能表明那是大海的特徵。

顯然法肯豪森將軍在慢慢復活中。

雖然還是氣若游絲，但沒關係，慢慢來。即便是他不願意再

聽錢秀玲說到類似的話題，她也不會在意。但她會提醒他，那個老是在監獄的高牆外為了思念他而徘徊不去的女子，不僅是他拯救的人之一，而且還是他最有力的支持者。她正以有限的一己之力，向不明真相的人們述說一個真正的反戰勇士為比利時人民所做的一切。

由此，錢秀玲對西西拉溫特的出現有了新的解讀——一個女人的一生裏，能遇到一個可以撞動她心靈的人，是多麼的不易啊。西西拉溫特是在以自己的行動叩問生命——如何用一個女人的方式，去撞開一扇鏽死了的大門。她要用自己曾經死去的心，去激活一個瀕死的靈魂。這又何嘗不是一次相互的拯救呢？

法肯豪森長長地歎了一口氣。那是一口被積鬱太久的濁氣，它盤踞在他的胸腔裏，吸噬着他的精氣神，讓他逐漸變成一具行屍走肉。他費了好大的力氣，終於把它吐出來了，那股氣浪帶着它自身的弧線，在那間狹小的牢房裏來回打轉，然後停留在空中久久不散。

他的身體似乎輕鬆了很多。

「對不起，請幫我把窗子打開。」

可是，一葉可憐巴巴的小窗，懸掛在監獄牆壁的上方，憑錢秀玲的身高，是夠不着它的；或許那扇小窗根本就不是讓人來打開它的，所以它才會懸得那麼高。

「嗯，在今天之前，我根本不知道這屋子裏還有一扇窗。」

他解嘲地說。

「不要和我再提那個女人，好嗎？」

臨別的時候，他又說。

錢秀玲明白法肯豪森的意思：在感情方面，自從他妻子死後，他的心情已經跟她一起入土了。

不過，這次會見還是讓她很有成就感。

見到西西拉溫特時，錢秀玲的轉述有點小心翼翼。她不能誇大這次會見的「成果」，但又希望能讓西西拉溫特感覺到些微的光亮。好在西西拉溫特並不死心。她知道那很難，所以才顯得高貴。這才是法肯豪森！一個有情有義的男人。她有時間，更有耐心。自從她踏進錢秀玲家門的那天起，她就已經踏上一條不歸之路。

接下來的關鍵詞是：開庭。

從一九五〇年九月到一九五一年一月，在四個多月的時間裏，最高法庭對法肯豪森的審判共開庭五十六次。

爭議的浪潮幾乎要顛覆比利時朝野。主張要殺法肯豪森的「主流派」們，振振有詞，振聾發聵。

為法肯豪森辯護的聲音很小。如果您不支起耳朵，您幾乎聽不到那個微弱的聲音──只是聲線的洪亮並不足以成為勝利者的特徵，倒是那個娓娓道來的東方女人，她的聲音一旦出現，全場便鴉雀無聲。

上自國王夫婦、首相和各位股肱大臣，下至布魯塞爾的普通市民都知道，有一個曾經獲得「國家英雄」勳章的中國女人，在不遺餘力地為法肯豪森──那個提起來就讓人咬牙切齒的德國戰犯請願辯護。

然而，令人沮喪的是，情況有點糟糕。幾乎是一面倒的聲浪。到處都在咬牙切齒，這是一個供所有人同仇敵愾的機會。英雄，受難者或家屬，小丑，政客，投機者，前偽政權的僱傭者，

都在利用這個機會表現自己，洗刷自己，不殺法肯豪森，何以平家仇國恨？！

眾口一詞的狀況似乎表明，一個曾經的納粹附庸國的國民並不真正缺鈣，當他們從國家傷口的廢墟裏站立起來時，他們需要一個斷頭台來祭祀那些無辜的亡靈，也證明自己的高尚無私與剛正勇敢。

可是，這個斷頭台上不應該出現一個盡自己最大努力幫助並解救那些瀕死人質的勇士，否則，這將是比利時的恥辱。

錢秀玲把這句話寫進了給法肯豪森辯護的文字裏。葛利夏大夫認為此言太激進，措辭應該緩和一些。錢秀玲卻堅持己見。她現在腦子裏老是會出現恍惚的鐘聲，細細諦聽，那可不是警鐘，而是正在為一顆冤屈的靈魂敲響的喪鐘。

好在，她的辯護詞上，並不只是一個孤獨的辯護者的一己之見。她的每一個觀點都有或正在尋找支撐。她去了艾克興，一個一個地去找到那些被法肯豪森拯救的人質，請他們簽名；她還去了埃爾伯蒙村，羅格爾一家人都在那份辯護詞上莊重地簽下他們的名字。還有一些她已經記不得名字的被拯救者，他們從周邊的村落趕來了，只有一句話，需要我們做些什麼？或者是，我們能為此做些什麼 —— 開庭的時候我們當然可以作證，如果讓一個拯救我們的好人白白送死，那可真是比利時的恥辱，當然也是我們的恥辱。

臨近最後一次開庭的日子快要到了。錢秀玲獲得一次和西西拉溫特一起去探監的機會。她注意到西西拉溫特很緊張，像個初次赴約的沒有談過戀愛的小姑娘。她跟在錢秀玲的身後，步履是

滯重的；登記，檢查，然後是等候接見的通知。當她跨上冰冷的花崗巖台階，轉過一個萬字廊，穿過一條長長的甬道，終於進到那個低矮且陰暗的監房時，她突然有一種休克的感覺，心狂跳，渾身痙攣，滿頭虛汗，一步也挪不開去。錢秀玲一時被嚇蒙，她攙着她，靠在牆邊。她想喊人，卻被西西拉溫特阻止了。少頃，西西拉溫特緩過來，説：「突然仿佛回到了從前，那種噩夢般的生活，每一分鐘都是煎熬。這裏的一切，和我當年被監禁的地方太相像了。」

她提出，今天不想跟法肯豪森將軍見面了。這樣的狀態，會把將軍嚇壞的。

「可是將軍今天有期待，監獄方面已經通知他了。是否我們先休息一下，把會見推遲半小時，我來跟獄方解釋。」

「不行。我狀態太差。我請求您幫幫我，下次我一定不會這樣了。」

她像一個溺水者抓住一根稻草，緊緊攥住她的手，眼神淒哀而無助。

錢秀玲不由自主地扶着她，一步一步往高牆外走。空氣有些滯重。西西拉溫特那單薄的身體就像一張紙，且感覺不到一點溫度。一個從來説話很用力的，甚至有點咄咄逼人的女子，突然會變得如此脆弱，簡直不可思議。

那次半途而廢的會見給了錢秀玲一個啟示：西西拉溫特和法肯豪森將軍終將有一天會走到一起。他們多次與死神擦肩而過，身上有一種類似異稟的東西會彼此照亮，那是什麼呢？她一時還難以表達，但她分明感受到了。她覺得，如果能讓

這一對攜手走向自由而幸福的天地，這將是她這一生最大的欣慰之一。

數十年後，錢秀玲的姪子——錢卓儒的兒子錢憲和這樣回憶道：

姑媽難得有一次說到她當時為法肯豪森將軍的案情奔走辯護的事。她當時已經做好了最壞的準備，或許會被剝奪國家榮譽，甚至坐牢。她都無所畏懼。她曾經說過這樣一句話，如果法肯豪森被處死，那麼正義的天平也就失去了分量，我這樣的人，只為自己的內心活着，價值觀被剝奪了，活着也是行屍走肉。

一九五一年一月二十七日。

誰也說不準那次開庭對法肯豪森意味着什麼。但知道內情的人大抵心裏有數，法庭無休止的開庭已經讓很多人心生厭煩——比利時歷史上很少殺過一個來自侵略國的四星上將戰犯。殺掉他，可以一振國威，蕩滌萎靡之氣。

可是這一天的開庭氣氛迥異。人特別多，有很多陌生面孔，據說他們來自艾克興和埃爾伯蒙小村，也有從其他地方趕來的。有一位坐在輪椅上的神父，雖然行動不便卻堅持要來，並且由他自己舉着一塊聲援法肯豪森將軍的牌子，落款是斯捷潘神父的全名。而推輪椅的青年男子，則是他的女婿羅格爾。

法肯豪森被帶進來的時候，幾乎沒有引起人們的注意。因為這個場景不再新鮮，在大部分人心目中，他不過是一具苟延殘喘的行屍走肉而已。他顫顫巍巍地走向被告席，坐下之後就微閉雙

眼，一動不動的樣子仿佛在打坐。後來他告訴錢秀玲，那天一開始他感覺非常不好，似乎已經看到斷頭台上的絞索在他眼前晃動。之前的若干次開庭，一點一點地消磨着他的意志，泯滅着他內心積蓄的那點可憐的光亮。讓一切該來的早點到來吧，無非一死——那並不足惜，只是他的所作所為並沒有被更多的比利時人所理解，他只能帶着這份遺憾去向另一個世界了。

略過那些冗長的開庭程序，人們把目光聚焦到那個黃皮膚黑頭髮、明眸皓齒的錢女士身上，她身材高大的丈夫坐在她的身後，看上去似乎神情自若而額頭卻不斷在冒汗。錢秀玲端坐在辯護人位置的正中。她身着黑白兩色的外套，還是東方女性的簡潔頭飾。她手頭的卷宗很厚，人們注意到她的自信表情似乎一多半來自它們。儘管從頭至尾她很少去打開——當所有的證詞都爛熟於心的時候，卷宗或許就是某種擺設。

當法官大人宣佈，由辯護人格里高利·佩令吉夫人錢秀玲女士發言時，四座突然靜默，如入寂谷。

不能上來就講故事，經歷過戰爭的人們，對於故事，哪怕是充滿了傳奇的故事，都已經麻木了。錢秀玲深諳這一點。

錢秀玲選擇了一個場景，她不是以講故事的語氣，而是引導人們進入某種回憶——最後一次，她去懇求法肯豪森將軍拯救那九十六位人質的那個凌晨。她說道，當法肯豪森將軍冒着生命危險，最後一次簽署赦免那些性命岌岌可危的人質以死刑的命令時，蓋世太保的竊聽器就安在隔壁，他非常清楚自己的處境，卻沒有半點猶豫。

我在將軍的辦公室外見到了那些晃動的人影。後來我知道他們持有希特勒的手令，他們隨時有可能把他抓走。法肯豪森將軍彼時或許可以為自己找一條退路，但是，我親眼見到的是，他在最後關頭的堅毅和無畏。

後來他告訴我，不必感謝他，而是他要感謝那些抵抗組織的勇士，因為從一九三三年起，他就加入反對希特勒的陣營裏。那些人質冒着生命危險所做的事，跟他內心的目標是一致的。

然後她宣讀了一份由眾多被拯救人質簽名的聯名狀。她讀到一個名字的時候，法庭上就有一個人緩緩地站起來，向全場示意。

然後，那些證人排隊走到法肯豪森面前，向他鞠躬致意。

錢秀玲驚呆了。這不是她的安排。沒有任何人可以彩排這一切。

法肯豪森失控地號啕起來。

此時場內有騷動，媒體記者抑制不住衝動上前拍照，被法警阻攔；有些人鼓掌，儘管不很熱烈；神聖的大法官頗有些動容；陪審團的那些莊嚴面孔也有紅暈上臉，感人的東西是會傳染的——這的確是一齣好戲，但不是好萊塢大片，而是真真切切的比利時當代傳奇。人們恍惚記得，當一個流亡政府寄居在英國的時候，它的人民卻在以自己的方式進行着殊死的抵抗，而侵略者的最高司令竟然不顧自己的性命安危，一再拯救那些不要命的抵抗人士。原本以為，法肯豪森的下場一定會效法原德國派駐荷蘭的軍政總督英夸特那樣，在被送上絞刑架的時候，一掬絕望之淚。可是，劇情在逆轉，大量證詞不但真實可信，而且無可辯駁。化學、物理學雙博士錢秀玲並沒有學過法律，但她以事實為

依據的求證功夫幾乎無懈可擊。

莊嚴的法官不得不宣佈休庭十五分鐘。

西西拉溫特一直在注視着法肯豪森將軍。她多想走過去，給他遞一塊手帕，給他倒一杯水。儘管莊嚴的法庭不允許任何人接近他，但她分明感受到了他的氣場。他的心在劇烈跳動，血液在加快奔流。錢秀玲的證詞和眾多證人的出場作證乃至排隊鞠躬，如後浪推逐前浪，擊拍着法肯豪森將軍死水一般的內心，激活了他求生的慾望。

作為證人之一，西西拉溫特請求在最後一個發言。她的語調溫和而平靜，好像她不是在為一個戰犯作證，而是在朗誦莎士比亞的十四行詩。這跟她之前的語風不搭。沒有人知道，她為此曾經煞費苦心。示弱而不是逞強，以最小的角度，闡述一個被拯救者的心懷 —— 她強調自己的第二次生命是法肯豪森將軍給的，給予她光明和溫暖，給予她活下去的勇氣，而還給法肯豪森將軍以清白和自由，才會顯示文明世界的正義力量。

……我出獄以後一度精神恍惚而憂鬱。曾經想到過自殺。讓我戰勝疾病和自我的唯一力量，就是那個伸出援手救助我的人。我原以為，他的名字對於我來說只是一個符號，他就是上帝伸出的那隻仁慈的手。我沒有想過，他是一個被遮蔽和滿心委屈的人，更是一個受到長期非人道折磨卻依然頑強活着的人。過去我只以為，我能好好活着，就是對他最好的感恩與回報。當我知道了他的境遇，我突然覺得，拯救我的人在受難，我活着的每一天都很煎熬。之前我從來沒有見過他，但我想像過他的樣子。今

天，我終於見到他了，他真的好可憐啊！如果法庭真的要判處他死刑，那麼公平和正義就將跌落到萬丈深淵。我想以自己微弱的聲音懇求法庭，尊敬的法官先生，陪審團的先生們，如果莊嚴的法庭堅持判處他死刑，那麼我願意替他去死。我想一再表明的是，一個給予很多人第二次生命的人，應該是無罪的。

她幾度哽咽，說不下去的時候，身體出現痙攣。當她扶住了證人席的欄杆，堅持說完了最後一個字的時候，已然是滿頭冷汗。

錢秀玲的眼睛被淚水打濕了。她注意到，法肯豪森將軍眼睛裏一直有淚光。他佝僂着的後背，在西西拉溫特的語境裏慢慢挺直起來了。

此時有密集掌聲。包括陪審團的成員，長期的一成不變的傲慢與矜持，讓他們對鼓掌這樣一種基本的肢體語言變得疏離而陌生。現場記者斯塔夫在他的一篇《法庭目擊記》裏這樣寫道：

陪審團的先生們這一天在法庭現場增加了一項肢體運動：鼓掌。為法肯豪森的辯護人與證人 —— 佩令吉夫人錢秀玲女士和西西拉溫特女士。這對他們來說是意外且陌生的勞動，因為他們從不鼓掌。看上去他們儀態如常，只是臉上有少許紅暈 —— 仿佛他們剛從一家上演莎士比亞戲劇的豪華包廂裏走出來，可能是劇情的波詭雲譎讓他們過度入戲。

庭審一結束，西西拉溫特就奔到錢秀玲面前，連聲說對不

起。她覺得自己今天有點搶戲 —— 喧賓奪主，把眾人的注意力集中到了自己身上。

「不過我不是故意的。我跟您一樣，只是想救他。」

錢秀玲一把摟住她，説：「傻瓜，什麼搶戲啊，你把陪審團的那些人給征服了。你沒看到將軍都流淚了嗎！」

第二天布魯塞爾的各大報紙刊登了法庭庭審的照片。除了淚流滿面的法肯豪森，還有兩個女人 —— 錢秀玲居中，西西拉溫特的照片比她的要小很多，而且位置在她的下方。

關於錢秀玲，《最後一點鐘報》的報道這樣寫道：

她儼然是一個總導演。顯然法官先生的戲碼被她輕而易舉地搶走了，她不動聲色地掌控着全場的節奏，那些證人的抵達，讓她面前的卷宗具有無可辯駁的力量。但她的最後發力並不是自己 —— 最打動法庭的一百四十五秒鐘，是一個名不見經傳的女人，她叫西西拉溫特，前死刑犯，其生命亦為法肯豪森將軍所拯救，她的證詞最終成為格里高利·佩令吉夫人辯護詞的最有力支撐。

等待消息的日子是難挨的。

錢秀玲和西西拉溫特還是過於樂觀了。雖然一月二十七日的那次審判給了法肯豪森將軍一次逆襲般的轉折，但是，艱難的審判結果還是不盡如人意。

強制勞動十二年。

電話是西西拉溫特打來的。她患了重感冒，鼻音濃重，嗓子也有點啞。這個結果雖然不是特別壞，但還是低於她們的期待。

原先以為，法肯豪森會被無罪釋放。事實上，有些內幕是錢秀玲無法掌握的。一個國家的臉面，有時跟一個人的臉面完全一樣。比利時王國無論如何不會讓一個侵略者的頭子無罪一身輕地離去，更何況，眾多指向法肯豪森的矛頭並沒有放下，他在比利時的那幾年裏，侵略者所做的任何一件對比利時有傷害的事，都可以歸到他的名下。國家機器發出的每一個聲音，都需要四平八穩不被詬病的註腳。所以，十二年徒刑，是高層人士綜合各方訴求後給出的一個比較合適的價位。至於七十三歲的法肯豪森能不能在陰暗的監獄裏度過將近四千三百八十個日日夜夜，那就要看他的造化了。

　　錢秀玲還是有些沮喪。她在自己家裏接待了西西拉溫特。她剛剛探監回來，現在她大小是個名人了，全布魯塞爾沒有人不知道她，監獄方面出於各種因素也對她網開一面。她說法肯豪森將軍的情緒沒有她想像的那麼壞，他還是一日三餐，每頓飯能吃幾片麵包、一點點魚子醬和火腿腸 —— 監獄方面確實在給他改善伙食。還允許他閱讀每天出版的《最後一點鐘報》。

　　「我會等他，一直等到他出獄，然後我們一起養老。我鼓勵他每天放風的時候要走至少一千步。我自己也是，從今天開始我要練習慢跑，否則我拿什麼來等他？」

　　快人快語的西西拉溫特說這些話的時候，錢秀玲心生感慨。她注意到西西拉溫特今天穿了一身運動裝，腳上穿的是一雙跑鞋。精氣神跟以前完全不一樣了。人，真是可以相互塑造的；西西拉溫特人生的第二個春天真的已經到來了。

　　她感到欣慰。連葛利夏大夫也覺得有成就感。

兩週後的一個接見日，錢秀玲打算和葛利夏大夫一起去看望法肯豪森，他們準備了一些可以帶進去的東西。毛巾，肥皂，牙膏，內衣，等等。細心的葛利夏，還準備了一副放大鏡。還沒有出門，就接到了西西拉溫特打來的電話：

　　「他被釋放了！」

　　然後是她喜極而泣的聲音。

　　怎麼可能呢？他們面面相覷，懷疑西西拉溫特是不是得了癔症。

　　他們趕到聖雷那德監獄。一個熟悉錢秀玲的獄警告訴她：「我們可愛的國家已經跟德國和好了，所以您來探望的那位德國將軍，今天將被釋放。」

　　淚水從錢秀玲的眼睛裏奪眶而出。她一把抱住葛利夏，說：「親愛的，這不是在做夢吧！」

十五

人生就是，不該來的來了，不該走的走了

　　他們要走了——法肯豪森和西西拉溫特將先乘車前往德國黑森州的首府威斯巴登，然後再去一個名叫敍恩菲爾德的小鎮。那裏安息着法肯豪森的亡妻韋德考珀。鮮花是西西拉溫特準備的，還有一棵常青樹。他們要去祭拜她，告訴她後來發生的一切。

　　他們最終的歸宿地，將是法肯豪森的故鄉，德國的邊陲小城拿騷。

　　送別的那一刻，葛利夏看出他的東方玲有些傷感。他輕輕附在她的耳邊説：「要高興才是，還有什麼結果比今天更圓滿呢？老頭獲得了自由，還收穫了愛情。上帝是多麼仁慈的一位老人啊。」葛利夏説着，還朝下着小雨的天空看了一眼。

　　「你是不是嫉妒他？」

　　錢秀玲半開玩笑地看着他説。

　　「老實説，有那麼一點點。不過，我還是挺為他高興的。」

　　葛利夏老實而認真的神態，讓錢秀玲笑了。

　　那天跟着去送他們的，還有錢秀玲跟葛利夏的最小的女兒雅

達娜，她是個非常可愛的混血兒，皮膚白皙，頭髮卻是金黃色的。法肯豪森從見到她起，就一直抱着她，和她說悄悄話，直到他們上車。

西西拉溫特把錢秀玲拉到一邊說：「他非常喜歡孩子。可惜，他這輩子不可能有自己的孩子了，他要我轉告你，再生一個，你和葛利夏大夫應該有五個孩子。」

錢秀玲笑了。她回過頭來的時候，看見法肯豪森正和葛利夏竊竊私語。然後，她看到他攤開一個手掌，舉起五個指頭。接着是，葛利夏有點得意地笑了。

錢秀玲知道他們在說什麼。

法肯豪森擁抱他們夫婦。大顆大顆的眼淚，怎麼也抑制不住地在他乾瘦的臉龐上流淌。他或許知道，這一別就是海角天涯。他餘生無多，不可能再踏上比利時的土地了。

在汽車騰起的煙霧裏，錢秀玲雙手合十，喃喃地說：

「好人一生平安。」

她給卓倫哥哥寫了一封很長的信。她想，卓倫哥哥知道了法肯豪森終於獲得自由的消息，一定會非常高興。但是，信發出兩週了，也沒有得到他的回覆。有一天晚上，她突然接到也在台灣的卓儒哥哥的越洋電話。他告訴她，家裏出事了。

到底發生了什麼事呢？

一九四九年四月，錢卓倫突然接到宋美齡親自打來的電話。她跟他聊了一會家常，也說到最近臨摹碑帖的一些心得。然後對

他說了一句至關重要的話：

「老頭子說，等到了台灣，讓我還是要跟企裴先生好好練字，不能一直這樣三天打魚兩天曬網。」

錢卓倫想起，夫人跟他練字，是很久以前的事了。如今舊事重提，弦外之音，自當了然於心。

他區區一個中將，又不是炙手可熱的要職，幹嗎夫人還要親自給他打電話呢？

因為他欠夫人一個人情。還因為蔣介石怕他被共產黨「赤化」，讓夫人給他打電話，是給他面子，也是給他敲敲警鐘。

台灣是必須要跟着去的。夫人希望他明確地表一個態。

於是，在電話裏，他自然要表白忠心，一定攜全家前往那個凶吉未卜的海島，不會有半點疑慮。

儘管當年法肯豪森將軍「捅」給他的一個細節，足以顛覆那個所謂的「泄密案」，但他更多的時候，還是會把那個細節當作是一個誤傳的段子。畢竟，他跟蔣公多年，自以為蔣公待他還是有真心的一面。

盤點他的家族，他跟前後兩個妻子生有四子二女，其中長子憲章，字克順，長期在國民黨軍隊服役，到一九四八年，已是中校軍銜；次子憲明，字克顯，復旦大學新聞系畢業後，先是在國民黨軍隊系統的《掃蕩報》做記者，後來也跟他去了台灣，在中央社任記者，妻子王瑤君是他的同事，也是宜興人。

卓倫第二個太太是蘇州人，給他生了兩個女兒，特別讓他寵愛。軍中同事都很羨慕他兒女滿堂子孫繞膝的景象。

從一九四九年五月起，國民黨軍隊陸續從上海、青島、福州

敗退。美國發表白皮書，聲明放棄中華民國政府。十月從廣州、廈門敗退。小諸葛白崇禧、「反共長城」胡宗南節節敗退，華中、西北、西南盡失。十二月，卓倫跟隨政府機關撤退到台北。

剛到台北時，一度住房緊張，生活完全被打亂。按中將級別，國防部給他分配了一大套房子，看起來很寬敞，但他家裏人多，不夠住。有的將軍偷偷到民間去買房子，那時台灣民眾收入低，房子並不貴。台北郊區的土地更便宜，也有高級將領私下裏圈地造房的，價格算下來比買房便宜很多。但蔣介石知道了大發脾氣。錢卓倫知道他猜忌心大，任何場合，他口口聲聲都要強調反攻大陸，如何容忍部下在台灣紮根買房置地呢！錢卓倫為保家人平安，又不好明說，只能說服家人，克服困難，擠在國防部配給的那套宿舍裏。他和太太的臥室，只攔一牀一桌，僅幾平方米。

一次，一位老部下來看他。說到部隊中下級軍官的待遇，大歎其氣地說：「太困難了這樣的生活！那些從大陸跟來的眷屬，沒房子住，只能用劈開的竹子編成牆壁，塗上石灰，號稱『竹骨水泥』，再找塊鐵皮搭個頂。因為經常下雨，鐵皮容易生鏽，時常有鐵鏽灰塵落下來掉到飯碗裏。夫妻兒女擁擠在一間屋子裏，有門無窗，夏天像蒸籠一樣熱，遇上大風大雨的天氣，關起門來做飯，隨時有中毒的危險。」

錢卓倫用這個老部下的話來勉勵家人，我們的條件跟他們比，算是不錯的了。同時他也了解到，彼時部隊的士氣，是何等的低落。

在一次高級將領參加的會議上，蔣介石在大罵那些買房置地的將軍們的時候，突然話鋒一轉：「錢卓倫同志一家大小二十餘口，一直擠在國防部宿舍裏，從無怨言；其黃埔精神、革命覺悟，堪比臥薪嘗膽……」

錢卓倫當時大驚，冷汗濕背。

會後，他的老同學陳誠將軍，其時擔任台灣省「主席」，送了他一句頗可玩味的話：「企裴兄，總裁雖然日理萬機，可沒有忘記你啊！」

他聽出了陳誠的弦外之音，卻一臉的裝糊塗。他這個民國二十四年的中將，「止步不前」已經十五年整。知道內情的人都知道其癥結何在。到台灣不久，國防部大改組，他不再擔任廳長實職，改任高參室主任。若干年後，其長子錢克順在《先父錢卓倫的生平》一文裏這樣寫道：

民國三十九年三月一日，故總統蔣公復行視事，國防部改組，調先父為國防部高參室中將主任，為準備反攻，奉命研究日本軍事動員，組設動員研究組，與日籍教官磋商，參考日本昭和十八年陸軍計劃令，制定中國陸軍動員等各項章則。

儼然很忙。但誰都知道，這個虛職的主要工作，就是為蔣介石反攻大陸提供各種「法令」依據。其虛不虛，不虛之中又何其虛也。

長子克順從軍多年，已是上校軍銜，在某部任參謀之職，基本不常回家。次子克顯的記者身份，可以到處跑，也能常常抽

空，回來陪他喝茶嘮嗑。天南海北的扯閒篇中，他總是在無意間把大陸發生的一些事情告訴父親，多半引發他的情感波瀾。

比如，當年來他家夜敘喝酒，導致他虛驚一場卻從此時運不濟的那兩位同學，其中一位，在小時游泳救過他命的宋國中，官至解放軍某縱隊副師長，在攻打太原的戰役中陣亡了；另一位綽號劉大褲子的劉世鈅，已經是中國駐東歐某國的大使館武官。

錢卓倫的感慨裏，也有莫大的驚訝。當年來他家圍爐把盞的那兩位同窗，果然都是共產黨。以他思維縝密的特點，他本該往更深的層面去想，為什麼他們會準確無誤地摸到他家，等着他開完會回來，然後以故舊的情感、喝酒交心的方式撬開他的嘴巴，輕而易舉地拿着得到的情報揚長而去呢？

答案就像一層薄薄的紙，一捅就破。但他卻止步，因了心裏有凝重的一緊。

克顯提供的信息裏，還包括國民黨撤離大陸前，那些向共產黨投誠的將領們的下落，比如程潛、陳明仁、陶峙岳、董其武等。在克顯眉飛色舞的敘述裏，那些「棄暗投明」的將軍，都得到了共產黨的優待和重用。

父子骨肉無隙。起先錢卓倫對兒子並無戒備，慢慢時間長了，他感覺克顯的話題都是有備而來，而且步步緊逼。

是在為他指一條路，回大陸，投奔共產黨。要他放心，共產黨一定會善待那些「脫胎換骨」的義士。不管他之前說過什麼，做過什麼。

共產黨取台灣，不過甕中捉鱉，何時動手，只是時間問題。

如此等等。

他發現兒子背後還有一個人，那就是兒媳王瑤君。她也是記者。他們夫妻很少一起回家，兒媳似乎比兒子更忙。錢卓倫對這個兒媳的感覺是，蠻孝順，懂體貼，非常愛孩子；另一方面呢，她平時話不多，聲音輕細而言慎如金，不怎麼隨便對一件事發表意見，但說出來的話，一是一，二是二，你得豎起耳朵聽才是。

他問過兒子，冒冒失失的你，怎麼就會找這樣穩妥的老婆呢？

克顯說，上大學的時候遇見的，姻緣這東西，一旦來了，躲也躲不掉。

聽口氣，倒不像是克顯窮追猛打才得手，而是對方主動出擊。

但夫妻間是恩愛的，似乎是那種姐弟式的恩愛，錢卓倫總覺得兒媳比兒子成熟許多。

有一次，父子在燈下小酌。小菜，是隨意的兩三樣，酒是金門高粱，度數不低。克顯七繞八繞，又說到大陸上的那些事。卓倫故意臉一沉，說：「你是共產黨派來策反老子的嗎？」

克顯似乎早就知道他會這麼問。他的回答讓卓倫一驚。

「其實，爸爸，你早該知道了，宋國中叔叔和劉世釗叔叔來咱們家吃飯，不是我給你們端茶倒水的嗎？」

錢卓倫把酒杯重重一擱。那酒水一半晃蕩在桌上。

「我早就知道，我對黨國罪孽深重！你這不肖孽畜，害了我一世英名！」

按這口氣，接下去就該拔槍。至少，也得大喝一聲：來人哪！但是，話雖然重，臉上並無多少怒氣，只是由於激動，風霜密佈的臉上，肌肉在顫抖。

「到今天我也不想瞞您，爸爸，我是共產黨員。在大學一年

級就是。您想想，蔣介石為什麼會兵敗如山倒？是因為這個黨、這個政府軍隊貪腐、黑暗，違背人民意志！」

「用不着你來教訓老子！」

「而且，爸爸，那個所謂的『泄密事件』，根本就是子虛烏有。那個人慣用的伎倆，就是不斷用各種方法，來測驗他身邊的人是否忠誠，而您，不過是無數個犧牲品之一！」

「夠了！」

錢卓倫大怔，繼而是徹骨的心寒。法肯豪森當年送給他那份讓人將信將疑的「禮物」，被共產黨證實了。

他摔杯而去。幸好是在家裏。

第一次攤牌，就這樣不歡而散。

但是，從那以後，但凡克顯夜不歸宿，他就會讓家人打電話去找。而他們的茶敍或小酌，則會選擇在夜深人靜，家人入睡以後進行。

之前的長夜，他總是挑了一盞燈，讀書，或是習寫王右軍或孫過庭。現在他每到暮色四合的時候，就希望克顯帶着他的太太早點回家，潛意識裏，他怕兒子出事，還希望聽兒子講講海峽對岸的那些人與事。

但他忌諱「投誠」二字。這於他，還需要時間。有一個觀點他跟兒子很接近，就是蔣介石的「反攻大陸」，完全是空中樓閣，自欺欺人。美國人已經對他失望，共產黨收復台灣，只是時間上的事。

還有一點，他也承認，國民黨是徹底腐敗了，而且軍心渙散，哪裏還能打仗。

只是，個人方面，畢竟他追隨蔣介石多年，至少在「泄密事件」之前，蔣待他還是不薄的。自古君主，猜忌心都大；現在蔣境遇落拓，他若棄主而去，於道德良心上，總還有邁不過去的坎。

有一天傍晚，兒媳比兒子回來得還早。她帶回一大包菜，進了家門就直奔廚房，跟用人陳媽說，今晚她要親自動手，做幾個家鄉菜。

掌燈的時候，克顯也回來了。

這一頓豐盛的晚飯，有幾樣兒媳做的宜興家鄉菜，味道真是不錯。一道是河蚌燒豆腐，他奇怪台灣靠海，哪裏來的河蚌；一道是醃篤鮮，阿里山的竹筍，跟老家宜興山裏的毛筍，還是有區別的，前者的嫩裏，帶着自然的鮮，後者的口感就略糙些，火腿倒是地道，居然是浙江金華的；還有一道是雪裏蕻炒肉絲，他稱讚瑤君的刀工，那肉絲切得跟粉絲一樣的細。味蕾先在興奮，腸胃自然跟着起鬨。一家人圍着燈火，不說風捲殘雲，也是大快朵頤，平添了往日不多見的興致。席間，兒媳用公筷不斷給公公夾菜，問，菜的鹹淡如何？還有幾分宜興味道嗎？她笑起來的時候，能讓你感到她骨子裏的清和，你想跟她有半點隔膜，也辦不成。

錢卓倫放下筷子，感歎一聲：「一方水土養一方人。我自從軍以來，就沒有在老家好好待過幾天，家鄉菜的味道，只有在夢裏才會出現。唉，我這輩子是回不去了！」

瑤君看了他一眼，笑着說：「爸爸可別這樣說，俗話講，樹高千丈，葉落歸根。您身體這麼好，我們可還盼着您帶小輩們回歸故土哪！」

瑤君說着，就拉着克顯和孩子們站起來給他敬酒。

這樣的氣氛，酒自然要暢飲。但三杯下肚，酒瓶卻被克顯收起來，說，爸爸適當小酌便可，過量會傷身體的。

以錢卓倫的機敏和老到，他知道今晚或許是真正攤牌的時刻了。對方的套路其實並不新鮮，打親情牌，從味蕾入手，先從舌尖上攻城略地，惹出思鄉病來；鄉愁之類都是幌子，什麼葉落歸根、回歸故土，都是在佯攻，酒當然也在幫着發力，他估計，最後的底牌該在酒足飯飽之後的茶敘時被掀開。

他內心並無反感，而是裝傻地受用着。這兩個孩子還嫩了點，有點急於求成，這或許是他們的上司要求的。在他的考量裏，親情還是真的，兒女們不會害他，這一點他深信。只是心裏感慨，他怎麼會養育了一個共產黨員？而且兒媳的角色，看上去比兒子還厲害。當年那兩個共產黨同學敢到他家裏來套情報，或許早就吃準了他的底牌，他錢某人忠厚，不會加害朋友，管你是什麼黨。

有一點他卻沒有想到，當晚與他對談的主角，還不是克顯，而是兒媳王瑤君。

確切地說，王瑤君不但也是共產黨，而且還是兒子的上級。

跟他談，她當然也還是一口一個爸爸，語氣跟往常無別。兒子就坐在她的旁邊，卻連插話的機會也沒有。

但她是代表了共產黨組織的，這一點毫無疑問。她態度嚴肅，但目光溫煦。說，大陸的高層領導認真研究了錢卓倫的履歷，認為他是一位北伐勇士、抗戰名將。雖然追隨蔣介石多年，但對人民並無血債。當年曾不顧自己安危，拒絕追捕兩位共產黨身份的同學；尤其是抗戰時南京失守前夕，為拯救渡江難民，不

錢憲明、王瑤君夫婦

顧先斬後奏之險，斷然下令，以軍用江輪擺渡難民過江，保全了十數萬人民群眾的生命。抗戰期間，還堅決勸阻父親出任日偽縣長之職。凡此種種，都體現了錢卓倫先生作為一個愛國軍人的可貴品質。

「所以，我黨對您是敬重的。回歸大陸，回到人民的懷抱，是我們對您的期望。」

瑤君說這些話的時候，眼睛裏的光是熱切的。語氣篤定，每一個字都可以踩出一個深深的腳印來。

錢卓倫歎了口氣，他問瑤君，克顯加入共產黨，是不是她介紹的？瑤君遲疑了一下，說，倒也不是。不過她的黨齡是比他長。可是，那並不重要。

錢卓倫又問：如果我不配合你們，如果你們在我身上一無所獲，你們的組織會不會處罰你們？

瑤君笑了，說：「爸爸，我們相信您，終究我們會走在一條

路上的。」

雖然還談不攏，但氣氛很好。這個安靜的夜晚，原本是完美的。偏偏長子克順突然回來了，在將近十點鐘的深夜。他有家裏的鑰匙，並未叫門。他從小走路腳步就輕，所以他進來的時候，誰也沒有聽到。直到他突然出現在小書房的門口。

原本這個場面是不應該尷尬的，一家人嘛。換了往常，克順可以拉過一把椅子，喝杯茶再去忙事。但他這一次不打招呼的突然出現，就融入一股冷硬的氣場，給人一種不速之客的感覺，他的身上是帶有寒氣的。這一點，連克順自己也感覺到了，他有點結結巴巴地向父親和弟弟、弟媳解釋，因為明天要出差，自己是趕回來拿幾樣東西。

此話似有破綻。克順一家，自從他升了上校之後，分了新的寬敞房子，已經搬出去半年多。

克順和克顯兩兄弟，原本是和睦的。只因兩個人工作性質不一樣，所以聚少離多。克順為人處世比較穩妥，從小膽子不大，按理他可以去做個教書先生，卻年少從軍，從槍林彈雨裏過來，居然毛髮無損，一直做到上校；克顯呢，幼時好動頑皮，喜歡舞刀弄槍，長大了偏偏從文做記者。錢卓倫知道，他的這兩個兒子志向迥異，在好多事情上南轅北轍。雖是手足兄弟，貌合神離卻是常態。

王瑤君倒是重新沏了一壺鐵觀音，邀克順哥哥坐下，喝一杯熱茶。但克順推辭還有事，寒暄幾句即離去了。

原先談得好好的話題，這時卻怎麼也續不上了。

錢卓倫心裏隱隱有一種不祥的預感，他知道這段時間，查

「匪諜案」鬧得滿城風雨。情治部門天天加班，都在叫苦。而「太子」手段強硬，一再強調，錯殺不錯，漏殺才錯。

他反覆叮囑兒子兒媳，出門要注意安全。

可是，不到三天，克顯夫婦出事了。

他們一起去赴一個同事的結婚宴會，在台北的第一大飯店，被一群衝進來的便衣逮捕。

錢卓倫得到消息，雖然震驚，卻似乎並不意外。

第一時間裏，他腦海裏閃過克順深夜突然出現在小書房門口的情景。

他來不及多想，趕緊打通陳誠的電話。卻不料，陳誠聽完錢卓倫急促的講述，竟然一口回絕。他的理由是，他剛卸任省警備司令，這一攤不歸他管了。台灣省「主席」，就是個空架子。

好比一盆涼水從頭頂潑下。這個老同學，過去不是這樣的。或許，他真的有難言之隱？他鎮定片刻，又打通了台北市長吳國楨的電話。

同僚之中，除了陳誠，他與吳國楨私交尚好。吳有留美背景，人比較耿直。過去吳在上海做市長時，他們工作上有些來往，吳還託他辦過私事。

聽他講完，吳國楨斷然說，人，肯定不是我這裏抓的。

他提醒錢卓倫，現在的情治系統，全部歸「太子」——蔣經國管了。原來台北市這一攤，歸彭孟緝負責，彭只是個中將，雖然掛個台灣省警備司令，哪敢得罪「太子」？他特意面呈蔣介石，自謙德薄才淺，不堪肩此重任，務懇另薦賢能，最好是蔣經國這樣的才俊來領導。

蔣介石本來就有心改造情報機構，把過去名目繁多的情報部門統一扎口為「政治行動委員會」，彭孟緝請辭，正中蔣介石下懷，蔣經國迅即被任命為該機構的負責人。他接管了彭孟緝的權力後，馬上把這個委員會改名為「總統府機要室資料組」。別看是一個小小的「組」，其權威波及台灣黨政軍特各部門，特別是整合後的情報機構，至此全部被抓到他的手上。

錢卓倫心猛地一沉，知道大事不好。

在蔣身邊多年，他對「太子」太了解了。

彼時台灣報紙正在連篇累牘刊登蔣經國主抓的三起「共產黨間諜案」，如以洪國式為首的「共產黨總潛伏組織」，以裕台貿易公司為首的「中國經濟組織」，以李朋、汪聲和為首的「蘇聯間諜案」。報紙上天天是殺人的消息。士農工商、黨政軍民，都不斷有人涉案。一時間，人心惶惶，風聲鶴唳。

內部人都知道，「太子」上位，聲威俱烈，其在上海時的「打虎」行狀，眾人皆歷歷在目。何況今非昔比，那時尚有明明暗暗的掣肘，如今那些遺老遺少都邊緣化了。他要抓的人與事，任何人連根針都插不進。

思來想去，只有一個人，或許可以去求一求情。

他打電話到士林官邸找宋美齡，原先的副官已經更換。新來的隨員稱夫人不在台北。至於在何地雲遊，對方不肯說。想來，他這個昔日的「書法老師」已然徒有其名，宋美齡到台灣後，跟黃君璧學山水畫，鄭曼青則教她畫花卉；書法課卻是不再提起，彼此的聯繫自然也就斷了。

輾轉通過熟人通報，宋美齡還算念舊，答應次日上午在日月

潭邊的涵碧樓見他。

從台北到日月潭，有二百四十公里。錢卓倫除了司機，連警衛都沒有帶，凌晨三點出發，下過雨的山路並不好走，有一段路，坑坑窪窪，輪胎幾次陷進泥坑裏，他只能下來幫着推行，渾身泥水，其苦不迭。

一見面，他就直奔主題，求夫人刀下救人。

夫人倒是不推諉，問清了情形，沉吟片刻，站起來打了一個電話。不過，原本開朗的臉色，從放下電話的那一刻起，卻蒙了一層陰雲。

「這事，是經國在抓。」

她只說到這裏，便再無下文。

國民黨高層裏，誰都知道夫人跟蔣經國的微妙關係。倒不是那些舊賬，非血親的、只大十三歲的繼母與「太子」之間的恩怨，都可以忽略不計。關鍵是民國三十七年，蔣經國在上海「打虎」，涉及宋、孔家族利益，針尖麥芒，各不相讓，最後蔣介石給了夫人面子，宋、孔家族躲過一劫，雄心勃勃的蔣經國則以失敗收場。

不過，最後夫人還是給他支了一招：

「去找老頭子，你是他的舊部，他若肯罵你一頓，就還有救。」

夫人不輕易這樣說話。她不干政，平時只做些慈善救助方面的事。人情份子雖然也有，但分寸掌控得極好。錢卓倫知道她這句話的分量。

但是，見蔣公何其難，當下已經不是從前了，而且，蔣很多時候不按常理出牌，找他求情，錢卓倫沒有把握。但為救兒子兒

媳，他已然慌不擇路，只能鋌而走險。

還是請吳國楨出面，先為他在蔣公面前陳情。這是一着險棋，誰都知道吳國楨與蔣經國關係很僵，過去他當上海市市長時，對蔣經國的「打虎」行動就意見很大，認為他不切實際、急於求成，特別不能忍受他目空一切，甚至架空自己的市長權力。吳之所以得到蔣公器重，固然是有留學美國的背景，與美政界高層有很深的關係；同時也因為吳從不結黨營私，對蔣絕對忠誠。所以，蔣對他的建議意見，總要給點面子的。

吳國楨夠朋友，很快幫他在蔣公面前說話。侍從室通知他去面見蔣公的時候，他覺得事情還會有轉圜的機會。

沒有寒暄。劈頭蓋面一頓訓斥，甚至用寧波話罵了「娘希匹」。蔣公這一頓火發得好大，除了罵他教子無方、姑息養奸，還罵他這些年精神萎靡、吊兒郎當；甚至罵他心機叵測、劣性惡變，與黨與國，身心隔膜，等等。

「一個中將家裏，出了兩個共產黨，簡直天下奇聞！放在古時，若不株連九族，也得滿門抄斬！自己好好閉門思過，不要到處亂跑！」

雖然罵得難聽，但錢卓倫心裏稍安。接近蔣公的人都知道，大凡愛將寵臣，早年如戴笠之類，蔣從無好言，動輒訓斥叱罵，甚至拳打腳踢。戴笠一直很享受此等「特權」。相反，如果他突然對身邊的某人客客氣氣、以禮相待，那麼你肯定完了。

蔣叫他不要「到處亂跑」，其背後是否意味着，事情就到此為止了，不要出去擴大影響，反而讓他不好收拾。

果然，第二天，侍從室傳來信息，允他日內去台北植物園附

近的馬場町特別監獄探視，並轉達總裁口諭：希望企裴能大義滅親，説服所押兩犯登報悔過自新，並交出組織名單，可保性命無虞。

錢卓倫眼前一黑，差點栽倒在地。

這才明白，蔣公給他的唯一「面子」，就是讓他在兒子兒媳遇害前見上一面。而保全性命，卻要兩個條件。以他對兒子兒媳的了解，「登報自新」幾無可能，「交出組織」更是天方夜譚。

解讀蔣公的幾句話，災難似乎是連環的，如果他勸降不力，不但兒子兒媳性命不保，恐怕連他甚至整個家族也脱不了干係。

他手腳冰涼，一下子變得特別虛弱。雖然過去歷經槍林彈雨，早將生死置之度外，但現在搭進去的不僅是兒子兒媳的性命，極有可能是整個家族。

克順這幾日一直不回家。他打電話過去，接電話的人説，他不方便接聽，電話就被掛斷了。後來終於知道，自克顯、瑤君出事當日，克順也被軟禁了。一種可能是，克順本來就是無辜的，不是他出賣的弟弟、弟媳；當然還有一種可能，「當局」為了保護克順，故意把他禁閉起來。

他心亂如麻。戎馬一生，還從來沒有這樣方寸大亂過。

出門的時候，發現附近有形跡可疑的游動人員。他知道，自己也被監視了。

在規定的時間裏，見到了兒子。雖只分別幾日，克顯已被折磨得血肉模糊、皮開肉綻；兩隻眼睛深凹進去，像兩個黑洞。

蔣公那兩個條件，他説得艱難，斟酌着字眼，想儘量緩和、含蓄一些，克顯還沒有聽完，就冷笑一聲：「爸爸，雖然您和我

各有信仰，但您能接受一個出賣組織的叛徒兒子嗎？」

錢卓倫知道這屋子裏有竊聽器，說：「你總要為自己的子女想一想吧！命，又不僅僅是你自己的！」

克顯慘然一笑：「我和瑤君，自加入組織那天起，生命就不屬於自己了。」

一時竟是無言相向。此刻，勸降的話，他一句也說不出。錢家的人，骨子深處都存放着祖先遺傳的基因，那就是關鍵時刻的斷然與果決，還有一份被溫和包裹着的剛烈。

他淒然含淚，長歎一聲：「兒啊，爸爸對不起你和瑤君，我救不了你們！」

克顯突然雙膝跪地，泣不成聲：「爸爸，我和瑤君不能報答您的養育之恩了。幾個孩子還要您照顧，爸爸，我們對不起您，您一定要多保重。」

雙手將兒子扶起，最後一次與兒子擁抱。克顯顫抖的身軀是滾燙的，這是留給他最後記憶裏的體溫。

見瑤君時，獄方把會見放在一間小會議室裏。置有沙發和茶几。甚至，還有一杯茶。可見獄方知道她在共產黨內的地位和分量。

她走進來時，步履有跟蹌感。顯然也是用刑了，不過場面上還不太難看。錢卓倫知道，當局對她的期待更大。

先是彼此說了一些家事。瑤君思路清晰，知道時間不多了，她要交代的，都是錢卓倫之前不知道的情況。比如，她和克顯的一點存款，存放在哪家銀行，存摺在哪裏；還有買保險的一些單據；與一些朋友經濟上的來往，借過誰的錢，誰還欠他們的款；等等。幾個孩子的生日，她唯恐他記不全，一一交代清楚。

再有就是，她自己的父母。她也拜託他捎一句話，她不能為他們養老送終了，很對不起他們。

她希望，她的父母可以幫着分擔照顧那幾個失去爹媽的孩子。

他聽着，兩行熱淚，止不住地流。

怎麼還說得出勸降的話？！

「爸爸，還有一件事求您，將來您若能返回老家，還請您把我和克顯的骨灰帶回去。」

最後的一句話是：「爸爸，下輩子我還當您的兒媳！」

他泣不成聲。

瑤君的暗示，他聽懂了。他們都知道室內有竊聽設備，直到此時，她還在動員他回歸大陸。

他知道，屋子的隔壁，一群人正趴在竊聽器旁，等他說那些勸降的話，甚至等着奇跡的發生。他們說的每一句話，蔣公和「太子」都能聽到或看到。至少，場面上的話他要說幾句，要給蔣公一個面子。

可是他一句話也說不出。他也知道這樣的後果，但他還是不想說了。都這個時候了，他已經什麼也幫不了他們，再不想給視死如歸的兒子兒媳增添不快之感了。

此時的瑤君，臉色慘白，神態安然。該說的話都說完了，她很開心，笑着。她站起來，給錢卓倫深深鞠了一躬，轉身離去。

這是他見到的瑤君最後的笑容，與往常無別。

第二天一早，他得到消息，克顯和瑤君於當日凌晨一時在馬場町被處死。

監獄通知他去收屍，只有冷冰冰的一句話。

那一日，是他六十三歲的生日。

錢秀玲趕到台北的時候，事情似乎已經過去了。

兩個哥哥，一個卓儒，一個卓倫，都要去看。

看卓倫哥哥，是卓儒陪她去的。不是在家裏，而是在醫院。事實上，錢卓倫在辦完兒子兒媳的喪事之後，就病倒了。

不用説，一個家，就這樣塌了。一群孩子，兩兒兩女，最大的十二歲，最小的，只有六歲。

這樣的見面，自然是淚眼相向。不過，卓倫已從最深的悲哀裏爬起來，雖是勉力支撐，遭受重創的精神，卻還沒有崩潰。

腦子一直清醒，只是長夜無眠。

在卓儒家裏，秀玲熬了一罐白粥，放進保溫桶裏，端到了卓倫哥哥的病牀前。搭粥的小菜，是鹹菜和蘿蔔乾，都是卓儒的太太自己醃的。這是少時家鄉早餐的標配。喝着稠黏的白粥，嚼着嘣脆的蘿蔔乾，老家的味道就有了。她陪着卓倫，説一些家常的話，時光便漸漸變得有些暖意。

難解的鬱結，是在身心的深處。旁邊沒有人的時候，卓倫都吐給秀玲聽了，他希望她幫着解一解。

秀玲總覺得門口有人影晃動。她改用家鄉宜興土話與卓倫交談，感覺還是不好。便要來一輛輪椅，她推着卓倫哥哥，到了樓下的草坪上。

台北的天氣，一年四季都濕熱。天空是灰撲撲的，雖然是秋天，還是跟盛夏一樣，抓一把空氣，都能擠出水來。

卓倫提起克順突然回家的那個夜晚，總感覺是一大疑團。他

問過女傭陳媽，她神情有點緊張，推說那天晚上她一早就睡下了。現在回想起來，克順有可能是在小書房門外偷聽了他們的談話。他走進書房的時候，或許什麼都知道了。

克順行伍出身，不徇私枉法、大義滅親之類的訓誡，在很多教綱裏，比比皆是。

若真是克順告發的，那真是錢家的奇恥大辱；不過，即便那是真的，他又能怎麼樣呢？站在「黨國」的角度，克順有錯嗎？

無論如何，錢家再不能承受一次白髮人送黑髮人的悲劇了。

錢卓倫的人生跌到了最低谷。

錢卓倫還跟秀玲說起，吳國楨市長冒着風險來看他，勸他儘快把一切都淡忘，尤其不要去追查是誰告發的。

莫非那就是一種含蓄的提示？

秀玲沉默良久，說了這樣一席話：

「依我看，哥哥，克順那裏，你不要去追查了，慢慢讓它過去，不要放在心裏。咱們錢家的人，對別人都不記仇，何況自己人呢，你沒有證據，就當它子虛烏有。克顯和瑤君，我寧願當他們去了非洲或者更遠的天邊，一輩子都不回來了。哥哥你放心，他們兩個人是在一起的，他們不會寂寞。你還有孫兒孫女，你現在能保重自己，好好活着，就是對克顯和瑤君最好的交代。」

說完這些，她已然是泣不成聲。

十六

尋找掛過張大千山水畫的那面牆

　　二〇一八年十月十六日，我們自艾克興返回布魯塞爾，按約定我們來到聖朗貝爾街區七十二號公寓，拜訪錢秀玲的姪兒錢憲和、姪孫錢為強先生。

　　第一個問題，錢秀玲上世紀五十年代由於幫法肯豪森將軍打贏了官司，在比利時名聲大噪，加上她原先的「國家英雄」頭銜，為什麼她不利用那樣的機會，打回魯汶大學，繼續她的「居里夫人」之夢呢？從我們已知的情況看，她離開了公眾的視線，和幾個中國朋友合夥開了餐館，從此走上一條「餐館老闆娘」之路，這又是為什麼呢？

　　滿頭銀髮的錢憲和先生時年八十二歲，台灣大學教授、國際碳酸鹽巖石學專家。他是錢卓儒的兒子。早年，他父親偕同妹妹錢秀玲在魯汶大學就讀，已經是半個多世紀前的佳話，於錢家人來說，他是這個佳話唯一的延續者，當年其父卓儒先生，在魯汶大學讀完本科，就回國了。之後就從大陸去了台灣。所以，錢憲和在台灣大學本科畢業後，父親希望他能幫他圓一個夢——報考魯汶大學古生物系研究生，從碩士讀到博士。他遵從父囑，如

作者採訪錢憲和、錢為強及其家屬

願戴上了博士方帽。他拿到博士學位那天，姑媽錢秀玲盛裝出現在他的畢業典禮上。在他的感覺裏，那天姑媽比他還激動。

關於姑媽為什麼開餐館，錢憲和是這樣說的：

一九五一年的時候，姑媽應她的導師威爾遜的介紹，進入了設在布魯塞爾的聯合國核能科學研究所，從事化學研究工作。她在那裏幹得很好，寫出了好幾篇有影響的論文。可是，第二年的時候，她又懷孕要生小孩了，她就離開了那個機構，回家相夫生子。一個女人回到家庭，再出來就很難了。至於開餐館，因為她在比利時影響大，很多華僑去求她辦事，有的生活有困難，直接就跟她借錢。她這個人，看到人家有困難而自己不能相幫，心裏是很難受的。可是，當時她家裏就佩令吉一個人工作，負擔着

五個孩子，開銷是很大的。這個時候她認識了一對從法國來到比利時的中國安徽的陳神父夫婦，他們兩個是吃貨，老是到姑媽這裏來蹭飯，他們發現姑媽能燒一手很好的江南菜，而陳神父的太太，會燒徽幫菜。有一次閒聊的時候，不知誰起意說了一句話，何不合夥開個中國餐館？姑媽當時就心動了，開餐館可以天天吃中國飯菜，可以認識很多中國人，還可以吸引外國人來喜歡中國菜。最關鍵的是，可以天天進賬，有了錢，就可以隨時幫助那些有困難的華僑同胞。

在錢憲和的講述裏，二十世紀五十年代末期的布魯塞爾市區聖朗貝爾大道——一條並不熱鬧的馬路上，一家叫作「孔夫子」的酒家，從時光的深處漸漸淡入我們的視野。門面並不鮮亮，開間也不寬敞；迎面的招牌上，「孔夫子」三字，是集王羲之的字，黑蒼蒼，骨力洞達；孔夫子衣裾飄拂的繡像，被描了金，特別醒目。開張那天，陽光是格外地溫煦，來捧場的朋友很多，尤其是艾克興，來了不少人，連埃爾伯蒙村的羅格爾夫婦也帶着他們的孩子來了，那些熟悉的身影裏，我們能辨認的，還有莫瑞斯先生、雷蒙父子，以及不在那九十六個被拯救人質合影裏的倖存者——中國人、前牧師路增祥先生。

酒店的格局，按照中國人的習慣，進門是有玄關的，迎面的牆上，貼着一個眉開眼笑的財神爺，下方是案几，擱一隻香爐。最顯眼的地方，是店堂的中央，掛着一幅張大千的山水畫。這幅畫，在錢憲和的記憶裏，是姑媽錢秀玲跟他借的，他是個大學生，何來張大千的畫？錢憲和說，是父親卓儒送他的。那幅畫尺

幅很大，掛在牆上，蠻有氣勢。錢秀玲說，過去一個宅子，總講要有鎮宅之寶，現在有張大千給我們撐場子，這酒店還怕開不成嗎！

首度與錢秀玲合夥開酒店的陳神父夫婦，錢憲和記不得他們的名字了，只知道他們是安徽人，早先在法國巴黎，後來到比利時的安特衛普做神父。似乎中國人在國外，就兩個出息，要麼做神父，那是嘴皮子功夫，抑或開餐館——外國人吃的方面哪有中國人這麼精細而講究呢？印象裏，愛吃中國菜的外國人，很多。

有一次在孔夫子酒家，錢憲和吃過陳神父太太做的一道毛豆腐，印象深刻，是將自己做的豆腐養到發霉，直至那豆腐上長出白毛來，然後下油鍋，煎炸了吃。記得當時葛利夏大夫很憂慮，他擔心這樣腐朽變質的東西，會吃壞肚子的，結果，大家都搶着吃，一點沒事。第二次再做毛豆腐的時候，他小心翼翼地嚐了一小塊，說，好吃。

這道菜，在孔夫子酒家，居然是招牌菜之一。

錢憲和還在孔夫子酒家吃過一道臭鱖魚，也是徽菜。是將上好的鱖魚碼上大鹽，擱到甕裏，六七天不去管它，一定要等聞到發臭的味道了，才用濃油赤醬烹製，其間，生薑和料酒要重。燒這道魚，滿屋都是臭味，但吃起來，卻是異常鮮美。錢憲和記得，那次姑媽吃完，突然醒悟過來，說，比利時哪來的鱖魚啊？陳神父的太太笑着說，安特衛普有一種魚，跟鱖魚很像，而布魯塞爾卻找不到，他們在一家菜市場見到一種倉鯿魚，肉質堅硬且鮮美，他們就當它是鱖魚了，做出來的味道，居然還行。

當然，錢憲和說，真正給孔夫子酒家撐台面的菜肴，並不是臭鱖魚之類，而是廣東鹵鴨、文昌雞、鍋巴蝦仁、紅燒乳鴿，還

有幾道錢秀玲拿手的江南家鄉菜。

錢秀玲特別推崇的一道菜，叫江南頭菜。其實，它的本名，應該叫宜興頭菜。比利時人只過聖誕節，但錢秀玲對春節特別有感覺。小時候過年，第一道上的菜就是它。在她少時的印象裏，家家戶戶都是這樣。

各種口味的人都可以在這道菜裏找到自己愛吃的東西，所以量大，品種繁多，要用湯盆或砂鍋來裝。它上桌了，過年的氣氛就有了。

錢憲和聽姑媽講過，所謂頭菜，除了是頭一個上桌，還因為它原料豐富、葷素兼備，顧及各人喜好，寓含着全家福、大團圓的意思。

確實，品種很多：油發肉皮、豬肚片、豬肉丸、魚丸、腰花、黑木耳、小開洋、筍片、海參、蹄筋、青大蒜，等等，滿滿一大盆。

這些原料，除了筍片，布魯塞爾的市場裏都能找到。當然，還有一樣最重要的，那就是大骨頭湯，要原味；芝麻香油，要純正手磨的。

筍片之類，可以用蘑菇替代，布魯塞爾的超市裏，那種大朵的新鮮蘑菇，質地很嫩。油發肉皮也沒有現成的，可以先把豬肉皮曬乾，放進油鍋裏烹，一塊小小的肉皮，在滾燙的油鍋裏，很快地膨脹起來，變成很大的一塊。冷卻後把它放進冷水裏浸泡一會兒，它的質地會變得又軟又鬆，切成一片一片的，放進鍋裏，被油炸開的氣孔，會在一鍋燴的烹製中，吮吸湯汁的鮮味，所以這肉皮入口，味道鮮美，既鬆且軟，略帶嚼勁，好吃！

魚圓（丸），也沒有現成的，要自己從大魚腹上選那種沒有刺的部分，用刀背剁細，然後調料進去，在沸騰的骨頭湯鍋裏汆成一個個小的圓子。時不可長，以保魚圓的滑嫩口感為宜。

這道菜最早都是錢秀玲親自做的。從原料的選配到下廚，包括熬骨頭湯之類，她都幹得蠻有興致。仿佛她在實驗室裏完成一項研究，每一個步驟都是有挑戰、有興味的。後來，她要求廚師按她的配方做，她有時還要提點一下。

果然陳神父夫婦對這道「頭菜」讚不絕口。陳太太説，就叫江南頭菜吧，第一是它當得起，再者呢，來吃飯的又不都是宜興人。

於是就改名叫江南頭菜。

錢憲和記得，他週末放學後，回到布魯塞爾，先是到孔夫子酒店落腳、吃飯，打烊後，才跟姑媽回家。

姑媽吃飯非常簡單，但也考究，就吃兩樣東西，小餛飩和春捲。小餛飩是她自己包的，湯是骨頭大湯，春捲一半是素餡，蘿蔔絲或細沙，都是她自己弄的。她做這些的時候，嘴裏哼着小曲，蠻開心的，你看不出她是個化學、物理學博士，更像個家庭主婦。

酒店最早營業的時候，他們只請了一個廚師，香港人，祖籍廣東，大家叫他麥師傅。他做粵菜很好，鹵鴨做得地道，椒鹽乳鴿尤其棒。江南菜，他有些湊合，做不出錢秀玲那樣的味道。他可能不太看得起這些太家常的菜肴，覺得不上台面，充其量就是家居小吃。錢秀玲説，我就是要家居小吃的味道，在她的堅持下，麥師傅開始花精力去烹調那些錢秀玲非常看重的江南小菜了，包括小籠饅頭、甜鍋飯這樣的點心。有一次，兩位老華僑從荷蘭趕過來，專門點那道江南頭菜——他們是聽別人説的。口

碑這東西，就是一張嘴傳給另一張嘴。他們一個是江蘇武進人，就在宜興隔壁；還有一個，是蘇州太倉人，都是吳語地區，口音相仿，口味自然也差不多。閒聊的當口，滿滿一盆江南頭菜，冒着熱氣，蔥絲和芝麻油的香味直衝鼻子，端上來了。其中滿頭銀髮的一個，頓時淚目，説，我聞到小時候媽媽做的菜的味道了。

色香味，都是好的。不一會兒，全部吃光。錢秀玲送他們一份炸春捲，分別是菜肉餡和蘿蔔絲餡的。他們吃撐了，打着飽嗝。臉面上那副滿足的表情，像小孩一樣地掛不住。另一個禿頂的客人，不怎麼開口，吃完突然要紙筆，他要留幾句話。錢秀玲一拍腦袋，説怎麼就忘了要備一本留言簿呢，趕快讓人去買。

結果，那個禿頂的客人——世代是開塾館、當師爺的——就給孔夫子酒店寫了一首打油詩。他居然也姓孔，祖籍是山東，當然是孔夫子的後代了。南宋的時候，祖上遷徙到了武進。他那詩裏，有兩句讓錢秀玲和陳神父夫婦讀了不覺叫好，也引發了彼此的鄉愁：

身在異域嚐家味，心回江南跪母恩。

在錢憲和的記憶裏，孔夫子酒家的生意，看起來人來人往，蠻火爆，卻是好景不長，支撐了大概不到兩年，就歇業轉讓了。內中的原因，當然是不賺錢，還虧本。

錢秀玲這輩子，一直做大小姐、唸書，她怎麼會經營生意呢？酒店開張階段，來捧場的朋友是很多，但錢秀玲不好意思收他們的錢，很多人都是白吃白喝的。陳神父夫婦，雖然也不太懂

經營，但看到錢秀玲這樣大大咧咧，心裏自然着急，跟她說過幾次。她說，小時候她在老家的時候，大凡店舖開張，開頭幾天都是打折、連賣帶送的，那些朋友大老遠跑來捧場，有的還帶禮品來，她怎麼好意思收人家的錢呢。

時間長了，問題就慢慢暴露了。這個地段，在布魯塞爾市區來說，雖不算偏遠，但終非繁華中心。酒店走的是中低消費路線，店堂小，大的團隊客人接待不了。菜肴的價格，卻比一般酒店要低很多。錢秀玲堅持不肯漲價，她怕對不起那些遠道跑來的食客，大都是華僑，上年紀的人居多，一見面，黃皮膚黑頭髮，總是老鄉見老鄉，兩眼淚汪汪，坐半天還不肯走，錢秀玲要陪他們嘮嗑。有的人話匣子拉開，訴說的都是在國外打拚的血淚往事。錢秀玲很容易入戲，被他們的辛酸經歷感動，有時候，還恨不得自己掏腰包資助他們，飯菜自然是免費贈送了。這樣日長歲久，酒店豈有不虧之理？

莫非是錢秀玲和陳神父夫婦過於強調「中國元素」，把外國人攔在了門外？

也不見得。錢憲和印象裏，來吃飯的外國人，還是蠻多的。

不過，可能錢秀玲一開始過於強調她心目中的「中國元素」，尤其放不下她的「江南情調」，推出的江南系列菜肴，雖然得到不少華僑的稱讚，卻賺不到本地人的錢——歐洲人還是喜歡高熱量的食物，比如雞排、牛排、紅酒咖啡。這些東西孔夫子酒家也不是沒有，但麥師傅做的牛排，肯定比不上他做的鹵鴨。

還有一個原因是，錢秀玲與陳神父夫婦的合作關係，一開始大家也不懂該怎麼做。投資的本錢，大半是錢秀玲拿出來的；但

是，分紅的時候，陳神父夫婦提出的要求，超出了錢秀玲的承受能力。她這個人，但凡什麼事，都不會跟朋友計較，但是，酒店入不敷出，是個嚴峻的現實。錢秀玲堅持了一段時間，最後也撐不住了，酒店只好散夥。

不管怎樣，錢秀玲跟陳神父夫婦之間，並沒有發生什麼不愉快 —— 後者畢竟也很賣力，他們打算去巴黎投奔兒女了，需要一筆錢安家。錢秀玲把本錢裏的一部分，作為對朋友的相贈 —— 好聚好散，錢秀玲還是很感激他們的相助，分別的時候，彼此還是依依不捨的。

那幅張大千的畫，原本是錢秀玲姑媽借憲和姪子的。但是，酒店轉讓的時候，說當地有個規矩，店內的任何東西，店主都不能帶走，甚至連兩本寫得滿滿的顧客留言簿，都要留下。

錢秀玲覺得對不起姪兒。她對錢憲和說，怎麼辦呢，這是你父親送你的禮物呀，我家裏還掛着幾幅名人的字畫，看中的你就拿走，算我補償你的。

錢憲和自然不要。比起姑媽對他的照顧，一幅畫算什麼呢？

在他的心目中，秀玲姑媽對他的關心就跟自己媽媽一樣。每逢週末，姑媽怕他不來，還給他打電話，讓他住到自己家裏，給他做喜歡吃的菜。他初到魯汶大學時，別人都有野外實習補助金，最高的達五千元，低一檔的，也有三千元。錢秀玲知道了，就幫他去奔走，最後找到了她一個留校的老同學，其時已然是掌權的人物，解決了他野外實習助學金的事。

不過，姑媽給他申請的是最低的一檔，二千五百元。她沒有解釋原因。後來憲和聽姑媽的那位同學講：你姑媽就是這樣的

人，就怕自己比別人拿得多，拿少了她才心安。

後來錢秀玲幾次提到過那幅畫。這是她心中的一個歉疚。

居然在貿然尋訪孔夫子酒家的那天，很意外地，我們見到了那兩本顧客留言簿中的一本。

二〇一八年十月十八日的採訪筆記，這樣寫道：

今天中午，翻譯蓬飛帶我們在布魯塞爾市區的一條馬路上，找到了當年錢秀玲和朋友合夥開的第一家酒店——孔夫子酒家。

進門還是那尊財神爺的畫像——與錢憲和口述的一樣。然後，畫像的下端，擱着一張明式的案几，質地是黃楊木的，隱約的包漿，顯示着它存世的年代。案几上有一個元寶形的香爐，有明顯的灰垢，幾支殘香還在冒煙。前台坐着一個碧眼金髮的外國女人，顯然她是這裏的僱員，老闆娘四十多歲，台灣人，很熱情地招呼我們，還沏了烏龍茶。我們點了幾道菜：炒河粉、青椒土豆絲、西紅柿雞蛋湯；還要了江南頭菜，越南裔的夥計聽不懂；要春捲，也搖頭；要紅燒肉，他一拍腦袋說，OK！

環顧四周，吃飯的人三三兩兩，還是外國人居多。大都是簡餐，一杯咖啡，幾片蛋糕；或是一小片牛排、魚排之類。抬眼望去，卻見不到冷盤熱炒的規模。

這已經不是一家地道的中國餐館了。也許，只有混搭型的酒店，才能滿足各方食客的需求，在夾縫裏生存。

尋找有可能掛過張大千山水畫的那面牆——歐式的略顯花哨的裝修格局，已然不是掛中國畫所需要的白牆氛圍，點綴牆面

的，是幾幅三流的抽象派油畫。

居然發現一道後門，直通一個小院子。院子裏有一棵高大的法桐，樹蔭下，一副圓形的陶台陶凳，上面擱着一套宜興紫砂茶具。這是一把製作尚算精良的圓珠茶壺，紫泥，器型簡潔，顯然它很久沒有泡茶了，擺在這裏，就是個擺設。壺底有款，刀法拙樸，辨認了半天，似乎是「智叟製壺」，智叟者，寓言《愚公移山》裏，那位取笑愚公挖山不止的看客也。製壺者以此自嘲，想來是個不俗的另類。

從陶台陶凳表面的釉水看，我確定它是江蘇宜興製造的鈞釉產品。這個發現讓我驚訝，難以想像它們是如何飛越迢迢的關山與深闊大洋，來到這裏的！

突然記起一則歷史資料，十六世紀初，荷蘭東印度公司的貨船，第一次將中國陶瓷器運到阿姆斯特丹港口的時候，光是紫砂器就有三千餘件。而陶台陶凳之類，在中國的明代已然風生水起、普遍使用，紫砂壺擱在陶台陶凳上一起出國，是很自然的風雅搭配。

院子裏還有一架風鈴，一個鞦韆架。這些有情調的物件，我願意相信，它們都是當年錢秀玲留下的。在工作的間隙，她會在這裏小憩，也可以在這裏會客。如果是有月亮的夜晚，法桐樹會把月光勻稱地灑在地上，撫慰思鄉人的一份殷殷情懷。

這院子，讓人浮想聯翩。

等菜的時候，也還跟老闆娘閒聊。問她知不知道這個酒店的第一任老闆娘是誰？她不假思索地說，知道啊，錢秀玲啦。

蠻自豪的表情。一會兒拿着一個黑塑封面的本子走過來，說，這是當年她留下的顧客留言簿，本來有兩本，其中一本，據

說是政府的一個高官帶客人來吃飯，還給題了詞，結果被一個收藏家買走了，當然不是錢秀玲賣的，是哪一任我也講不清楚啦。

這一份欣喜，幾乎從天而降。趕緊打開，留言簿很厚，每一頁都用護卡膜護着。開頭的第一頁是一位老華僑寫的打油詩：

> 異域意外嚐家肴，美味饕餮盡逍遙。
> 鄉愁綿綿寄萬里，恨無彎弓射大雕。
> 今日相拜孔夫子，夢回桑梓白雲高。

新加坡華人　鄭萬里

翻下去，有英文、法文、德文、日文、韓文的留言，而中文留言的並不多，這個發現，顛覆了我原來對酒店的認知。趕緊拍照，並用微信分別傳給國內的懂外文的朋友。

有一處留言很特別，作者用圓珠筆畫了一面美國國旗，旁邊畫了一個長髮的東方美女側像，然後再畫一個翹起的大拇指，落款是 USA.L。

應該是一位美國客人，用漫畫的方式來讚美酒店遇見的一位美女。這位美女是不是錢秀玲呢，不清楚。但是作者心情很好，美國國旗作為他的底色與陪襯，和這裏的美食一起，正在引發着他的靈感，這一點毫無疑問。

也就是說，孔夫子酒家接納的，是五湖四海的食客，而且是外國人居多。想來也是，那時的很多華僑赤手空拳來到海外，所謂謀求發展，其實就是打工，成功人士很少。下館子對很多人來說還是很奢侈的事。偶爾打打牙祭是有的。而有錢的外國旅遊者，見

到孔夫子這三個字，就像中國人在海外見到耶穌或莎士比亞的名字一樣，光是一份好奇心就會驅使他們登堂入室，品嚐一番。

由此，想到當初錢秀玲為什麼要取「孔夫子」這個名字了，在海外，唯有他才可以代表中國，別的人還真不行。

發給朋友們求翻譯的外文留言，陸陸續續地返回了。

日文的留言是這樣的：

> 我如今遠離日本
>
> 相隔一萬里
>
> 身處歐洲異鄉
>
> 十分想念故鄉的妻子
>
> 在這裏嚐到了故鄉的美味
>
> 是多麼的美好
>
> 那種熟悉的香味
>
> 我怎能忘記
>
> 昭和四十三年於布魯塞爾
>
> 昭和電工株式有限公司　冬木莊亮

這條留言不但寫得情真意切，還提供了一些信息：此公在孔夫子酒家吃到了家鄉的美味。也就是說，孔夫子酒家還能做地道的日本菜。

再就是留言的時間，昭和四十三年，亦即一九六八年。這個時間大大晚於錢家後人的回憶。這也意味着，錢秀玲「宅家」相夫教子的時間，至少在十年以上。

韓文留言：

您好！我是來自韓國的 yangGuk
　　初次見到這個酒店的女主人時，就像是見到了家母一樣！
　　我現在在這裏吃飯、唱歌，太開心了。
祝昌盛！

　　有一條德文的留言，只有一句話：

　　　　一位東方的聖母！
　　　　　　　　　　愛您的德國　巴伐利亞州
　　　　　　　　Erich 埃里希　Johanna 約翰娜

　　從這些留言可以判斷，孔夫子酒家的生意和口碑，都是好的。打動顧客的，不僅僅是這裏的美味和服務，還有女主人的人格魅力。要說因為虧本而歇業，簡直匪夷所思。

　　可是，在錢憲和的回憶裏，當時姑媽一臉嚴肅地告訴他，孔夫子關了，再也虧不起了。
　　或許，可以有另外的解讀：錢秀玲開酒店固然是為了生存和賺錢，但是，開着開着，她就不當它是生意了。她性格裏，有豪放、任性的一面，情義的成分居多，什麼都可以虧欠，唯獨不能虧欠朋友，也不能虧欠自己的內心。
　　所以，「孔夫子」就義無反顧地虧了。

十七

海水豈可斗量

之後呢？

還是開中國餐館。

如果評估一下錢秀玲當時的社會資源，她完全有可能在比利時上流社會獲得一份體面而有尊嚴的工作。但是，她選擇了急流勇退。

開餐館其實很累，但是，在錢秀玲看來也很美。因為它的每一天都充滿挑戰。看起來，這是錢秀玲尋找自食其力的一條出路，其實何嘗不是以退隱民間的方式，讓人們忘記她——首先她自己把那些曾經擁有的東西放下了，並且，新的生活讓她慢慢淡出那些曾經銘心刻骨的記憶。她希望過自在的生活，風輕雲淡、無拘無束。

換了一個地方，緊靠布魯塞爾大廣場附近的一條熱鬧馬路上；換了一個新名字，叫新雅餐館。

這是錢秀玲的一次「戰略轉移」嗎？從改名字，到換地段，我們發現，此時錢秀玲的經營觀念，較前有了一些調整。也不排除有朋友向她提這樣那樣的建議。新雅這個名字，在當時比較時尚。錢秀玲少時在上海讀書，喜歡那裏的情調。那時的上海灘

上，有新雅路、新雅粵菜館、新雅飯店等，在她的印象裏，香港、台灣、澳門這樣的海派城市，都有以新雅命名的餐館和馬路，她見到了，第一感覺總是蠻親切，她相信，有過城市生活經歷的華人，這個名字也同樣能喚起他們的美好記憶。

大廣場這個地方，是布魯塞爾市區最繁華的地段之一。這裏保留了很多中世紀的建築，抬眼望去，金碧輝煌、巍峨氣派；各種店舖鱗次櫛比、穿梭其間。在寸土寸金的地段佔一席之地者，當非等閒之輩。比如，最有名的中世紀建築——市政廳邊上，有一家天鵝酒店，門口掛着一塊小小的牌子：

卡爾·馬克思曾在此住宿用餐

錢秀玲來了。在這樣的地方開一家餐館，才有勁呢。這跟她骨子裏的那份稟賦，是一致的。

找到了新雅餐館的原址，就在那家天鵝酒店背後的一條馬路上。就規模而言，這裏確實比孔夫子酒店還要小一些，「中國味道」已蕩然無存，完全是歐風，更別說什麼疏朗的後院了。不過，因為有大廣場的闊大氣場撐着，它的每一寸空間都顯得底氣十足。如今它已經改為一家麵包房。我們到達的時候，正趕上華夫餅出爐，甜香撲鼻，直流口水。買了兩塊，與夫人各自拿在手上，烤餅師傅笑嘻嘻地提醒我們，華夫餅要趁熱吃。憑良心說，布魯塞爾街頭現烤的華夫餅，顛覆了我之前對華夫餅的認知，真的非常好吃，情急之下不免狼吞虎咽，大快朵頤。

通過翻譯蓬飛先生，問起早先這裏開過新雅餐館的事，師傅

搖頭說不知道。然後我說出了錢秀玲的名字，他轉身跟一個小老頭，估計是老闆，嘀咕了幾句，小老頭也一臉茫然。

有沒有前任老闆留下的顧客留言簿？

嗯，抱歉，我們沒有聽說過您說的那種東西。

想起一句唐詩：昔人已乘黃鶴去，此地空餘黃鶴樓。

據錢家後人的介紹，錢秀玲在這裏開餐館的時間也不長，或許一年，或許兩年。其間的故事，已然被歲月湮沒。

在店堂裏徜徉了一會兒。想像這麼狹小的空間，能容納幾桌客人呢，充其量，也就五六桌吧。這個地方的租金一定非常貴，但生意一定很火。酒店的門外左右兩側，排放着一些簡易的咖啡桌，這應該是酒店的延伸部分。生意擁擠的時候，等待用餐的顧客，可以在閒坐中等候，啜一杯熱氣騰騰的咖啡或清爽舒心的冷飲，在有一搭沒一搭的閒聊中，看着行人走來走去的各種表情姿態，自己的心情會不知不覺融入其間，真的是一份額外享受。

少頃，笑容可掬的老闆娘會以她的招牌式微笑，過來招呼着她的每一位客人。你跟她講話的時候，她努力傾聽的樣子，會讓你覺得特別可親。她是那樣善解人意，有時你跟她的溝通，也會有語言上的障礙，但是，新雅餐館的菜肴和服務，總是讓來這裏的食客覺得，語言這個東西，在這裏是讓位於菜肴的，或者說，這裏的溫煦氛圍，本身就是一種美好語境，而菜肴的語境則更為豐富。錢秀玲在開孔夫子酒家時，硬氣地說過一句話，您要吃了不滿意，可以不付錢。孔夫子酒家的任何東西她都沒有帶走，但這句話，她是一定帶走的。當年的新雅餐館，也跟孔夫子酒家一樣，會有它的顧客留言簿嗎？相信那每一條留言的背後，都會有

熱氣騰騰的故事。不過，與各種遺憾一起，在時間的深海裏，它們已經無影無蹤。

顯然開辦新雅餐館不是錢秀玲的終極目標。她是在這裏沖個浪，她還要往深水區走。之後的玉泉餐廳，才是她從事餐飲業的巔峰，而時間，應該在一九七一年之後。

一個廣義上的機緣是，這一年，中國與比利時建立了外交關係。一個長期關閉的門戶正在打開。

第一次在中國駐比利時大使館的大門外，看到高高飄揚的五星紅旗，她內心有莫大感慨。雖然她對共產黨了解不多，雖然她的長輩以及親屬在大陸或多或少受到了政治運動的牽連，在她心頭不可能不留下些許陰影，但是，以她的心胸，不會把個人的際遇和生養她的祖國聯繫起來。見到新中國的國旗，第一時間裏，她還是有心跳加快的感覺。雖然此時她已經加入了比利時國籍，但是，在她內心深處，她的祖國永遠是放在第一位的。

然後，有一天，在她的餐館裏，來了幾位和藹親切的中國客人，他們是中國駐比利時大使館的官員，其中的一位，還是江蘇老鄉。他們親切地叫她大姐，錢秀玲流淚了，老家來人了。這份感覺好親切。他們了解到她在比利時的影響，稱讚她在特定時刻出手拯救人質的勇敢與無畏。然後，也讚賞她彼時的低調和獨立。她沒有想到，其中一位年紀略大的長者，就是中國駐比利時的首任大使李連璧先生。他真誠地邀請她，方便的時候回老家看看。並且說，隨着中國和比利時的正式建交，會有越來越多的中國人來到這裏。李大使環顧四周，還幽默地說，大姐啊，您的餐館應該比這裏大幾倍才行，不然，老家客人來多了待不下啊！

沒有足夠的細節表明，錢秀玲再次遷徙她的餐館 —— 從大廣場轉到布魯塞爾最有名的特爾菲倫大街，相當於北京的王府井 —— 與中國大使館官員的造訪有着必然的聯繫。但是，從此之後，中國大使館成了錢秀玲的一座精神上的靠山，這確是實情。

　　玉泉餐廳剛開張不久，有一天，來了一位頭髮花白的女客，看上去六十多歲，面容清瘦。她要見錢秀玲。

　　恰巧，那天錢秀玲出去辦事未歸。她說，她可以等。自己點了一份便餐，一個人慢慢吃着，神態安詳。

　　她就是久違了的西西拉溫特。

　　錢秀玲與她見面時，兩個人緊緊擁抱，許久許久，都說不出話來。

　　平靜下來，她告訴錢秀玲，法肯豪森將軍已經去世了，享年八十八歲。他晚年的生活，是在回憶和反思中度過的，經常夜不能寐。他雖然永久地淡出了人們的視野，但是，思想還一直很活躍。這些年裏，他斷斷續續寫下一部二十多萬字的回憶錄。這裏面，有很多對德國民族文化傳統、意識形態的思考，尤其是，為什麼德國會出現像希特勒那樣的戰爭魔鬼呢？他的思考是痛苦的。但他說，唯有痛定思痛，才能探索癥結的源頭。

　　她把這部名為《戰外回憶錄》的書，還不是正式出版的內部印本，但上面有法肯豪森的親筆簽名，送給了錢秀玲。

　　「他臨終前很安詳，一再說，要我替他感謝你。」

　　捧着厚厚的書本，錢秀玲一時無語。太多的感慨，不知如何表達。她說，一定會好好讀這部書的。她可以想像，法肯豪森把自己的精神都融入這部書裏了。

作者在布魯塞爾拍攝玉泉餐廳最後的容顏（已被轉賣）

　　她問西西拉溫特，以後是不是就回比利時定居了呢？

　　西西拉溫特神態決然地搖頭，說：「我還將回到德國去，在他的老家度過餘生。因為，我的家人至今都不肯原諒我，更別說和好之類。我死後，將與他合葬，永遠留在他身邊。」

　　錢秀玲歎了一口氣，說：「這麼多年，你的性格一點沒變。我從心裏佩服你。」

　　臨別時，錢秀玲送了她一筆錢。她堅決不肯收。錢秀玲說：「帶上吧，這是我的一點心意。對自己好點。年紀大了，總要用錢的。我幫不了你什麼，你要是再不收，會讓我很沮喪。」

　　送走了她，錢秀玲心裏好一陣不能平靜。她知道，這個世界，注定有一些好人，曾經給予你很多的光亮，但就是無法不與

你擦肩而過。她相信，法肯豪森將軍去世前一定沒有太大痛苦，因為他有西西拉溫特陪伴在側。沒有她，他也斷然寫不成這麼厚的一本書。這一點，她倍感欣慰。在他的晚年，會遇到西西拉溫特這樣一位可敬的女性，也許真的是上帝的恩賜吧。

玉泉餐廳這個名字，背後有什麼內涵呢？

錢秀玲曾經告訴她的姪孫錢為強，這個名字，看上去很普通，但它很中國。玉，代表了一種高貴的品質，中國人喜歡講「玉精神」；泉，當然是永不枯竭、細水長流的意思。

錢為強算是錢家在大陸的後人裏，第一個到比利時來「洋插隊」的人，當然是因為他姑婆錢秀玲一手提攜的緣故。

上世紀七十年代末，國家對外開放的力度加大，出國的人開始多了。姑婆回過一趟上海，跟我們團聚。當時我們都不知道她在比利時具體做什麼工作，我爺爺是姑婆的親哥哥，他們的談話，有時是避開我們這些小輩的。有一次姑婆問我，願意不願意跟她去比利時，在她自己的餐館裏工作 —— 她的設想是，先在她的餐館裏學一手做餐飲的本事，然後自己出去開一個餐館，這是當時很多華人在海外發展的路徑。我當時在上海的一家化工廠當三班倒的工人，一份很枯燥的工作。能跟姑婆出國，當然很高興。不過，家裏人跟我一樣，認為出國這樣的大事，沒個一年半載，手續是辦不下來的。

讓錢為強沒有想到的是，僅僅一個多月後，他突然接到比利

時駐上海領事館的通知，讓他去面簽。然後，一路綠燈，很快就辦妥了一切出國的手續。

在他的印象裏，幾乎所有的人——從領事館到大使館，只要提到錢秀玲的名字，都會非常重視。

到了布魯塞爾，他沒有想到，姑婆的餐館，居然開在最繁華的特爾菲倫大街上。不到五百米的地方，就是獨立五十週年紀念塔，相當於北京的人民英雄紀念碑。大街非常開闊，人流量多，玉泉餐廳的位置當然是黃金地段裏的首選了。一條甬道進去，兩旁是植物，店名是隸書體，好像是從唐代的一本碑帖上找來的字，文雅而圓潤。進門是客堂，有鑲嵌着象牙的屏風，當然是中國風格，然後分別有七八個包間，樓上也可以擺幾桌。錢為強沒有想到，玉泉餐廳的生意居然非常火爆，平時都是客滿，中午也不例外；平時是四個跑堂的，後來增加到八個，基本上連小憩的工夫都沒有。週末更是擁擠，很多顧客在門外的咖啡座上等候「翻台」——等客人吃完重擺桌布碗碟。實在忙不過來，只能在週末週日這兩天，臨時加聘兩到三個跑堂人員。錢為強到餐廳的第一天，姑婆錢秀玲就讓他到廚房裏打下手，她叮囑他，要好好學，先從刀工開始練。當時廚房裏有四個人，大廚師陳彼得是台灣人，他做的北京烤鴨特別棒，很多客人就是衝着他的烤鴨來的，天天供不應求。陳彼得這個人，平時把自己看得很高，對別人說話，都是居高臨下的。但在錢秀玲面前，卻是服服帖帖。他有句口頭禪：除非你讓大姐來跟我說。

時間長了，錢為強就知道，原來其中有個故事。之前陳彼得在另一家中餐館做廚師，也是很牛的。有一次，他有急事要回台

灣，居然事先不跟老闆打招呼，那天是週末，有個老華僑嫁女兒，在餐館訂了八桌喜酒，關鍵時刻，陳彼得失蹤了。老闆急得團團轉，最後打通陳彼得的電話，他已經在台北落地。這事怎麼得了？老闆差點休克。臨時找來一個二百五的廚師，倉促上陣，飯菜一塌糊塗。老華僑當然很氣憤，甚至拒絕付款。一下子，餐館的牌子等於被砸掉了。老闆到法院起訴，但人不在，法院也鞭長莫及，從此不允許陳某人入境。錢秀玲並不知道這事，她只是聽別人說，陳彼得烤鴨做得好。後來她聽說他回台灣了，就給他打電話，問他願不願意到玉泉餐廳來當大廚。陳彼得說，我來不了啊，海關不讓我進。錢秀玲說，那有什麼難，我來跟他們說。於是，錢秀玲就給海關的人打電話，那邊一聽是錢女士出面了，趕緊說，沒問題，他來吧。結果，陳彼得又到布魯塞爾來了。

陳彼得來玉泉餐廳沒幾天，就被他原來的老闆知道了。對方打上門來，不但要告陳彼得，還要追究錢秀玲的責任。直到這時，錢秀玲才知道他們之間發生的事。怎麼辦呢？錢秀玲要陳彼得向前老闆道歉，並且賠償一筆錢。這筆錢如果他一時拿不出，她可以先墊上。實際上，等於她替陳彼得賠錢了。然後，她也向那個老闆道歉了，因為她確實不知道實情。

因為這件事，陳彼得在玉泉餐廳很乖。後來，他原來老闆的餐館關閉了，日子混不下去，就來找錢秀玲，說隨便做什麼都可以，只要給口飯吃。錢秀玲就安排他在前台收銀。開頭還蠻起勁的，後來日子長了，總感到委屈，經常在餐廳裏發牢騷，甚至影響別人幹活。錢秀玲都看在眼裏，總是用好言安撫他，説以後他如果重新開張，她一定會支持他。她的寬容，別人真是做不到的。

玉泉餐廳的員工，幹活都很賣力。一是因為錢秀玲的人格魅力，再就是餐廳的分配機制。錢為強來了才知道，餐廳員工的工資，是每天發放的。錢秀玲有個規矩，每天晚上打烊以後，大家不走，等着收銀員把錢箱拿上來，全部倒在一張桌子上，大家一起點鈔，然後，把鈔票碼齊了，放成幾疊，等錢秀玲來分錢。她拿過一把算盤，劈裏啪啦一算，去掉各種成本、損耗以及股本積累，餘下的錢，她會根據每個人的崗位，來餐廳工作的年份，以及每天工作服務的份額，給出當日的工資以及股份——滿三年以上的員工，錢秀玲是送股份的。她覺得，一個人能在一家餐廳幹三年，就完全是自家人了，應該有福同享。所有的分配，都當着大家的面，公開且透明。你想想，一天忙下來，晚上回家的時候，腰包裏鼓鼓的，員工怎能不高興呢。白天幹活都特別起勁。每一個人都覺得，活兒是為自己幹的。錢為強説，走遍布魯塞爾的大小飯店，沒有一家能有這樣的分配機制。

　　灑脱，大氣，對任何人都那麼和善。她總是笑吟吟的，從來見不到她愁眉苦臉的樣子——員工們都知道她的一句名言：微笑又不要我一分錢。

　　唯獨有一次，她發火了，而且火氣不小。

　　還是那個陳彼得的前老闆。他來玉泉餐廳後，估計是找不到當老闆的感覺了，經常發牢騷、挑事，錢秀玲知道他心裏苦悶，便處處放他一馬。給他開的工資比一般員工還高。可是，他卻還嫌低。有一次，當着大家的面，他公開跟錢秀玲提出，嫌待遇低，還説自己是鳳凰落地不如雞。

　　那是一個打烊收工後的夜晚，錢秀玲把所有員工召集起來開

會。開始的時候，她還是平心靜氣的，聽他把話說完，也沒有動怒。說，那你要怎麼樣呢，你說吧，還要加多少錢？

那個不識趣的前老闆居然提出一個大家聽了都笑起來的要求。

錢秀玲突然拍了桌子，霍地站起來，抑制不住憤怒地說：「你到全布魯塞爾去打聽打聽我錢秀玲的為人。我願意幫你，是希望你東山再起，咱們都是中國人，出來做事都不容易。可是，你在這裏的所作所為，太讓人失望了，我若再這樣遷就你，便是對店裏弟兄們的不公！」

話音剛落，店裏所有的員工都站起來鼓掌。

錢秀玲認為，對壞人好，就是對好人惡。她這杆秤如果不公平，餐廳就會走下坡路。

她要求他立刻走人。

對方態度軟下來，表示不會再提出任何要求，求她再給一次機會。

她手一揮：恕不遠送！

在相當長的時間裏，玉泉餐廳都是特爾菲倫大街的一道風景。作為一個地道的布魯塞爾人，能被朋友邀請到玉泉餐廳吃飯，應該是一種很高的禮遇。無論達官顯宦，還是平頭百姓，說到玉泉餐廳，都會讚賞有加。這裏的一切都充滿着誘人的意味，不論是菜肴還是環境、服務。錢秀玲會在每天中午開餐前半個小時到達，從廚房到門廳以及每一個包廂，她都要親自檢查。從鮮花的擺放，到桌布椅套乃至餐具的搭配，甚至衛生消毒，她都會過問。然後，重要的賓客到來時，她會在門口迎賓。不認識的客

人，她也會去打個招呼，問一問菜肴是否合口味，如果是帶着小孩的，她會送一份兒童餐。第一次來吃飯的客人，她也會送一道新菜，或是一道靚湯。那種氣氛，真的讓人很溫馨。

也有熟悉的客人，會對自己帶來的客人說起錢秀玲當年拯救人質的故事。有的人會攔住錢秀玲問，阿姨，這是真的嗎？

錢秀玲總是笑着說：「那都是過去的事了。要說救人，那是我的堂兄，他認識德國將軍，是他們救的人，我不過是跑跑腿。」

有一次，一位德國的記者在餐廳吃飯，問起她當年救人的事，她說：「年代久遠，我都已經不記得了。那不是多大的事。就像您走在路上，路邊有個孩子摔倒在地，你順便把他扶起來，就是這樣簡單。」

錢為強感覺，姑婆對媒體的人，有一份特殊的警覺。她不希望他們炒作，甚至不希望提起她。她對為強說，陳年爛芝麻的事，老提它幹嗎，以後有人問起你，你就說不知道。

餐廳忙碌的高峰過去了，她才開始用自己的午餐，通常是和丈夫兩個人。其時葛利夏大夫已經退休，他的口味早已被他的東方玲同化了。小餛飩和炸春捲，依然是他們餐桌上的主打食物。錢為強感覺，葛利夏大夫是個好好先生，他很寡言，高而瘦，很講究風度，來餐廳吃飯，都是西裝領帶。錢秀玲在說什麼的時候，他總在一邊笑，很少插話，相比較之下，錢秀玲就顯得比較強勢。

上了年紀以後，錢秀玲以素食為主，小餛飩是素菜蝦仁餡的。在錢為強的印象裏，她特別喜歡燒一個家鄉素菜 —— 呱唧菜。用自己醃的鹹菜，自己發的豆芽，加豆腐皮、黃花菜、黑木

耳等，起鍋後要淋上麻油，嚼起來，會有呱唧呱唧的聲音，爽口而下飯，所以叫呱唧菜。

彼時錢秀玲的家，離玉泉餐廳僅一箭之地。跨過馬路，走幾分鐘就到了，在一棟高檔公寓的八樓，房子很大。錢為強到布魯塞爾後，幾乎每天下午，餐廳收工後，都要跟着姑婆去她家。姑婆會給他泡一杯咖啡，然後坐下來，按照自己編的教程，教他法語，她要求他儘快掌握法語，否則就很難在比利時立足。這樣的日子，大概有一年多。有時，她會停下來，跟為強說一些家鄉的陳年舊事，她老跟他說起自己的父親，覺得對不起他。說着說着，眼淚就下來了。這個時候，為強覺得，姑婆就是一個心腸柔軟的家居女人。

錢秀玲和葛利夏育有五個孩子，都已成家立業。他們當中，有當醫生的，有開畫廊的，有做生意的。有的出類拔萃，也有的平淡無奇。在錢為強的印象裏，錢秀玲最喜歡長孫傑羅姆。有一次傑羅姆過生日，她親自去商店選了一款萊卡相機，作為生日禮物送給他。每到星期三，學校下午不上課，傑羅姆就會給奶奶打電話，帶着他的幾個同學到餐廳來吃飯。傑羅姆還教他的同學們使用中國筷子，然後他會老練地點幾道玉泉餐廳的招牌菜，錢為強一直記得他們吃飯時那種興高采烈的樣子。傑羅姆一來，錢秀玲總是特別開心。她非常重視他帶來的小客人，她跟他們聊天的時候，好像自己也回到了童年時代。有一次，來的同學裏，有一個羞答答的女生，叫瑪莎。錢秀玲高興壞了，趕緊叫夥計去附近的商場給她買一個文具盒，作為禮物送給她。

私下裏，錢秀玲對為強說：「我的兒孫們，對中國都沒有感

覺，就這個孫子，我讓他從小吃中國菜，用中國筷子，給他講中國故事，他現在很喜歡吃中國菜，以後他就會喜歡中國。」

有一天，錢秀玲的一位老華僑朋友蔣竹山帶着全家人來吃飯。老蔣是上海人，來比利時也有幾十年了。他的兒子、孫子都不會講中國話。老蔣感歎地說，沒有語言環境，怎麼讓我們的子孫說中國話呢？可是，連中國話也不會說，那還算什麼中國人呢！再過一兩代，他們就把自己的祖宗給忘光了。

一句話觸動了錢秀玲。她說，我們何不來辦一個華僑中文學校呢，讓那些華僑的子女都來學習中國的傳統文化，讓他們記住自己的根脈來自哪裏。

錢秀玲在她的華人朋友圈摸了一個底，幾乎所有被諮詢的人群裏，其第二代和第三代，對中文都已是十分陌生的了。

都贊成辦一所華僑中文學校。

有一段時間錢秀玲特別忙碌。她說過的話，總是會盡力去做。一些有經濟實力的老華僑聚集到她的身邊，大家推舉她出任華僑中文學校的校長。然後，找校舍，報批文，聯繫師資，聘請員工，購買教學設備，校園、教室佈置，等等，都是她在親力親為。錢為強跟着她出去辦過幾件事，所到之處，都對她非常敬重。他問姑婆，怎麼那些人都很買您賬啊，姑婆笑着說，我也不知道啊，可能是天底下還是好人多的緣故吧。

為強還記得他與姑婆的一段對話。他問她，為什麼要辦這個學校，是不是要貼進去很多錢？

錢秀玲說，她年輕時候想做居里夫人那樣的科學家，可是，命運卻讓她錯過了。她也多次想回去報效國家，也錯過了多次機

會。到如今她也上歲數了，很多東西都看淡了，但自己骨子裏是中國人，這一點，內心的感覺卻越來越強烈了。辦中文學校，她就是想多聽聽中國話，多見見中國人。看到那些中國孩子，她特別開心，如果那些老華僑的後代，能夠不忘記自己的根本，讓中國的文化，在他們的子孫後代裏延續下去，這是多有意義的一件事啊。

除了這樣，我還能做什麼呢？

錢為強記得，姑婆說到這時，眼睛裏是濕潤的。

至於錢，錢秀玲説，人這一輩子，錢是掙不完，也是用不完的。掙來的錢，要用在自己喜歡的事情上，辦中文學校，是她到比利時以來，最讓自己開心的事情。

她變得風風火火，行色匆匆。餐廳裏的人，只要提到中文學校，她的話匣子就會嘩嘩打開，臉上有一種特別的神采。有一段時間，她很少在餐廳露面，精力都撲到中文學校上去了。後來大家都知道，她要麼在餐廳，要麼在中文學校，要麼在餐廳到中文學校的路上。

有一天她回來時特別高興，説中國大使館的文化參贊專門來中文學校參觀，説了不少讚揚和勉勵的話。大使館還送了一批書給學校，其中有《唐詩三百首》《宋詞三百首》《諸子文粹》《説文解字》《紅樓夢》等。她説，看到這些書，就想起小時候唸書的情景，我就是讀着這些書長大的呀！

二〇一八年十月二十日　採訪手記：

來比利時近兩週，旅行簽證的日期就要結束了。

終於採訪到了上任才兩天的艾克興市市長夏維先生。四十來歲，高大且威猛，絡腮鬍子，一條做舊的牛仔褲包住他頎長的雙腿，像個籃球健將。此公原先只是當地某中學的工會副主席，因為有從政的熱情，又有財大氣粗的老闆朋友 —— 雷蒙‧穆克的朋友努埃爾，當地經濟發展總公司的老闆出手幫忙，居然就戰勝了其他九個競選對手而出線成功。其時「反對派」不服，天天在廣場上集會表示反對。夏維最初謝絕了我們的採訪，是努埃爾打了招呼，他才同意見一面。

看上去他還沒有進入市長角色，拘謹中有點漫不經心，兩隻手一直在來回搓着，其間不斷在看手錶，似乎在敦促我快點結束。

我就問了一個問題：

「在艾克興，還有人記得錢秀玲嗎？您上任後，是否會在錢秀玲事跡的宣傳推廣上做些事情？」

夏維的回答還是很誠懇的：

「我是本地人，從小就聽父母講錢女士拯救人質的故事。現在，中年以下年紀的人，能知道錢女士故事的，確實不是很多了，但是這並不意味着時代在遺忘她，歷史是會銘記她的功德的。在我看來，我們平常的生活裏，如果有人救了一個人，大家都會覺得他很不容易，何況錢女士是在戰爭年代，拯救了一百多人，太了不起了。我上任後，會讓人把錢女士的故事編入學生的課外讀本，讓他們知道，曾經有那麼一位偉大的女性，在久遠的年代做了一件值得讓我們永遠緬懷的好事。」

我送了一把紫砂壺給夏維。他回贈一個包裝得非常漂亮的普通咖啡杯，說，艾克興是一座與愛情有關的城市，很多外地的年輕人結婚的時候，都會選擇到這裏來舉行婚禮，度過他們的蜜月。

回顧此行，最大的遺憾，莫過於沒有採訪到錢秀玲的長子悌米吉。託錢為強先生幾次與悌米吉聯繫，希望他能與我們見面，但對方均以各種藉口推託。

錢為強認為，他從未到過中國，對中國缺乏了解，特別是二〇〇二年，中國央視推出的那部電視劇《蓋世太保槍口下的中國女人》，他看了以後認為有些情節不夠真實，甚至有些惱火。其間也缺乏溝通，從此對中國人敬而遠之。

據說他已經八十三歲。

而錢憲和先生則向我披露，早年錢秀玲姑媽曾私下告訴他一個細節：還是在埃爾伯蒙村的時候，童年的悌米吉曾經被玩伴罵「中國佬」，他很傷心。儘管錢秀玲多次給他心理疏導，但在其幼小心靈裏，還是留下了些許陰影。「中國」在他心目中，色調是灰的。長大後，他看到母親的那些中國親戚來投奔他們，住在他們家，在媽媽的餐館打工、掙錢，看到母親待他們比家人還好，心理上也有些失衡。

錢秀玲對自己孩子管教甚嚴，完全是東方式的傳統教育。但是，孩子們上了中學乃至大學後，接受的卻是西方的思想觀念，「叛逆」的因子由此爆發。凡此種種，集中在悌米吉身上，就是對中國的不親善與冷漠。

十八

塵歸塵，土歸土

秀玲賢妹惠鑒：

　　前兩札俱悉。三月以來寒熱纏身，微恙不斷，養疴期間未能奉書，良深歉仄。愚兄已於去年十二月退役，卸甲歸家，從此心歸桃源，與世無涉。尤與某公避而遠之，若隔關山。政府尚念多年追隨之勞，由經濟部聘為中國紡織建設公司顧問，空設虛職，無須每日到班撞鐘，一口養命殘羹而已。汗顏！

　　餘積疾之傷，非軀表而在內心。凡數十年知愚兄者，惟賢妹也。去歲以來，遂與愚嫂皈依基督，晨昏祈禱。眼前光明，竟日漸浩大。可悲可喜，惟問蒼天耳。祈頌

　　近佳

　　葛利夏賢妹夫一併儷康！

愚兄　企裴

民國四十三年　五月十五日

　　此信寫於一九五四年。雖是平常家書，卻透露了錢卓倫晚年

作者在台灣陽明山墓地拜謁錢卓倫墓

心緒之一角。

　　從字面上看。他終於「退役」而平安落地。「一口殘羹」乃由「經濟部」下屬的一家官辦公司發給。所謂「某公」，看官當一目了然。蔣介石最終未將他置於死地，宋美齡應該起了很大作用。蔣也知道，錢卓倫晚年喪子喪媳，當屬人生之大不幸。殺子之仇，其壑何深？這道理，路人甲也懂得。剝其軍銜軍裝，一口閒飯也還是要給，不把事情做絕，也是做給跟他幾十年的那些隨從看的。而錢卓倫的「皈依基督」，既是內心痛徹空茫之需要，亦是對自己的一種保護。

　　此時錢氏家書，便是冰冷內心裏難得注入的溫煦光亮。這片光，幾十年裏，一直貫穿於錢氏兄妹的信札中。那些泛黃的紙面，映照着不平凡歲月的庸常日子，給後人留下頗多念想。

二〇一八年十二月五日採訪手記：

專程飛赴台北。

四日下午兩點鐘，台北市第一大飯店，一樓，丹緹咖啡館。

終於約到了錢卓倫的孫子錢育旋先生、外孫沈藝江先生，還有一位年齡稍大的長者 —— 錢卓儒的二兒子錢憲行先生。

面對着卓倫將軍的後人，想問的問題很多。

首先，錢秀玲在上世紀五六十年代經常來台灣嗎？她跟錢卓倫堂兄見面的時候，有否講過在比利時拯救人質的事情？

錢育旋先生滿頭飛雪，年齡七十有一，但身體硬朗，臉色紅潤。他父親錢克顯、母親王瑤君遇難時，他姐姐十二歲，他十歲，一個弟弟才八歲，最小的妹妹只有六歲。

他的回答是這樣的：

以前沒有聽說過秀玲姑婆在比利時救人的事。在大陸播出那個電視劇之前，我們整個家族都不知道。當然，那個時候我們還小，姑婆來台灣看望我爺爺，他們大人談事，是避開我們小孩的。可是，我爺爺也從未講過此事。我想，對於他們來講，這種事情太小了吧，在他們看來，都是舉手之勞的事，不值得放在嘴上講，尤其不會對我們小孩子講。

錢憲行先生是錢憲和的弟弟，錢卓儒的二兒子。他有八十歲了，就輩分而言，也比錢育旋他們長一輩。在這方面的見聞，會

不會比他們多一些呢？

　　姑媽來台北看望我爸爸和卓倫伯父，好多次我都在場。他們在一起就是敘家常，說說各自的家庭、孩子，也說到宜興老家的一些故舊。我沒有聽她講過在比利時拯救人質的事情。在我的印象裏，我父親錢卓儒和卓倫伯父，也都沒有說過。

　　也就是說，如果中國中央電視台不播出那部《蓋世太保槍口下的中國女人》，錢家的後人至今都不知道有錢秀玲拯救人質這回事。

　　這個不難解釋。因為他們沒有把它當成多大的事。他們身處的年代，很多人為了家國，為了一個信念，拋家捨子，獻出了自己的生命甚至整個家族。救人這點事，在他們看來，就是跟自己熟悉的朋友打個招呼，求個情。那又算得了什麼！

　　這是沈藝江先生的觀點。作為錢卓倫的外孫，他的童年時代是在外公身邊度過的。在他的印象裏，秀玲姑婆來他家，說得最多的就是孩子。她自己的孩子，以及錢家所有的孩子。
　　那麼，錢卓倫將軍晚年的精神狀態如何呢？
　　在錢育旋先生送我的為數不多的錢卓倫資料中，有錢卓倫長子錢克順的一篇文章，題為《先父卓倫公生平》。其中談到了乃父的晚年生活：

先父晚年與繼母篤信基督，晨昏祈禱，按期聚會，傳揚福音，參加神工，風雨無阻。自此與煙酒等俗娛絕緣。先父素重鄉誼，桑梓之情甚深。早年在南京、重慶，均聯絡鄉賢，發起建立宜興同鄉會。南京梅花巷宜興會館，乃先父一手創立。來台後，與張玉麟、謝紹竑諸老商組台北宜興同鄉會，並創辦《宜興鄉訊》，刊頭書法，乃先父所題。

在卓倫先生後人的敍述中，台北濕熱的豪雨裏，一個撐着傘、在熱帶植物的綠蔭下踽踽而行的長者漸次淡出，瘦高，清癯。一頭曾經黑而密的頭髮已經花白而稀疏，目光亦不再如炬，看人的時候，反應有點慢，但神態是和煦的，甚至一直挺拔的腰背，也變得微駝。朋友的圈子，隨着歲月的變遷，也慢慢變得更小，但知己總是有的。煙酒絕不再沾，茶卻難戒。一人獨處之時，便喝白開水。在家，總穿舊衣服。給朋友寄信，都是用舊信封拆開，翻一面，糊起來再用。來往的朋友，都知道他簡單的生活規律，叫作「三點成一線」：自家居所 —— 基督教堂 —— 宜興同鄉會館。

決心遠離原先那個圈子。不聞、不問、不交往。但以餘生之心力，做一點自己喜歡的事情。

人到晚年，許多東西漸漸看淡，然每見到宜興同鄉，總有述說不完的鄉誼。其時海峽兩岸封閉隔斷，依然兵火相向，音訊幾乎歸零。有時，老鄉聚首，會從彼此口中獲得一星半點老家的信息，喜憂不定，聊勝於無。早先在南京時，他便是宜興同鄉會的主導者，當時的金陵古城梅花巷內，一棟古色古香的寬敞庭院，

是同鄉會的會所，都是他在張羅。其人氣興旺、群賢畢至的景象，歷歷在目。抗戰期間遷到陪都重慶，同鄉會活動一如既往，也是他在打點、照應周全。到了台北，心境日漸淒涼，思鄉之心更甚，隔三岔五，能與老鄉一起敘舊聊天，感覺是庸淡生活裏的一種指望。

於是，台北宜興同鄉會，在他手上，從無到有，聚沙成塔。一年下來，頗具規模。會所雖無舊時南京之規模，卻也小巧玲瓏，鬧中取靜，其間古松翠竹，曲徑通幽。他親任理事長，並創辦《宜興鄉訊》刊物，兼任主筆。卓倫先生彼時忘我投入，其精神狀態幾近恢復到剛來台時的模樣，亦讓家人稍微心安。

沈藝江先生回憶他的外公，有一段時間，老是在家裏給外面的朋友打電話約稿。他說，辦刊物就像開店舖，貨物充足、琳瑯滿目，生意才會火爆。《宜興鄉訊》剛出版一期，就遇上了「稿荒」。投稿的人不多，可以用的稿件更少。沒辦法，他只好自己上陣，以「方圓氏」之筆名，開設《桑梓回憶錄》專欄。記得他的第一篇文章，題目叫《辛亥宜興光復紀略》，以革命軍首義於武昌為背景，記述辛亥革命前驅光復古城宜興的過程。文字乾淨簡練，史料翔實。其中有一段，寫到這一場辛亥巨變來到宜興時，年少的他曾經參與其間的情景：

吾鄉地處蘇浙皖三省之交，背山面湖，伏莽夙多。值茲國家多故之秋，地方有識之士，為謀安定閭閻計，公請徐公致章煥其老先生出任領導，籌劃自衛之策，煥老以科甲出仕，宦遊歸來，息隱珂里，不預外事，惟值時局艱難之際，毅然與急公好義之

舉，慨允挺身而出，與地方熱心人士，籌組保安會，編練保安團，以武力衛護桑梓。斯時邑中負笈外埠之學子，均已輟學返歸，遂號召其義務保鄉保家，參加保安團組織，所有會址團部，均設於東珠巷之後餘堂，延吳育萬為司令兼總教練，程鴻翔、錢卓倫輔之。知識青年，從者踴躍。一面編隊施訓，晝操夜巡；一面向滬上洋商購置槍械，採辦軍裝，不一月，儼然成為強有力部隊，負起地方保障之任矣。

文字溫厚樸實，言簡意賅，無方巾氣。在幾年時間裏，他先後寫下回憶故鄉的文史掌故文章六十多篇。如《周處斬蛟的故事》《伍子胥與史貞女》《民族英雄盧象升》《國山碑之來歷》等。寫作的過程於他，等於是一路夢遊故鄉，對歷史掌故的梳理，亦是對自己精神脈絡的回望。

在煤礦謀事的卓儒堂弟，也是一家老小十幾口。卓儒經常來看他。有時從他那裏，卓倫能得到一星半點老家的信息。他會留卓儒陪他吃頓便飯，一起回憶過去在大陸的舊時光。

閒來啜墨，自稱墨戲，卻被友人奉為書法，台北的官場，對他的字是認的。他又惜墨如金，不肯隨便塗寫。能得到一幅卓倫墨寶，當是不低之禮遇。于右任評價過他的字，「二王」底子極為深厚，亦汲取明清諸家風貌，清潤秀逸、蕭疏平遠。其書風看似隨意，卻鬆弛有度、脫俗古淡，予人以「不期而至、清風故人」之感。

與朋友論書法之道，卓倫先生每每有獨特見解。《宜興鄉訊》

曾經刊登他對古人書法的鑒賞文字。比如，談到鄭板橋時，他曾有如下文字予以評析：

鄭燮對書法自有其獨特之見解，認為清初書法尚圓媚是受趙孟頫、董其昌影響。而近人則爭學大唐書，鈍皮凡骨非歐虞，因而也使書法誤入歧途，到了乾枯無味的地步。他對書法時派的批判，雖有偏頗之處，但亦不無道理。試想一旦大家爭相追慕一家一派書體時，弊端必油然而生。鄭燮乃清醒之士，他之書法逆勢而行，以隸、楷參半，自稱「六分半書」，一如金冬心之漆書，面貌一新，如千山獨行。

一日，與卓儒堂弟啜茶，忽突發奇歎：

過去的時光猶不可追。所謂未來，又何能確定？一個人可以擁有的，唯有當下。任何一個人，無論富貴貧賤，過的都是今日的生活，既非昨日，亦非明日。唯一能被奪走的，也是今日。若悟得此道，便無所失去，亦無所得到。長命百歲與短壽夭折莫不如此。

卓儒聽得費解，問哥哥何意？他微微一笑，不再解釋。
後來卓儒懂得了，他是在與自己講和。心動神知，對這個世界，他已漸漸地無所求，無所恨，也無所依戀。

又一日，住校寄宿的孫子錢育旋突然得到家中電話，爺爺病重，盼他即刻去榮民總醫院探視。

在他的印象裏，他與爺爺總是聚少離多。父母遇難的那一年，他才十歲。記得家裏突然放了兩口棺材，父母的照片被加上了黑框。一家人嚇蒙了，抱頭大哭之際，爺爺來了，一直摟着他們兄妹幾個，止不住淚如雨下。

之後，他和姐姐妹妹還有弟弟，一直跟外婆外公過。只有逢年過節，才能與爺爺團聚一下。他心中的爺爺慈眉善目，話語總是溫煦有加，但彼此之間，一直是有距離的。後來他才知道，爺爺其實一直是被監視的，不跟他們住在一起，疏離一些，除了家庭的某些緣故，也是為保他們的平安。

那一日正是他高三大考的最後一天。匆忙考完最後一門功課，便趕到榮總，一進病房，爺爺正躺在病牀上，面容很消瘦，身上已經插了幾根管子。見到他來了，突然臉上浮起了笑容，強撐起來，大着聲音，要護士進來把管子統統拔掉，他要吃飯。

他這時才知道，爺爺已經幾日湯水不進了。是他的到來，喚起了他生命裏最後的那點能量。所謂迴光返照，是要有最親的人來催發。最後的一口氣不肯斷，是一直在等。

他端着碗，喂爺爺喝了一小碗粥湯。他看到爺爺艱難地吞咽，半晌，大口喘氣，慢慢地附在他耳邊説了一句話：「小旋，你長得最像你父親。」

説罷，昏花的老眼裏湧出大顆大顆的淚珠。

他也難過地幾次背過身去。

我今蒙恩寵召永住天家快樂快樂
你須敬虔事奉儆醒等候平安平安

這是爺爺最後的絕筆，也是一副自輓聯。

此聯背後還有一層深意，這是錢育旎後來才明白的。以卓倫先生對蔣公的了解，他死後，蔣會派人來送輓幛，這是他對舊部下去世後的慣例，亦是一種所謂的「規格」。卓倫先生要求家人，他的墓上，只安放他的自輓聯。

這是他最後的交代。

全部放下，怎麼可能？最後的時刻，他還是有牽掛。

一九六七年三月五日，錢卓倫在台北逝世，享年七十七歲。

二〇一八年十二月七日採訪手記：

上午在街市買鮮花，由錢育旎陪同，去陽明山錢卓倫墓祭拜。陽明山的半山腰上，到處都是墓場，一路過去，經過民國年間諸多達官顯宦的墓穴，孫科墓、陳誠墓、閻錫山墓、嚴家淦墓……蘆柴花一叢一叢，點綴着青翠山崗，山風吹拂中，點點淒白，影影綽綽，如同浮雲在山間游弋。

向錢卓倫先生的墓碑鞠躬，獻花。墓極簡樸，並無隆起之墓穹，只是平鋪着一層花崗巖石，幾無裝飾。墓的兩側，鑲立着他的自輓聯，亦是青白色的花崗巖，筆力清遒、柔中見剛。重讀之下，不禁愴然。

一陣細雨，斜斜地隨風而來，平添了些許的涼爽。雨中，聽錢育旎先生娓娓道來：

「爺爺對蔣介石太了解了，他知道，蔣會派人來送輓幛。所

以提前寫好自輓聯，讓人刻到墓上。果然，爺爺去世的第二天，總統府來人，送來了蔣的親筆題詞。可是，家裏長輩說，家父已讓人把自輓聯刻到墓上了。等於是婉言謝絕。來人什麼也沒有說，放下題詞就走了。」

「那個題詞寫的什麼，還能找到嗎？」

「早就被扔掉了。」

至於爺爺長期被當局監視，錢育旋認為，他本人是知道的。不過，他把什麼都放下了，根本就不在乎。只是有一件事，他未必清楚。那就是，當局不但長期監視錢卓倫，也還一直監視着他的兒孫，幾乎一個也不放過。錢克顯的子女當然首當其衝。一直到錢育旋四十歲那年，也就是他父母遇難三十年後，突然有一天，有個陌生人來找他，稱自己是「國安」部門的，告訴他，自即日起，正式解除對他以及弟弟錢育城的監視。

這一篇拍案驚奇的續章，屈指算來，整整三十年。

「我爺爺這一生，最大的憋屈，就是我父母被蔣介石父子殺害。他晚年對此有很多反思，也曾經留下一些文字。不過，在他臨終之前，全部付之一炬，他怕給我們留下麻煩。至於我父母，共產黨方面是承認他們為革命烈士的。你可以上北京西山無名烈士廣場網站查一下，在一千五百餘名共產黨隱蔽戰線犧牲於台灣的烈士中，有我父親錢克顯、母親王瑤君的名字。在西山革命烈士公墓群裏，也有我父母的墓碑，不過，那是按照姓氏筆畫排列的，他們的墓，並不在一起。」

平緩的講述，於波瀾不驚中，透出隱隱辛酸。

默然打開手機，查到了隸屬於中國人民解放軍總政治部的北京西山無名英雄廣場網站。果然，在第三十二組、第三十八組，分別找到了錢克顯、王瑤君的名字。

北京西山無名英雄廣場名單
（中國人民解放軍總政聯絡部提供）

．．．．．．．．．．．．

第三十二組：

彭嘯生／湖北（1053）、彭佑昌、錢克顯／江蘇、邱阿貴、邱垂本、邱垂和、邱番仔、邱干耀、邱金塗、邱焜棋、邱連球（疑似基隆中學案犯）、邱木舜、邱樹南、邱水、邱順興（1009）、邱桶（16名）

．．．．．．．．．．．．

第三十八組：

王炎山、王瑤君／江蘇、王耀東、王儀猶／山東、王幼石／廣東（照片）、王宇光／廣東、王再傳、王正均／福建（照片，中校，吳石案同犯）、王忠賢、魏德旺、魏如羅、魏文賢（1071）、溫干群／福建、溫勝萬（1038）、溫萬金（15名）

十九

無法補償的虧欠

有一天她突然對孫子傑羅姆說，奶奶要回一趟中國老家。

這一年，她六十六歲。她真的一點也不顯老，渾身充滿活力，看上去，五十歲不到的樣子。

是的，飛回中國老家。要說簡單，也就十二個小時。可就是這十二個小時的距離，讓她等了半個多世紀。多少次回家，都是在夢裏。這一次卻不是了，是真真切切的旅程。她的機票上寫着：一九七九年五月三日。這一天對她彌足珍貴。

之前想回國，無用的功課做了很多。回望那思鄉的心路，猶如斷線遠揚的風箏，忽遠忽近，於無限顧盼期望中，終究又一次次悵然消失。

葛利夏呢，一起去嗎？

她考慮再三，說，這次就算我先回去打個前站吧，以後總有機會。

說到底，她內心有顧慮。半個世紀的滄桑，世道人心變幻莫測。她可以承受一切的變故，但葛利夏不一樣，他心目中有關中國的印象，全都來自她的敍述與描摹。他早在幾十年前，就把那

個遙遠的國度，當成一個美麗的如花似玉的世界了。

知道她要動身，中國大使館的朋友就趕緊幫她張羅。各種手續，一一辦妥。之前她提過幾次想回國，大使館的朋友並非不幫忙，而是說「政策」還沒有開放。但從一九七八年開始，他們就動員她，說國內變化很大，希望她回去看看。

她也知道，斗轉星移是這世間的常態。從各種渠道傳來的消息，都在說國內正在發生巨大的變革。一種叫作「改革開放」的聲浪，越過大洋傳到了比利時。她發現，就連大使館的那些官員，精神面貌都有了很大變化。

準備動身的那些日子，有時思緒會突然回到幾十年前的王婆橋，回到那些風雨如晦的年月。父親，母親，兄弟姐妹，一個一個朝她走來。她突然感到，自己是不是真的有點老了。

大使館的朋友跟她打過一個招呼，她理解，這也是一種善意的解釋。按照時下的規定，她的行程必須報備國內相關機構，比如，幾號出發，先到哪裏，找什麼人，住什麼地方，親戚家是不可以住的，必須住到指定的涉外賓館。她最終要去的地方，是她的出生地宜興，卻因那裏只是一個縣城，沒有嚴格意義上的涉外賓館，她不能在那裏過夜，而必須住到上海這樣的城市。這一點，讓她在情感上難以接受，於是向大使館提出請求，至少讓她在老家住上一晚，否則，她寧願不回去。

後來大使館幫她與國內的某外事部門通融，同意她在宜興住一夜，並指定她住在宜興賓館。

於是她先飛到上海，與那裏的卓儕哥哥一家團聚。然後，由她的一個姪子陪同到北京遊覽。再到杭州，在西湖邊待了半天。

然後轉車去臨安，她想去憑弔一下錢家老祖宗錢鏐的遺跡。這也是卓倫哥哥的心願。那年他病重，她飛到台北去探望。他説了很多未了的心事，其中有一件，就是臨安的老祖宗錢鏐。過去只是聽長輩講過，卻從來沒有機會去臨安拜謁，供上一炷香。當時卓倫説了一句淒涼的話，她一直記得。他説自己這輩子是不可能回去了，若她今後有機會回國，一定要記得去臨安，在老祖宗的陵墓上拜謁一下，也替他磕幾個頭，燒一炷香。

到了臨安小城，問了幾個人，都説不清楚錢鏐陵墓在哪裏。她便找到當地的文物管理所，一位姓錢的副所長接待了她，此公居然也是錢鏐的後人，説到這位老祖宗，自然是如數家珍。小小的縣城裏，沒有代步的交通工具，他便自告奮勇，騎一輛叮叮噹噹的破自行車，讓她坐在後座上。她平生還是第一次坐這樣的車，卻也一躍而上，説，蠻舒服的！抬頭看一路的景致，街市是熱鬧的，雖然沿街的房子一律灰舊，人群衣着的色調，也是灰白黑的居多，但市井的氣息，還是溫煦撲面。錢所長帶她去拜謁錢王陵墓，映入眼簾的，是一個破敗的所在，到處堆積着枯枝敗葉，周邊也有陳年積下的垃圾。錢所長解釋説，前幾天颳颱風，還沒有來得及打掃。

她默然。錢所長低聲説，老祖宗的陵墓能保下來，已經很不容易了。但今後，情況會越來越好的。

在附近的小店裏，她請了兩份香，依次在陵寢前叩拜。

錢所長不解地問，您一個人，為何要燒兩份香呢？她答，受我堂兄所託。

便不再言語。

見她面色肅然，雙手合十，口中默唸着什麼，或又想起故人，竟是雙淚長流。

錢所長還帶她參觀了錢王廟，看了許多珍貴的文物。她現在知道了，世稱「人間天堂」的杭州蘇州，其繁麗與精緻，都是錢鏐老祖宗所建。僅是西湖，在他手上就三次拓寬，景致的留存與美化，幸其篳路藍縷，玉汝於成。蘇州的園林，也是他兒子秉承父願，多年營造。這些，後人大概都不知道了。

一塊字跡斑駁的古碑上，刻着錢鏐遺訓：

吾家世代，居衣錦之城郭，守高祖之松楸。今日興隆，化家為國，子孫後代，莫輕棄吾祖先。

她釋然於懷，仿佛雨過天晴。她現在相信，記錄歷史的文字，是可以打敗時間，並將一種精神傳給後代的。

現在，她要踏上故鄉的土地了，心跳在加速。車窗外，掠過金黃與碧綠、紫紅相間的田野。她知道，那是油菜花、麥苗、紫雲英。她還想起小時候，把紫雲英叫作「荷花郎」，拔一把粉嫩的荷花郎，摻一些酒糟，炒着吃是極香的味道。

嶺外音書斷，經冬復歷春。
近鄉情更怯，不敢問來人。

耳畔，仿佛響起當年高先生領着大家背誦的這首唐詩。錢家

祠堂從時間的深處淡出，連窗台上的一株小草都很清晰地朝她搖曳着。

按照原定的計劃，前來接她的人，是她的一個名叫家吉的姪孫，她知道由於歷史原因，他已經改姓路了。不過，改姓不改其心，他還是錢家的人。家裏人還是叫他原來的名字家吉。其時，家吉在當地的宜興飯店任財務科長。錢氏家族中吃「公家飯」的，他算是唯一的一個，其中一個原因，就是他不姓錢了。在當地，他居然還是個「兜得轉」的人物。為了迎接她的到來，家吉利用自己的人脈關係，提前一週去縣物資局借了一輛麵包車。不過，這輛麵包車過於破爛，正面臨大修；而且，沒有汽油。家吉還是有辦法，在一週之內不但修好了車，還搞來兩百公升汽油。

見面那天，家吉早早隨車前往當地名勝善卷洞等候。錢秀玲的到來，在錢氏家族是件大事，家吉先生在三十年後説到此事，還保持着清晰的記憶：

下午兩點鐘，我把車停在善卷洞的門口停車場上，手裏舉一塊牌子：接姑婆錢秀玲。大概過了半個小時，迎面走來一位看上去五十多歲的中年婦女，裝扮很特別，頭髮燙成長波浪，化着淡妝，皮膚看上去特別白皙，還塗着口紅。五月初，天氣還不算熱，她穿着一身連衣裙，是深綠色的，鑲着金絲的花紋，感覺很名貴。胸前還別着一枚閃閃發光的鑽石胸針。長筒的絲襪，穿在一雙乳白色的高跟鞋裏。這樣的打扮，國內還很少見。她微笑着朝我走來，用一口純正的宜興話説，你就是家吉吧！我叫了她一聲姑婆，她就一把抱住我，再也説不出話來。我看到她的眼淚順

着臉龐往下淌。

　　汽車開進宜興城的時候，錢秀玲突然提出，她想下來走走，看看宜興古城的變化。家吉沒有想到，她下車這一走，竟然引發了一場擁擠——從太滆橋到宜興飯店，算是當時最熱鬧繁華的地帶，這個尚未對外開放的江南小城，不但街巷狹窄，而且閉塞保守，還從來沒有一個珠光寶氣的女子，這樣大搖大擺地在大街上走，於是，她的身後，就有了不斷增多的好奇的尾隨者。她笑吟吟地朝那些驚詫、好奇的圍觀者打着招呼，即便是有些魯莽的圍觀者擁到她跟前，她也報之以一笑，甚至主動與他們握手。於是群情振奮，很多人以為是在拍電影，有人説是電影明星白楊來了，也有人嚷，是王丹鳳！家吉高聲解釋：她不是電影演員，是海外華人，也是我們宜興人！大家幫幫忙，讓我們過去。錢秀玲一邊走，一邊問身旁的家吉，早先宜興女中的地址，就是這裏往南走不到一公里，如今那校舍還在嗎？走到一條巷子路口，她停住了，説，這是北門的書院巷吧，卓倫哥哥的家就在裏面，門牌是五號。他家的房子還在嗎？現在是誰住在裏面？

　　她一路問着，很多話，家吉答不上來，有的呢，又不便答。後來她仿佛明白了什麼，便不再發問。

　　走到城中一座水泥的平橋邊，左右看看，遲疑着，又忍不住問：這是蛟橋嗎？原先是高大的石拱橋啊，上面的石獅子，小時候我都爬上去玩過。

　　家吉説，「文革」的時候拆掉重建了。

　　她朝河水看看，説，河也淺了，當年的水很清，河面好像也

開闊一些。

　　總之，很興奮，有時又掩飾不住黯然。這樣走走停停，終於到了宜興飯店。迎面是一個寬敞、亮堂的門廳，牆上點綴着時下的口號，比如，粉碎「四人幫」、思想大解放等等。也有錦旗獎狀之類，都是一律的大紅。家吉告訴她，這是城裏最大的飯店，規格自然也最高。不過，其時還沒有「包廂」的概念，親屬們為錢秀玲接風洗塵的晚宴，就安排在樓下大廳最南端的一張可以容納十二人的大圓桌上。接下來是秀玲跟親屬們見面的時刻了，並沒有預期中的喜極而泣，大家的臉上，掛着一份謹慎的喜悅。細伯伯，是下一輩孩子對她的統稱，再小一輩的，就叫姑婆。場面上的高潮，是彼此介紹時，秀玲突然認出某個姪兒姪女的五官，與乃父乃母的極其相似，由此引發的感慨；而禮品的贈予，又讓他們各自拘謹的表情裏，突然生出一份欣喜。間或爆發的一陣歡笑，便掩飾了那些離世親人的悲感話題。說實話，錢家的長輩一個也不在了，他們在世時的際遇，錢秀玲多少知道一些。她甚至不敢問，他們去世時的情形。與秀玲平輩的兄妹，要麼不在家鄉，要麼因種種原因過早離世。與她見面的，多是姪兒姪女。他們的表情，似乎都有一點拘謹，當大家依次坐下來時，突然發現，他們這一桌早已被圍觀者包圍得水泄不通，就連上菜的服務員也擠不進來。家吉當即與飯店經理商量，把二樓會計室騰出來，臨時改為晚宴的包廂，於是，集體轉移。錢秀玲一直笑，說，幹嗎要轉移呢，我無所謂啊。錢家的親戚們一起幫着搬桌椅，一個個動作輕捷而熟練。雖然這一頓團圓的晚飯，比預定的時間晚了半個多小時，但是，當第一道香氣撲鼻的宜興頭菜端上

來的時候，錢秀玲開心地説，啊，這才是真正的頭菜的味道啊。説着，眼淚又撲簌簌下來了。

據家吉回憶，那天晚宴的菜肴，確是精心安排的。掌勺大師傅叫葉祖仁，見過很大的世面，以往省裏的大領導來宜興，都是他掌勺。那天他的看家本事悉數拿出，按照家吉的要求，選宜興地方菜裏最新鮮時令的食材，不要花架子，而要燒出最家常的味道。比如蟠龍癩虎、銀杏蝦仁、糖醋鱖魚，都是當地的傳統名菜。一隻用紫砂汽鍋裝的「素珍鼎」裏，就有竹蓀蛋、小花菇、雞樅菌、牛肝菌，其湯濃而不膩，是用老母雞、乾貝、火腿、開洋之類，用文火燉了半天才成。生烤鱔背、銀魚羹等，或鮮嫩生脆，或爽滑細膩。而蒜苗清炒青蠶豆籽，其碧綠欲滴、酥軟嘣脆的口感，仿佛將錢秀玲拽回到了童年的鄉間。每上一道菜，她先要凝視片刻，然後準確地報出菜名。嚐一口，不住稱讚。最後上的一道橫山魚頭湯，用特號大砂鍋裝着，湯色乳白，香菜翠綠，黑木耳、菌菇片、筍衣漂浮其間，煞是誘人。她説，這道魚頭湯，若是在比利時，會轟動整個布魯塞爾的。

吃到一半的時候，秀玲便站起來要找紙筆。説，她要把今晚吃的菜都記下來，帶到比利時去燒。家吉就把預先準備的菜單給了她。她接過來，一陣開懷大笑，趕緊放進提包裏。吃完的時候她又提出，想見見掌勺的師傅，並且，想到廚房裏去看一看。

家吉當即把葉祖仁叫上來。錢秀玲對着他，鞠了一躬，説：「葉師傅，今天您燒的菜太好吃了。我是一個幾十年沒有回家鄉的人，這頓晚飯，填補了我幾十年的虧空啊。」

葉祖仁才三十多歲，一時有點受寵若驚。

又問葉師傅，每個月的工資是多少。

葉師傅如實回答，三十二元。

錢秀玲說：「跟我去比利時的餐廳工作好嗎？我給你每個月開三千元工資。」

葉祖仁嚇蒙了。三千元，是他將近十年的收入啊。他不知道比利時在哪裏，但他知道那是在很遙遠的歐洲。他可是個連省城都沒有去過的人。突然想到一個非常具體的問題，不禁脫口而出：「好是好，不過，我的十幾年工齡沒了！」

「工齡？」錢秀玲不解。

家吉跟她解釋了一番，她終於明白了。她說：「這個你放心，我給你買養老保險，一定會對你負責的。」

在場的人，還都聽不懂「養老保險」是什麼意思。

葉祖仁卻已憋出一頭大汗。他朝錢秀玲拱拱手，趕緊告退了。

這一天錢秀玲的遺憾，當然還不只葉師傅的婉拒；她不明白的是，當她提出，第二天上午想去王婆橋、錢墅村看看時，幾乎所有人都勸她別去。一種異口同聲的說法是，這些天正在修路，汽車不好走。她說，那就坐船去啊，她小時候，經常跟父親坐那種扯篷的快船進城，兩岸的景致，那真是好極了。她讓家吉趕緊給她租一條船。家吉說，這幾天河道也在疏浚，船也不能走。她看着大家面面相覷的表情，不知道內中有什麼難言之隱，問他們，都又說沒有。一時彼此都有些尷尬。一席話，想說，卻又咽回去了。她不忍心，也不明白他們那種為難的樣子。

她想說的是，我總要回家給父母上個墳吧，還有我那些祖宗，我夢見他們等我回去呢！

還是家吉聰明，畢竟是在場面上走動的，一番話，就讓錢秀玲釋懷了：

「姑婆，您這次來，就算是來打前站的吧，國家正在改革開放，形勢會越來越好，您下次來的時候，回王婆橋的路一定修得又寬又好，到時候，我一定用小轎車送您回家看看！」

後來錢秀玲才知道，她與親屬們的這次聚會，非常不容易。事先他們都被叮囑過，該說什麼，不該說什麼。至於王婆橋和錢墅村，當時是不可以接待「外賓」的，他們都有義務配合政府，婉拒她的這一「要求」。

時隔八年之後，當錢秀玲再次踏上故鄉的土地，她發現中國真的變了。

並不僅是外在的馬路變寬，樓層變高，衣着變得鮮麗，而是人的精神面貌在發生變化，原先親屬們臉上那種說不出的拘謹與緊張、地方官員們的刻板與矜持，都不見了。仿佛每個人眉眼，都是舒展而開朗的。各種信息，在不經意的言談中，予以她極大的快慰。親屬裏，有的考上了大學，有的當上了鄉鎮企業的廠長，有的在跑供銷、上夜校、考職稱。都是行色匆匆的樣子。而她這次歸來，帶了葛利夏同行，這是她之前的承諾。葛利夏比她還激動，平時訥言的他，變得絮絮叨叨，喜歡問這問那。自出發那天起，他每晚要服安眠藥。其瘦而高、儒雅且隨和的形象，第一次出現在親友們面前的時候，大家就非常喜歡他，叫他細姑父或細姑公，他蠻開心。居然，他會幾句中文，除了「你好」和「謝

謝」、「好吃」之外，還會說一句：「葛利夏可是我的中國名字！」

錢秀玲扳着指頭算了一下，幽幽地說，這個名字被擱置了五十年。若不是發生那麼多的戰爭和變故，他早就是中國人了。

竟然，她這一次旅行，帶有「官方」的色彩。起先，她自己也不知道，作為受到官方重視的「海外華人」，此行她會受到那麼多關照及禮遇。

接待她的機構，是宜興政府下屬的僑務辦公室，簡稱「僑辦」。一日，該單位突然接到由省裏轉發的國務院僑辦紅頭文件，稱其接到中國駐比利時大使館的公函，告知比利時有一位名叫錢秀玲的華人，擬於月內來國內訪問，其主要行程是江蘇宜興。錢秀玲是比利時「國家英雄」，二戰期間拯救一百餘名反戰人質，功勳卓著，在比利時，特別是該國華僑界，享有較高聲望。文件要求宜興政府在她訪問期間，予以熱情接待並提供各種便利。

於是就有了政府派車接送，分管縣長宴請，活動專人陪同，餐飲起居有人安排照顧的種種方便。

可是，錢秀玲並不習慣。第一次回來時，那種純粹的民間走動，才符合她的本意。除親友外，她不想打擾任何人。

她被善意地告知，一定要領政府的情。而且，只要政府出面了，她在家鄉想辦的事，就會一路綠燈。

果然，她提出要回王婆橋、錢墅村看看，縣僑辦主任一口答應，並且親自陪同。親友私下跟她說，這規格，在我們這裏，已經有些偏高了。

秋日雨後的一個清早，一輛麵包車把她和葛利夏送到王婆橋下。他們下了車，踩着雨後的泥地，繞過幾根新埋的電線杆子，

錢秀玲與先生葛利夏在宜興

往橋邊走去。舉目望去，田野裏剛收割過，一茬茬的稻根，濕漉漉的，仿佛在流着汁水。空氣裏還留有稻穀的清香。空曠的田野，有一種讓人陶醉的流連。她的耳際，卻分明有一種隱隱的鳴響，仿佛這原野裏匯聚着歷代的哀榮歌哭。這其中，有她父親的歎息，有母親的叮嚀，有高先生的朗聲吟哦，甚至，也有她自己與姐妹兄弟們的腳步聲。她突然一步也邁不動了，雖然目光還是平靜，恍然覺得，這裏是她的前世，而絕非今生。

有關王婆橋的故事，葛利夏已經聽他的東方玲講過 N 遍了，他特別喜歡。那斑駁石板橋的構造，很像一個匍匐的滄桑老人。橋的兩側，隨意生長着蘆葦，被風一吹，一片一片很有韻致的白花，其飛絮在天空裏，飄到無形，也很好看。他問，玲，這

是什麼花？錢秀玲答道，蘆花。此時，有船從橋的拱門下經過，搖櫓的聲音，咿呀咿呀，葛利夏覺得非常好聽，連同他們搖櫓的姿勢，連同那清澈的婉轉延伸的河面，也很美。而河岸上的阡陌，那種渾厚的色調，簡直讓人陶醉。

錢秀玲説，當年，我就跟着父親，坐一種有篷的船，比這種要小一些，飛快的速度，搖到城裏去。

葛利夏説，站在這裏，讓他想到了埃爾伯蒙村。不過，埃爾伯蒙沒有這樣美麗的河流。這個你沒有講過，我們應該早一些回來才對。

最後的一句話，像一記鼓，咚地敲在她心上。

進村的感覺，還是比想像的要好很多。離別五十多年後的錢墅村，雖然灰舊中有些破敗，但格調還是溫馨的。也有一些新房子，在低矮的屋群裏，冒出它們新貴般的樓頂，比對之下，舊屋顯得頹敗，新居卻也給人一些向上的欣慰。人聲，狗吠，雞啼，都特別親切。濃濃的鄉情，到處都是。上年紀的人，也有認出她的，一把摟住，其黧黑而皸裂的手掌，半天不放，讓她的心咚咚跳着，説不出話來。村裏的道路，那種踩在泥巴裏拔不出腳的泥濘，居然讓葛利夏很興奮。他的皮鞋成了一雙真正的泥鞋，卻樂此不疲。他説，他非常願意在這裏開一個診所，為那些樸實的農人看病。而她，應着葛利夏有一搭沒一搭的話，急着要找自己的家門，要找錢家祠堂，卻都找不到了。

「我的家呢？」

她四顧茫然。

陪同的親屬告訴她，這幾十年裏，村裏的房子變化很大。有

些老房子拆掉了，屋基也改成了田地，都是有政策的。她的家，還有錢家祠堂，現在都變成了稻田。

她一時有抑制不住的傷感。原想問，父母的墓地在哪裏，到了嘴邊，她把話咽回去了。不過，當她走過一條僅一人可行的小徑，來到一片籬笆園邊，前面有幾間稍微齊整些的房屋攔住了去路。她的姪女棠娜指着半截頹敗的舊屋説，細伯伯，你看，還有一間屋沒有全部拆掉。

她迎上去，仔細辨認，終於看出，這是她父親當年的小書房。

她家的房子，前後有三進，小書房是在第二進的右側。她的閨房，就在隔壁。現在，其他的房子蕩然無存，如果沒有人提醒，她即便站在這裏，也認不出來。

小書房，是家中的核心。家裏的很多事情，包括她去比利時唸書，都是父親在小書房裏決定的。

如今，這裏是生產大隊的倉庫，堆放着一些農藥、化肥，以及雜物。門上着鎖，管鑰匙的人一時找不到。錢秀玲就從缺了玻璃的窗子，朝裏面看了一眼。

那一眼，看得她心裏生痛。決然説了一聲，走吧。

聲音有點大。

大家都感受到了她的情緒變化。彼此的默然，仿佛都在表達歉意。

猛然，她為自己説出這兩個字的語氣感到歉疚。

她是什麼？一個久遠不歸的虧欠者，一個不在場的匆匆過客。這村子、房子的命運，從來與一個國家的興衰沉浮捆在一起。曾經風雨如磐，而今否極泰來？她沒有為之遮風擋雨，眾生

的躑躅或前行、困頓或勉力裏，都沒有她的份。哪怕半點磨難，半點責任，她都沒有擔過。她或許可以哭，難過，糾結，卻沒有資格發泄哪怕一點點的不滿。

她內心有深深懺悔。為什麼這幾十年，不盡一切可能回來？她必須面對兩個字，那就是逃避。說到底，她的虧欠無法補償，這讓她內心掠過一陣錐心般的疼痛。

在巨大而持續的沉默裏，她與葛利夏走出村子。

少頃，她向陪同的縣僑辦主任提了一個要求。她想買一塊地，給錢家的祖宗建一個衣冠塚。

此事很快得到落實。縣裏的統戰部，也參與此事，積極協調。隔了一天，錢秀玲再次來到錢墅村。她看中了村後朝南向陽的一塊坡田，是當地農民的自留地。因為是公家出面，對方願意成全，很快談好價格。當天就開工，衣冠塚裏，放着她父母以及其他長輩的照片，沒有照片的，就用其生前的一樣物件，或一個煙嘴，或一個做針線的針箍。然後，找來鄉間的一位老石匠，選上好的石料，連夜鑿了一塊碑，將錢家故世的長輩們的名字，按輩分悉數刻上。並且，在離開宜興的前一日，她帶領全體親屬到衣冠塚前祭拜。

這一次，她是伏在地上號啕大哭，如同江河滔滔。

回去的路上，她對葛利夏說，她的一生裏，這樣的痛哭，只有兩次。一次是父親去世，她遠在天邊回不來，還有，就是這一次。痛痛快快地哭過，心裏好受多了。

用一個小瓶子裝了一瓶墳上的土，放進口袋裏。什麼話也沒有說。

姪女錢棠娜這樣回憶道：

細伯伯的性格裏，有剛強的一面。她做事很果斷，比如，建衣冠塚的事，前後只有幾天，就辦好了。那天上完墳，她的心情好了很多，跟我們講起她在比利時的子女，還是蠻開心的。不過，在家鄉期間，她沒有跟我們講過在比利時拯救人質的事。我們並不知道，她還是比利時的「國家英雄」。

姪孫家吉說：

她跟我們幾個小輩講，你們願意跟姑婆到比利時去闖一闖嗎？年輕人不要貪戀家門口這點地方，要有大志氣。國家如今開放了，你們應該出去看看，外面的世界是個什麼樣子。按照她的想法，如果我們願意，就可以到比利時她的餐館打工，學一手廚藝，然後自己出去獨立門戶，即便開不了餐館，開個外賣店，也可以賺錢，將來回國，對自己也是一段歷練。後來果真是，我的好幾個親戚去投奔她了，她的玉泉餐廳，實際成了培養廚師和外賣店老闆的黃埔軍校。

那天上完墳，走進村子，一位鄉幹部來了，邀請她和葛利夏一行，去參觀鄉辦的耐火廠。一路上，鄉幹部說，他的爺爺跟秀玲姑婆一起在錢家祠堂唸過書。說起來，山親水近，都是自家人。說到錢家祠堂，鄉幹部說，當時呢，也是一窩蜂，「文革」的時候，這些都是「四舊」，拆掉蓋倉庫用了。誰曉得世道會變

成今天這樣呢！他一直有一搭沒一搭地說着，像是自嘲，又像是解釋。錢秀玲默然，不再回應。他們一行在廠長陪同下，看了幾個車間，也看了產品，自然要稱讚一番。錢秀玲感慨地說，真沒想到，鄉村裏居然辦成這樣規模的工廠，了不起！鄉幹部說，如今到處都在辦廠，鄉村裏已經沒有人閒在家中了。

一行人到了廠長辦公室，在人造革的沙發上坐下喝茶。廠長有些不好意思地拿出一個碩大的梨子，說，剛才讓人到小街上買水果，只買到一個梨子。錢秀玲笑着說，哇，這梨子好大！

又對葛利夏說，你不懂我們中國人的規矩，梨子是不能分的，這叫不能分離。

「那怎麼辦呢？」葛利夏聽明白後，故作為難地攤開手說。

錢秀玲說：「你是第一次來的稀客，這梨子就你吃吧。」

葛利夏說：「為什麼我們不能來破一下強加給它的魔咒呢？今天我們大家來分吃它，它會讓我們每一個人更甜蜜的，不是嗎？」

天哪，從來都是寡言訥口的葛利夏，突然變得口吐蓮花。連錢秀玲也感到奇怪。

於是，這個足足一斤多重的梨子，就被分成了八瓣。在場的每個人都吃了一瓣，都說很甜。

二十

我奶奶是英雄嗎

二〇〇〇年九月四日，艾克興市的媒體刊登了授予錢秀玲女士「榮譽市民」稱號的消息。

這一年，她八十八歲。

又發生了好多事。不過，有些事情就是供人們忘卻的。只有於己刻骨銘心的事情，才能難以忘懷。

一九九五年春天，葛利夏大夫去世，享年八十六歲。很長一段時間裏，她精神恍恍惚惚，老是記不住事，清醒的時候，總還有錐心的痛感。她明白，葛利夏是先去找一個地方休眠了，他會在那裏等她。她分明聽到了他的召喚，她說，親愛的，我知道了。

半年後，小兒子尼古拉英年早逝，才五十一歲。

人生的這些無常，背後都有其宿命。早走是走，晚走也是走。這是她安慰自己的話。她這一生，見過了太多的生離死別，知道聚聚散散才是人生的全部。可是，當親人真的撒手而去時，她感到自己內心的一部分，也跟着一起去了。

艾克興市一直記得她，她還是高興的。每去一次，總能見到

一些老朋友。那個熱情的市長，讓‧杜特里約，幾次上門來談榮譽市民授牌的事。他叫她媽媽，連「錢」字也省略掉了——如果不是她拯救了他的父親，哪裏還有他的今生。他的話是不錯，不過，錢秀玲總覺得自己受不起。上了年紀，她就更不願意談當年那點事，何況，有些事情她真的已經淡忘了。

授牌那天，是大兒子悌米吉陪她去的。他是個優秀的醫生，繼承了乃父的衣鉢。他們在艾克興受到的敬重和歡迎，母子兩人的感受並不一樣，錢秀玲覺得，那麼多人，一直銘記着她當年做的那點事，有必要嗎？如果只有被記錄或歌頌的人與事，才是歷史，沒有被記錄下來的東西，都是讓你去遺忘的，這不公平。她也知道，這個世界最大的特點，就是不太公平；很多人就是為了爭一個公平的世道，就獻出了生命，而正義之類，都是由此派生的。與那些值得被銘記的人相比，她寧願自己被遺忘，乾乾淨淨地遺忘。

這些話，她在授牌的儀式上說了。大家默然。然後持續鼓掌。留存不多的被拯救者們，或是他們的遺孀、子女，都過來擁抱她，問候她，與她合影。讓‧杜特里約市長堅持請她坐着接受榮譽市民的匾牌，因為匾牌比較重。他可以彎下腰來，把這一份榮譽授予她。

於是，攝影師鏡頭裏的那個被定格瞬間，記錄了錢秀玲端坐在一把椅子上，讓‧杜特里約以鞠躬的姿態給她授牌的場面。

讓‧杜特里約說，歷史會記住今天。艾克興以您的名字命名的道路，已經在路牌上加了一個字，那就是「德」字，您知道，在比利時，大凡一個人的姓氏被加上這個「德」字，就意味着崇

高和莊嚴。格里高利·佩令吉先生和您完全配得上這個「德」字。

所以「錢秀玲路」的完整表述應該是這樣的：

格里高利·德·佩令吉夫人 —— 錢秀玲路

悌米吉的感受卻不一樣。他很為母親驕傲。一個人做了一件好事，幾十年間一直不被世人遺忘，在別人，似乎不太可能。他是個醫生，救死扶傷是他的職業宗旨。救活一個瀕死的病人，在他是家常便飯。沒有人會記住他救活了誰，他自己也不會津津樂道。所以，他為母親反覆獲得的這一份榮譽感到高興。

不過，他覺得，在他的記憶裏，母親從來對這件事沒有什麼成就感 —— 並非她小看它，而是她覺得，事情早過去了，換了別人也會那麼做。她從來沒有把它作為一個故事講給他們兄弟姐妹聽過。儘管媽媽給他們兄妹講過無數個故事，有關母親拯救人質的事，陸陸續續，他都是從別人嘴裏得知的。母親的態度一直是，希望別人把這件事，連同她，一起忘記。

支撐母親這種想法的東西是什麼呢？他不知道。

離開艾克興的時候，讓·杜特里約市長把她扶上車，俯在她耳邊說：「媽媽，我會很快就去中國，去您的故鄉訪問。」錢秀玲說：「應該去，我的家鄉人很好客，也很厚道，您去了就知道了。」

她從車窗裏伸出手來，跟簇擁在車旁的人們道別的時候，眼睛裏有淚花。汽車開出一段路了，她的手還沒有放下。嘴裏喃喃地，在輕聲細語。悌米吉把車停在道邊，俯上去，終於聽明白她

錢秀玲路

作者在布魯塞爾拜謁錢秀玲墓

在説什麼了：

「可愛的人們，忘記我吧。」

悌米吉一怔。媽媽為什麼要這樣説呢？

問她：「媽媽，要不要去那條路再看一看？」

他當然指的是，重新掛上「德」字路牌的錢秀玲路。

不要了，走吧。她説。

她仰在後座上，似在閉目養神，再也不説什麼。

在悌米吉的印象裏，母親的晚年，特別是父親和弟弟去世之後，她變得越來越寡言，老是在沉思着什麼。

讓‧杜特里約市長從中國回來了，給她帶來了很多消息。他告訴她，艾克興和她的故鄉宜興已經結為友好城市。市長尤其對她的家鄉菜讚不絕口，説：「媽媽，您當年怎麼捨得離開家鄉的呀？那麼美的地方，而且，那些美食真的讓人非常留戀。」

她説：「對家鄉我確有愧疚，我沒有為她做什麼。」她還告訴市長，她的一個姪女棠娜，是當地鄉辦服裝廠的廠長，想把她的服裝銷到比利時來，他要是有興趣，可以跟她搞點合作。市長説：「好的，媽媽，我記住了。」

錢棠娜女士還保留着當年「細伯伯」寫給她的三封信，其中有一封這樣寫道：

親愛的棠娜：

你的來信已經收到，謝謝！我在回來後兩三個星期內，就請為強寄給你一大冊衣服圖樣和兩本歐式裙子樣本，你收到沒有？裏面有幾百種衣服的款式，我很奇怪，你一直沒有消息給我。現

在有家興回國，我趁這個機會請他帶些衣服款式的雜誌給你，收到了請告知。這種圖書和服裝雜誌對你有沒有參考價值，你能按這些服裝的樣式去做嗎？

我也希望能幫祖國和歐洲做生意，不過自己對商業一點經驗也沒有，不知怎樣去做。比如宜興丁山的陶瓷，歐洲人很喜歡，假如這裏有銷路就可以做，宜興特別有名的土特產，還有哪些？如果有機會，我願意為家鄉牽線搭橋。

有一位很大的商人，他專門做中國生意的，經常到我的餐館來。他在這裏請過很多和中國人做生意的比利時人吃飯。我有機會，一定和他聊聊看。不過，我還不知道和他怎麼談，或者，我就從宜興的陶瓷和外貿服裝說起吧。若有好消息，我會寫信給你。

快要過舊曆年了，祝你們全家新年快樂、萬事如意。

姑媽　秀玲

錢棠娜回憶，當時她曾經託「細伯伯」幫着聯繫把外貿服裝銷售到比利時，她很熱心，還託中國駐比利時商務處一位官員給她寫信，告訴她，與比利時人做生意需要注意哪些事項，有些什麼要求，等等。

過了不久，由市長帶隊的宜興代表團到艾克興回訪，他們還特意到布魯塞爾她的家裏看望。他們用宜興話跟她交談，都叫她錢媽媽。他們給她看家鄉建設的圖片，她說：「這個夜景是宜興的團氿嗎？我怎麼感覺，這有點像杭州的西湖呢！」

這一天，她感覺特別開心。

有一天，她在家裏接待了來自中國的女作家張雅文。當她得知，這位女作家為了採訪她，自己借了十萬元錢，在語言不通的情況下，隻身一人來比利時，她很感動。兩人談得很投緣。後來中國中央電視台根據張雅文的小說改編了電視劇，添加了很多情節。攝製組來到比利時拍攝，動靜很大。她先是心下有不安，覺得那些事情早已隨風飄逝，何須再提？有的細節，她也確實記不清了。倒是說起堂兄卓倫哥哥，她還能很快進入一種清晰的語境，談興很濃。她家裏最醒目的地方，掛着他的書法。說到他的一筆字，她還能用一句話說出特點：骨骼清峻。這本是有良知的人的氣質，是讀書人本來的樣子。而說到自己，她的一句「真的忘記了」，已然變成了口頭禪。

很快，電視劇不但在中國，在比利時的電視台也播出了，非常轟動。她住的公寓樓下，常常有人來打聽，那位拯救人質的東方女神，就住在這裏嗎？媒體的採訪更是緊追不放，她平靜的生活被打擾，她曾經致函給有關媒體，婉拒一切採訪。這是當時的實情。

該劇的一位導演，在接受比利時媒體採訪時，這樣說道：

這個故事原先知道的人太少。就如辛德勒，因為他拯救了自己國家裏的大量猶太人，而在全世界名聲大振。錢秀玲拯救的是比利時人，而不是中國人，正因如此，我認為錢秀玲更具口碑，更比辛德勒具有國際意義。

不過，關於這部電視劇，錢家的人，有一些不同的看法。關鍵的一點，是裏面沒有提到錢卓倫將軍。在他們看來，如果沒有

他，整個故事就缺乏支撐，而錢秀玲本人，對卓倫哥哥的被「缺席」，尤感遺憾。

　　儘管對電視劇最終的呈現效果不很滿意，但是，「細伯伯」坦言不生氣。在她看來，他們想拍成什麼樣子是劇組的權利，他們抱有怎樣的目的，也是早就決定了的。老人深知「英雄」背後的用意和利益關係，並且能夠平靜地對待這一切。她說，這些都是生命中的小事，過去也就過去了。

　　　　　　　　　　　　——錢童心《我的太姑婆錢秀玲》

　　她或許知道並理解，沒有一個藝術家願意撒謊或進行違背事實的杜撰。在特定的時期，那些艱難的講述中，不得不妥協的某些決定背後，何嘗沒有藝術家們暗自的歎息。請相信，一個故事講出來了，就收不回去了；有故事，總比沒有故事好。昨天的故事，就是讓今天的人來修補和匡正的，而明天的人，還可以繼續把今天偏離軌道的故事拽回到歷史的原點。

　　有一天，孫女塔吉亞娜陪她散步。
　　「奶奶，你覺得他們為什麼要拍攝你的故事？」
　　「因為二戰時候，一個中國女人藉助她堂兄和德國將軍的關係，救出了被捕的比利時反戰人質。」
　　「你還記得他們和你說了些什麼？」
　　「不記得了。」

　　　　　　　　　　　　——錢童心《我的太姑婆錢秀玲》

有些事情，她真的不記得了。她也希望別人忘卻。她不喜歡有一句話，叫永不忘卻。何必呢，怎麼可能？人豈不太累，世界也會太複雜。要是可能，就放下吧，好好地享受當下，讓有限的生命無掛無礙。

供職於比利時某電視台的孫女塔吉亞娜，是一位紀錄片編導。錢家人的遺憾觸發了她的靈感，繼而轉換成一份責任。她決心要給奶奶一個交代。跟奶奶聊天的時候，她的攝像機鏡頭記錄了大量的口述資料，二〇〇四年，她帶着一個攝製組，幾次去中國拍攝，遍訪了錢家後人以及相關人士。甚至，他們一度深入宜興鄉間採訪，在油菜花盛開季節的王婆橋上，塔吉亞娜突然找到了屬於奶奶的基調，那種開闊、清遠、仁慈、柔中有剛，與奶奶的性格、情懷是何等的一脈相承啊。

不過，塔吉亞娜的中國之行，並非十分圓滿。她的攝製組在錢墅村拍攝時，需要到錢家的衣冠塚前取景。可是，他們到達後卻發現，衣冠塚已被毀壞，墓碑竟被攔腰砍成三段，墓地上一片狼藉。這是怎麼一回事呢？

當時適逢鄉村殯葬改革，按照政府的要求，那些分佈在田野裏的墳墓，在規定的時間內，一律要遷到指定的公墓去。村裏的幹部，找到了錢秀玲的一個姪子，告訴他遷墳的事。殊不知，他年紀大了，身體也不好，是個忘事的人，並沒有在規定的時間內，把消息傳遞給錢家的其他人。這次殯葬改革，面廣量大，是一項浩大的工程，只能搞一刀切。當時的鄉村辦事，不如今天這麼人性化。有一句公家話語，叫「逾期按無主墳處理」。就是

說，超過了規定的時間，只能由公家派人來平墳。所以，就造成了錢家衣冠塚被毀壞的事情。至於墓碑被斬斷的事，後來我們也做了調查，並不是故意毀壞的，而是當時村裏僱了幾個老年勞力，把墓碑抬到統一的地點裏集中起來，以後好讓墓主的後人來領。那塊墓碑既高且厚，幾個老人抬不動，也不知是誰出的主意，就把墓碑敲成三段，結果，他們還沒有抬走，錢家的人卻來了。

這一番言論，出自一位不希望披露姓名的當地前官員之口。其核心意思就是，此事從前到後，一是政策，二是誤會。

可是，塔吉亞娜的攝像機鏡頭，當時卻記錄了一位當地在職官員的話語：

……平墳，是為了殯葬改革，這是國家的政策。別說你這個墓碑被敲成三段，別人的墳墓，澆了鋼筋水泥的，用炸藥炸掉的也有。比你們地位高、名望大的，也大有人在。

無論如何，這個說法，讓錢家人難以接受。如果是統一政策下的平墳遷墓，錢家人應該是通情達理的。而掘祖墳，自古以來就是天仇，毀墓碑，更是天理難容。在當代中國，一項政策的出台，總有它深遠的背景和現實的考量。如果這時有人出來解釋原委，並且好言安撫，這事也就過去了。

可是，種種不周，造成了不必要的遺憾。此事容易讓錢家人聯想歷史，所謂驚弓之鳥，正是他們彼時的寫照。基層幹部做事，都有紅頭文件依照，離開了文件，千頭萬緒，長期的慣性或

許會讓他們迷失方寸。「希望能夠顧全大局」——大小官場沿襲的一句習慣用語，便可以擋回所有的訴求和願景。

彼時以錢秀玲為原型的電視劇風靡國內外。家鄉的父母官還去了比利時錢秀玲家中做客。發生這樣的事，似乎不在情理。有人出來解釋説，這是村裏幾個老農民幹的事，他們一天只拿四十元工錢，抬不動那些太重的墓碑，被打碎的碑可不止一塊。這些事，市裏和鄉鎮並不知情。可是，另一位不願意披露姓名的民間人士認為，這個説法站不住腳，老農民應該更了解錢家，鄉村的老人最懂風俗，知道把墓碑敲斷，屬於什麼行為。

塔吉亞娜自從踏上中國的土地，特別是到了奶奶的故鄉，印象都是正面的。她喜歡這裏美好的人情，豐饒的物產，以及那些看不夠的迷人風光。很多天，她一直沉浸在一份從來沒有過的激動裏。唯獨墳墓被毀的事情，尤其是被採訪官員的一番宏論，都讓她非常反感。按説，這裏的一切都令人難以忘懷，但是，她的情感卻由此陷進了一片沼澤。

於是，《我奶奶是英雄嗎》一片裏，就有了一個詰問：這裏的一切仿佛只有被記錄下來的才是歷史，沒有被記錄的人或事，都是讓你去遺忘的。

她想通過這部紀錄片告訴人們，奶奶錢秀玲並不是世俗意義上的英雄。她只是一個正直善良的人。別人一直在津津樂道的那點事，她早就忘記了。她不希望自己曾經做過的那點事被捆綁在一個「高大上」的柱子上，然後被不恰當地、無休止地放大。

她懇請被遺忘，而不是被銘記。

「毀墓事件」一直瞞着錢秀玲。錢家人的一個默契是，她年

歲大了，怕她傷心，就別讓她知道了。

可是，塔吉亞娜的紀錄片裏，無可避免地陳列着一組觸目驚心的鏡頭，還有那位官員振振有詞的同期聲。錢秀玲沒有看過孫女的紀錄片。但是，有一次，在無意中，她看到了這個片子。當錢家的後人在被毀的墳墓廢墟上供上香燭、水果，磕頭祭拜的鏡頭出現時，她驚呆了。

久久地，她沉默，拂去淚水，一句話也沒有說。

在一個櫃子裏，她找出從老家祖宗墳上取回的那一小瓶泥土，放在客廳裏用來擱照片的一個櫃子上。這樣她就能天天看到它了。

對這件事，她始終沒有評論。

九十歲以後，身體每況愈下。

她打太極拳，唱歌，散步，和兒孫們聊天，看相冊裏的老照片，一張張的照片背後，都有故事。她講起那些故事，像極了童年在老家時，母親紡線的聲音。

中國大使館的官員始終關心她，經常來看她。每逢她的生日，大使館肯定會送來鮮花、蛋糕，以及美好的祝福。

喜歡唱一首老歌：

飛飛飛飛，這個樣子飛
慢慢飛，這邊飛，那邊飛
要上去就要把頭抬
要轉彎便要擺擺尾

要下來就要斜着飛

哎，這個樣子飛到這裏來

……

　　這段歌詞，是根據塔吉亞娜的紀錄片裏，錢秀玲唱歌的同期聲記錄的。她是在歌唱一隻歡快的小鳥嗎？還是在羨慕它擁有那麼廣闊的藍天呢？她飛不動了，但她還有力氣為一隻翱翔在天空的、自由自在的小鳥歌唱，至少在一個難得的片刻，她的心，也跟隨那隻小鳥，一起飛起來、飛起來了。

　　不過突然有一天，孩子們把她送進了布魯塞爾市區的一家養老院。我們只是聽說子女發生矛盾，把目標指向了「細伯伯」的遺產，賣了老人的住處。但這一切也無從證實。從那以後，她很少再有人看望，氣色也每況愈下。不過，叔叔還是經常會給她送小餛飩，吃小餛飩的時候，她總是很開心，叔叔這樣告訴我們。

　　　　　　　　　—— 錢童心《我的太姑婆錢秀玲》

　　一個星期天，正在法國留學的重姪孫女錢童心，風塵僕僕地趕至布魯塞爾市區奧特根大街的一家養老院，來看望她的太姑婆錢秀玲。

　　她正背對着門，坐在一把有護欄圍着、防止她跌倒的黃色靠背椅上。這是我二十年來見過的最孤獨的背影。

　　看到有人來，老人顯然很高興。她穿一身藍紫色的花襯衫，

滿頭白髮梳理得很精神，骨瘦如柴卻風韻猶存。她衝着我微笑，這是我二十年來見過的最溫暖的笑容。一起去看望的叔叔，照例拿出了準備好的小餛飩餵給她吃，她的胃口比我想像的要好。

我看到房間的黑板上用法語寫着：請帶些水果，如果有可能，帶些小餛飩，請帶些雜誌。

房間的桌子上，零星地擺放着她和家人的照片，以及一張她被授予「國家英雄」勳章時與市長的合影。

牆上貼着孩子們小時候的照片。你要怎樣想像眼前這位風燭殘年的老人，曾經是如何在蓋世太保的槍口下周旋，經歷了近一個世紀的變遷，最終又回到人生的起點，不覺淚下。

　　　　　　　　—— 錢童心《我的太姑婆錢秀玲》

提到她的晚年，姪子錢憲和這樣回憶：

那是個中下等的養老院。開始的時候，孩子說她的房子要裝修，讓她到養老院去住一段日子。過了幾個月，有一天我去看她，陪她出去兜風，汽車開到她樓下那條馬路，她突然說，我的房子什麼時候裝修好啊？我說，什麼裝修啊，沒聽說過呢。她一聽就明白了，什麼話也沒說，之後再也不提。我姑媽這個人就是這樣，她從來只說好的，不說壞的。

二〇〇八年八月一日，錢秀玲在布魯塞爾去世，享年九十六歲。

她的葬禮簡單而隆重。靈柩上覆蓋着比利時國旗。艾克興市政府代表、當年地下抵抗組織戰士的後代們、被拯救人質的後

人、比利時政府代表、中國駐比利時大使館代表前往靈堂，為她送行。

翻開二〇一八年十月九日的比利時手記，這樣寫道：

上午在錢為強夫婦的帶領下，前往位於布魯塞爾市郊的韋曾貝克‧奧珀姆墓園，祭拜錢秀玲老人。

墓園頗空曠。深秋季節，花木還是茂盛的。一路走去，挨挨擠擠的墓區，有的墓修得金碧輝煌，有的墓建得像一個藝術雕塑，也有的墓非常樸素。錢秀玲老人的墓坐落在第三區的墓群裏，普通得令人驚訝，甚至，比一般的墓還看小一些。也沒有任何裝飾。墓邊沒有走道，緊挨着別的墓，連腳都插不下。獻花的時候，人只能俯身站到墓上 —— 感覺很難過。而且，這還是三個人的合墓。錢為強先生說，最下面的是她的小兒子，中間是她的丈夫，最上面才是她。

在墓的蓋板上，用法文寫着三個人的名字和生卒年月：

尼古拉‧德‧佩令吉

1944 —— 1995

格里高利‧德‧佩令吉

1909 —— 1995

及其夫人

錢秀玲

1913 —— 2008

總以為，會有墓志銘，或者一個坐像什麼的。墓前應該有一片開闊的草地。可是，什麼都沒有。

我們的習慣思維，到了這裏，遇到了障礙。

唯其如此，才是錢秀玲啊。

錢為強先生說，姑婆不希望驚動別人。她也不要任何溢美之詞。她生前有過交代，一切從簡，她希望和丈夫以及英年早逝的兒子待在一起。

久久無語。心很堵。想起十六年前的那個越洋電話，爽約的我，終於來了，錢奶奶，對不起。

「好啊，我在布魯塞爾等你們。」

老人朗朗的笑聲，猶在耳邊。

鞠躬的時候，一滴淚落到墓上，卻渾然不覺。

起風了，一片楓葉吹落在墓上，在灼灼的天光下，愈顯得如血一般殷紅。

傑羅姆踏上了奶奶的土地

傑羅姆又來中國了。

二〇一九年十二月二十一日。按約定，我去上海接他。之前他一直希望，要來奶奶的家鄉看看。

他去了太湖邊奶奶的村莊。非常興奮。他說，昨天晚上夢見奶奶了，她說，你到了老家，見到長輩要磕頭。

磕頭，需要一個語境才行。傑羅姆走進村子的時候，尾隨圍觀的人，比當年他奶奶回來時還多。進村的時候，他一點也不陌生，仿佛他以前來過；或許，冥冥之中有人在指點他，怎麼拐彎，怎麼過橋，進了村子，要沿着池塘，拐過一棵垂楊柳，往南走。當村裏的狗一起吠起來的時候，他特別開心，仿佛是一支儀仗隊在歡迎他。作為一個國際知名的攝影家，他太喜歡這裏的格調，素樸的農屋，打穀場上堆放的雜物，散漫的人們各種生動的表情，讓他始終放不下相機 —— 他特意帶着的那架萊卡相機，是奶奶當年送的。

與錢家的親屬們站到了一起，這一天的到來，於錢家人來說，真的並不容易。鏡頭前的他們多少有些拘謹。迎着初冬清煦

傑羅姆回到奶奶故鄉

的天光，這一個瞬間，定格在奶奶離開這裏去比利時讀書的第
九十個冬天。

　　然後，他去了一個山清水秀的墓園。在那裏，他見到了奶奶
帶領錢家親屬為列位祖宗建的衣冠塚——那是錢家後人重新修
建的，算是彌補了奶奶心頭的一個遺憾。他磕頭的時候，在場的
錢家人都落淚了。

　　墓園的主人，一個樸素的當地人，怯生生地提出一個願望，
選墓園裏最好的一塊地，給錢秀玲老人修個衣冠塚，也好讓想念
她的人們，來這裏看看她；也讓她，在家鄉有個歸宿。

　　傑羅姆去看了那塊地。一面是青青的山崗，一面是平緩的小

河，周邊綠蔭環繞，幽靜而開闊。在蒼藍的天際下，那塊地有着平緩的呼吸。

傑羅姆鄭重地表示，此事他會回去跟長輩和兄弟姐妹們商議。然後，過了半個月，他的電子郵件到了：

> 我非常誠懇地代表佩令吉家族，同意將奶奶錢秀玲的衣冠塚，建在她魂牽夢繞的故鄉，並以我個人的名義，表示由衷的感謝。
>
> 傑羅姆·佩令吉

他說，希望能在不久的將來，在這裏住一段時間，拍攝至少三百張原住民的照片，然後，在奶奶的家鄉辦一個攝影展。

是的，他說，他還會再來。

2019 年 6 月 1 日 —— 2020 年 2 月 28 日
寫於宜興銘澤園 —— 寬齋
2020 年 3 月 1 日 —— 8 日，修改
2020 年 4 月 6 日，修改
2020 年 8 月 8 日定稿

忘記，何曾容易

這本書寫了九個月，醞釀的時間，前後卻有十六年。

原先不敢相信，這個題材可以寫一本書。

我從不懷疑，錢秀玲的故事應該可以寫成一部歷史巨著。但是，耳熟能詳的那點事，幾句話就可以講完。太多的故事被老人帶去了另一個世界。她生前不喜歡別人關注，迴避媒體的追蹤。比利時方面沒有給她寫一部書，甚至沒有留下一個獨立完整的錢秀玲故事。很長時間內，沒有人知道錢秀玲是誰，她的名字一度突然在中國家喻戶曉，主要還是二〇〇二年央視拍攝的以她為「原型」的電視劇。不過，當時錢家人看後不太滿意，可能是限於當時的歷史條件，錢秀玲堂兄錢卓倫的名字沒有提及。他們認為，沒有他，整個故事就沒有支撐，所有的情節就會塌方。當然，錢家人選擇了沉默。不過，歷史總是公正的，它有昭示後人的強大功能。即便我不寫，也會有人出來寫。我既然要寫，起碼在真實性上不能妥協——在寫作這部書之前，我有幸讀到了張雅文老師的《與魔鬼博弈》一書中，有關錢秀玲的章節，雅文老師提到了錢卓倫，並且給予他非常正面的評價，這讓我非常欣

慰。我與雅文老師通過幾次電話，她對我的寫作表示了支持和鼓勵，並且慷慨地同意引用她文章裏的部分歷史資料。同時，我的實地採訪中，意外地打開了錢秀玲救人之外的故事線索，特別是她堂兄錢卓倫及其子女未被人知的故事，其本身，就是蕩氣迴腸的篇章。在分別去比利時和台灣採訪後，我覺得，寫一本書的條件基本具備。但是，寫完這本書，還是覺得意猶未盡，雖然我已經竭盡全力。

十六年間，常常會想到那個前往比利時與老人見面的爽約。總想着要去比利時，見一見老人，以及她拯救的那些人質。因為限於當時的條件，未能成行的我，便拍攝了一部紀錄片，時在二〇〇二年，適逢張雅文老師來宜興拜謁錢秀玲出生地，其中有一段三分鐘的錢秀玲電話同期聲，原本以為，這多少可以彌補心頭的遺憾，卻不料，因為未能親赴比利時拍攝第一手資料而造成的虎頭蛇尾，讓我一想起此事，便有一種深重的歉疚。

第二部紀錄片，則是二〇一八年，我與妻子去比利時採訪時，用隨身攜帶的兩部攝像機拍攝的。直到這時，我都不敢想像，有關錢秀玲的故事，真的還可以寫一部書。我的心願是，去看看錢秀玲的舊居，她拯救人質的城市，以她的名字命名的道路，並且，去她的墓前祭拜，等等。然後拍攝一些視頻資料，作為永久的紀念。

記得，由於語言不通，在進入布魯塞爾機場邊檢站口的時候，就因為一句普通的荷蘭語問話沒聽懂，被海關警察關進了一間很小的「問訊室」——頓時有一種被拘留的感覺。在之後的一個多小時裏，沒有人進來問一句話，也打不出一個電話。

這似乎是一種宿命，但我對妻子說，萬事開頭難，我們會順利的。

當眾多被歷史遮蔽的素材抖落風塵，陸續來到我的面前的時候，我覺得，時光深處的一位老人在幫助我。比如說，傑羅姆的協助，一百零三歲的倖存者莫瑞斯的出現，錢育旋提供的其祖父錢卓倫的驚天祕密，以及一些絕版的資料，事先都沒有任何的預兆。但說來就來了，擋也擋不住。

本書寫作，有幸得到了錢家人的支持——錢秀玲的姪女錢棠娜女士，姪子錢憲和先生、錢憲行先生；孫子傑羅姆先生，姪孫錢為群先生全家、錢為強先生夫婦；姪孫路踺（家吉）先生；錢卓倫的孫子錢育旋先生、外孫沈藝江先生等，都為本書寫作提供了珍貴的素材和熱心的幫助。塔吉亞娜女士是錢秀玲的孫女，雖然我未能與她見面，但她的法文版紀錄片《我奶奶是英雄嗎》，給了我很大的啟發和參照，這裏也要謝謝她。錢家人很厚道，也包容；其古道熱腸，一如秀玲、卓倫前輩，讓我感觸尤深。此外，在比利時採訪期間，還得到了莫瑞斯老先生、護士巴斯塔女士、二戰紀念館館長雷蒙·穆克先生、艾克興博物館原館長盧埃爾先生、艾克興市市長夏維先生、二戰歷史研究者梅芙妮女士以及薛嘉仁先生、蓬飛先生的協助；宜興方面，沈曉紅女士、儲紅飆先生、黃波女士、錢志明、許祥芬夫婦、夏濤先生、戴軍女士、蔣亦琦、談偉、吳達如、孫同、傅劍龍先生等，對本書寫作和紀錄片拍攝、資料收集提供了各種支持幫助，在此一併表示謝忱。

最後，我還要感謝我的妻子徐梅英女士。在比利時和台灣採訪期間，大量的攝像、錄音、速記工作是她完成的。無怨無悔，亦無所求，是她一直以來的秉性。她不看重我的「成功」，底線只是不希望我太勞累。在比利時採訪的最後一天，她因多日辛勞，突感不適而上吐下瀉。這一趟遠差，她親眼見證了一個作家付出的心血。她對我的唯一要求是，以後千萬不要再這樣辛苦！

　　我說，一個作家最苦的，並不是「辛苦」，而是寫不出東西的「心苦」。有東西寫，作家就不苦。

2020 年 4 月 11 日

2020 年 8 月 8 日修改

忘記我 「中國的辛德勒」錢秀玲

徐風 著

責任編輯　蕭　健
裝幀設計　鄭喆儀
排　　版　黎　浪
印　　務　林佳年

出版　　開明書店
　　　　香港北角英皇道 499 號北角工業大廈一樓 B
　　　　電話：(852) 2137 2338　傳真：(852) 2713 8202
　　　　電子郵件：info@chunghwabook.com.hk
　　　　網址：http://www.chunghwabook.com.hk

發行　　香港聯合書刊物流有限公司
　　　　香港新界荃灣德士古道 220-248 號
　　　　荃灣工業中心 16 樓
　　　　電話：(852) 2150 2100　傳真：(852) 2407 3062
　　　　電子郵件：info@suplogistics.com.hk

印刷　　美雅印刷製本有限公司
　　　　香港觀塘榮業街 6 號海濱工業大廈 4 樓 A 室

版次　　2022 年 9 月初版
　　　　© 2022 開明書店

規格　　32 開（210mm×145mm）

ISBN　　978-962-459-268-9

本書繁體字版由譯林出版社授權出版